D1672144

# KARL BRUGGER

# Aufbruch der Götter

## DIE CHRONIK VON AKAKOR

**Vom Ursprung der Zeiten:
Die Geschichte des ältesten Volkes
der Welt**

WILHELM HEYNE VERLAG
MÜNCHEN

HEYNE-BUCH Nr. 7142
im Wilhelm Heyne Verlag, München

Fotonachweis:
Für drei Fotos danken wir der Brasilianischen Botschaft in Bonn/Bad Godesberg.
Alle übrigen Abbildungen stammen vom Autor.

Genehmigte, ungekürzte Taschenbuchausgabe
Copyright © 1976 by Econ Verlag GmbH, Düsseldorf/Wien
Printed in Germany 1981
Umschlaggestaltung: Atelier Heinrichs & Schütz, München
Satz: IBV Lichtsatz KG, Berlin
Druck und Bindung: Presse-Druck, Augsburg

ISBN 3-453-01315-8

# Inhalt

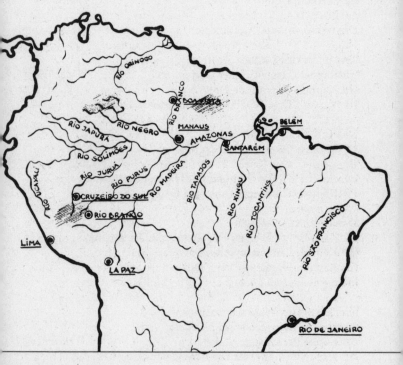

Noch unerschlossene Gebiete in Amazonien

# Einführung

Amazonien beginnt in Santa Maria de Belém, 120 Kilometer von der Küste des Atlantischen Ozeans entfernt. Im Jahre 1616, als 200 von Franzisco Castello Branco angeführte Portugiesen im Namen Seiner Majestät des Königs von Portugal und Spanien diesen Boden betraten, beschrieb ihr Chronist den Ort als ein Stück Land voller riesiger Bäume, freundlich und einladend. Heute ist Belém eine moderne Stadt mit 633 000 Einwohnern, Wolkenkratzern und Verkehrsstauungen – der Ausgangspunkt der weißen Zivilisation für die Eroberung der amazonischen Urwälder. Über 400 Jahre hat die Stadt aber auch die Spuren ihrer heroischen und mystischen Vergangenheit bewahrt. Halb verfallene Paläste im Kolonialstil, kachelverkleidete Häuser mit riesigen Eisenportalen zeugen von der berüchtigten Gummizeit, als die Entdeckung des Vulkanisierungsprozesses Belém auf das Niveau europäischer Metropolen emporhob. Aus dieser Zeit stammt auch die zweistöckige Markthalle am Hafen, wo es einfach alles zu kaufen gibt: Fische vom Amazonas und aus dem Ozean, duftende tropische Früchte, Heilkräuter, Wurzeln, Knollen und Blumen, Krokodilzähne für die Liebe und Rosenkränze aus gebranntem Ton.

Santa Maria de Belém ist eine Stadt der Gegensätze. Im Zentrum breite lärmende Geschäftsstraßen, kaum zwei Schiffsstunden flußaufwärts, am gegenüberliegenden Ufer des Amazonas, die Dschungelwelt der Insel Marajo. Auf ihr lebte eines der großen Kulturvölker, die Amazonien zu erobern versuchten. Nach der herkömmlichen Geschichtsschreibung erreichten die Marajoaras die Insel um 1100 n. Chr., auf dem Höhepunkt ihrer Zivilisation. Bei der Ankunft der europäischen Entdecker war das Volk schon wieder untergegangen. Das einzige Zeugnis, das es zurückließ, ist seine herrliche Keramik, stilisierte Figuren mit deutlichen Ausdrücken des Schmerzes, der Freude, des Traums. Sie scheinen eine Geschichte erzählen zu wollen. Aber welche?

Bis zur Insel Marajó ist der Amazonas ein verwirrendes Labyrinth von Kanälen, Seitenflüssen und Lagunen. Der ganze Fluß hat eine Entfernung von mehr als sechstausend Kilometern zurückgelegt. Er beginnt in Peru, stürzt sich über kolumbianische Stromschnellen und wechselt das Land und den Namen. Vom Apurimac zum Ucayali und Maranon; vom Maranon zum Solimões, schon in Brasilien, fließt er durch eine weite Tiefebene: 2,6 Zentimeter Gefälle auf jeden Kilometer. Vor der Insel Marajó ist der Amazonas der wasserreichste Strom der Welt.

Von Belém nach Santarém, der nächsten größeren Siedlung, sind es drei Tage mit einem großen Motorboot, dem einzigen Beförderungsmittel in Amazonien. Vielleicht ist es unmöglich, den großen Strom zu verstehen, ohne auf diesen Booten gelebt zu haben. In verschiedenen Größen und Formen verkörpern sie die amazonische Konzeption von Zeit, Leben und Entfernung. 150 Kilometer pro Tag und nicht pro Stunde flußabwärts. Es ist eine Zeit, in der man auf diesen Booten ißt, trinkt, träumt und liebt.

Santarém liegt auf der rechten Seite des Amazonas an der Mündung des Tapajós. Seine 350000 Einwohner erleben Tage der Hoffnung. Die Stadt ist Endpunkt der Transamazonica, das Ziel der Goldsucher, Schmuggler und Abenteurer. Hier lebte auch eine der ältesten Zivilisationen Amazoniens, das Volk der Tapajós. Es ist wahrscheinlich der größte Stamm der Urwaldindianer gewesen. Der zeitgenössische Geschichtsschreiber Heriarte behauptete, er hätte bis zu 50000 Pfeilschützen aufstellen können. Selbst wenn diese Schätzung übertrieben ist, waren die Tapajós zahlreich genug, um achtzig Jahre lang die Sklavenmärkte der Portugiesen zu versorgen. Heute sind von dem ehemals stolzen Stamm nur noch archäologische Überreste geblieben. Und der Fluß, dem sie den Namen gaben.

Von Santarém nach Manaus ziehen Flüsse vorbei, Städte und Legenden der Welt Amazoniens. An der Mündung des Nhamunda behauptete der spanische Abenteurer Francisco Orellana, die legendären Amazonen bekämpft zu haben. An seinem rechten Ufer in der Nähe der Siedlung Faro liegt der Iacy-See, der Spiegel des Mondes. Bei Vollmond, so jedenfalls berichtet die Legende, stiegen die Amazonen aus den umliegenden Bergen zum See hinab, wo sie von ihren Geliebten erwartet wurden. Sie tauchten im »Spiegel des Mondes« nach seltsamen Steinen, die sich im Wasser kneten ließen wie Brot, an Land aber hart waren wie Diamanten. Die Amazonen nannten sie Muiraquita und beschenkten damit ihre Geliebten. Die Wissenschaftler bezeichnen die Steine als archäologische Wunder. Sie sind hart wie Diamanten und künstlich geformt, obwohl die Tapajós nachweislich keinerlei Werkzeug besaßen, um ein solches Material zu bearbeiten.

Der eigentliche Rio Amazonas beginnt, wenn der Rio Solimões den schwarzen Wassern des Rio Negro begegnet und sich die beiden mächtigen Ströme miteinander verbinden. Zwanzig Bootsminuten entfernt liegt Manaus, umgeben von einer grünen Welt und ohne Straßenverbindung zur Küste. Hier lernte ich Tatunca Nara kennen.

Es war am 3. März 1972. Der Offizier M., Kommandant der brasilianischen Dschungeltruppe in Manaus, hatte mir das Treffen vermittelt. In der Bar Graças à Deus – Gott sei Dank – stand ich zum ersten Mal dem weißen Indianerhäuptling gegenüber. Er war groß gewachsen, hatte dunkles, langes Haar und ein fein gezeichnetes Gesicht. Seine braunen Augen spiegelten den Mestizen, zusammengekniffen und voller Mißtrauen. Tatunca Nara trug einen verwaschenen Tropenanzug, ein Geschenk der Offiziere, wie er mir später erklärte. Auffallend war nur der breite Ledergürtel mit einer Schnalle aus Silber.

Die ersten Minuten unserer Unterhaltung waren mühsam. Eher widerwillig beschrieb Tatunca Nara in gebrochenem Deutsch seine Eindrücke von der Stadt der Weißen mit den unzähligen Menschen, dem Hasten und Rennen auf den Straßen, den hohen Häusern und dem unerträglichen Lärm. Erst als er seine Verschlossenheit überwunden und sein anfängliches Mißtrauen unterdrückt hatte, erzählte er mir die außergewöhnlichste Geschichte, die ich jemals gehört habe. Tatunca Nara berichtete von dem Stamm der Ugha Mongulala, einem vor 15 000 Jahren von Göttern ausgewählten Volk. Er schilderte zwei die

Erde verwüstende große Katastrophen, die Beherrschung des südamerikanischen Kontinents durch einen Göttersohn, den er Lhasa nannte, und dessen Verbindung zu den Ägyptern, die Entstehung des Stammes der Inkas, die Ankunft der Goten und ein Bündnis mit zweitausend deutschen Soldaten. Er sprach von riesigen Steinstädten und von unterirdischen Wohnstätten der göttlichen Vorfahren. Und er sagte, daß alle diese Ereignisse in einer Chronik niedergeschrieben seien – der Chronik von Akakor.

Der längste Teil seiner Geschichte handelte von den Kämpfen gegen die Weißen, gegen Spanier und Portugiesen, gegen Gummisucher, Siedler, Abenteurer und peruanische Soldaten. Sie trieben die Ugha Mongulala, als dessen Fürst er sich ausgab, immer weiter in die Berge der Anden zurück und veranlaßten sie sogar, sich in den unterirdischen Wohnstätten zu verstecken. Der drohende Untergang seines Volkes war auch der Grund, weshalb er zu den Weißen gekommen war: Er wollte seine ärgsten Feinde um Hilfe bitten. Schon vor mir hatte Tatunca Nara vielen hohen brasilianischen Beamten des Indianerschutzdienstes seine Geschichte offenbart. Aber ohne Erfolg.

Das war jedenfalls seine Geschichte. Sollte ich sie ihm glauben oder sie verwerfen? In der schwülen Hitze der Bar »Gott sei Dank« tat sich vor mir eine fremde Welt auf, eine Welt, die, wenn es sie gab, auch die Legenden der Mayas und Inkas zur Wirklichkeit werden ließ.

Zum zweiten und dritten Mal traf ich Tatunca Nara in meinem klimatisierten Hotelzimmer. Wieder beschrieb er über Stunden in einem endlosen Monolog, nur unterbrochen vom Wechseln des Tonbandes, die Geschichte der Ugha Mongulala, der Verbündeten Auserwählten Stämme vom Jahre Null bis zum Jahre 12 453, also von 10 481 v. Chr. bis zum Jahr 1972 in der Zeitrechnung der weißen Zivilisation. Aber meine erste Begeisterung war verflogen. Die Geschichte schien mir zu außergewöhnlich: noch eine Legende aus dem Urwald, entstanden in der tropischen Hitze und unter dem mystischen Einfluß undurchdringlicher Wälder. Dann war Tatunca Nara am Ende seines Berichts. Und ich hatte zwölf bespielte Tonbänder mit einem phantastischen Märchen.

Spuren der Realität nahm die Erzählung Tatunca Naras erst an, als ich erneut mit dem mir befreundeten Offizier M. zusammentraf. Er gehörte der »Zweiten Abteilung« an, war also Mitglied des Geheimdienstes. M. kannte Tatunca Nara seit vier Jahren und bestätigte mir zumindest das Ende seiner abenteuerlichen Geschichte. Er hatte zwölf brasilianischen Offizieren bei einem Flugzeugabsturz in der Provinz Acre das Leben gerettet und sie in die Zivilisation zurückgebracht. Unter den Indianerstämmen der Yaminaũa und der Kaxinawa wurde Tatunca Nara wie ein Häuptling verehrt, obwohl er nicht zu ihnen gehörte. Das waren Tatsachen, dokumentiert in den Archiven des brasilianischen Geheimdienstes. Ich entschloß mich, Tatunca Naras Geschichte zu überprüfen.

Meine Nachforschungen in Rio de Janeiro, Brasilia, Manaus und Rio Branco ergaben erstaunliche Ergebnisse. In den Archiven der weißen Zivilisation ist die Geschichte Tatunca Naras seit 1968 dokumentiert. In diesem Jahr taucht zum ersten Mal die Gestalt eines weißhäutigen Indianerhäuptlings auf, der zwölf im Bundesstaat Acre verunglückten brasilianischen Offizieren das Leben rettet. Er befreit sie aus der Gefangenschaft der Haischa-Indianer und begleitet sie nach Manaus. Auf Fürsprache der Offiziere erhält Tatunca Nara ein brasilianisches Arbeitsbuch mit der Nummer 1 918 800 und einen brasilianischen Personalausweis mit der Nummer V-4333. Nach Zeugenaussagen spricht der geheimnisvolle Indianerhäuptling gebrochen Deutsch, versteht nur wenige Worte Portugiesisch, beherrscht jedoch mehrere Indianersprachen aus den Gebieten am Oberlauf des Amazonas. Wenige Wochen nach seiner Ankunft verschwindet Tatunca Nara plötzlich aus Manaus, ohne Spuren zu hinterlassen.

Im Jahre 1969 kommt es in der peruanischen Grenzprovinz Madre de Dios zu schweren Kämpfen zwischen wilden Indianerstämmen und weißen Siedlern. Madre de Dios ist ein gottverlassenes Elendsgebiet am Osthang der Anden. Die alte Geschichte Amazoniens wiederholt sich: Aufstand der Unterdrückten gegen die Unterdrücker. Sieg der ewig siegreichen Weißen. Der Anführer der Indianer, ein imaginärer kommunistischer Guerillaführer, der nach peruanischen Zeitungsberichten unter dem Namen Tatunca – Große Wasserschlange – bekannt ist, flieht nach der Niederlage auf brasilianisches Gebiet. Um eine Fortsetzung der Überfälle zu verhindern, stellt die peruanische Regierung einen Auslieferungsantrag an Brasilien. Aus unerfindlichen Gründen lehnen die brasilianischen Behörden eine Mitarbeit ab.

In den Jahren 1970 und 1971 gehen die Kämpfe in der Grenzprovinz Madre de Dios zu Ende. Die wilden Indianerstämme fliehen in die schwer zugänglichen Wälder im Quellgebiet des Rio Yaku. Tatunca Nara bleibt spurlos verschwunden. Peru sperrt die Grenze nach Brasilien und beginnt mit der systematischen Erschließung des Urwaldes. Nach Augenzeugenberichten erfahren die peruanischen Indianer das gleiche Schicksal wie ihre brasilianischen Brüder. Sie werden ermordet oder sterben an den Krankheiten der weißen Zivilisation.

1972 ist das Schicksalsjahr von Tatunca Nara. Er kehrt in die weiße Zivilisation zurück und knüpft in der brasilianischen Stadt Rio Branco Beziehungen zum katholischen Bischof Grotti. Gemeinsam betteln sie in den Kirchen der Hauptstadt von Acre um Lebensmittel für die Indianer am Rio Yaku. Da bis zu diesem Zeitpunkt die Provinz Acre als »indianerfrei« gilt, erhält auch der Bischof von staatlicher Seite keine Unterstützung. Drei Monate später verunglückt Monsignore Grotti bei einem mysteriösen Flugzeugabsturz tödlich.

Aber Tatunca Nara gibt nicht auf. Mit Hilfe der zwölf Offiziere, denen er das Leben gerettet hat, nimmt er Kontakt mit dem brasilianischen Geheimdienst auf und versucht, ihn von seiner wahren Identität zu überzeugen. Zur gleichen Zeit wendet er sich an den Indianerschutzdienst FUNAI und berichtet dem Botschaftssekretär N. der Bundesrepublik Deutschland in Brasilia von 2000 deutschen Soldaten, die während des Zweiten Weltkriegs in Brasilien gelandet seien und bis heute in Akakor, der Hauptstadt seines Volkes, lebten. N. lehnt die Geschichte als unglaubwürdig ab und verbietet Tatunca Nara den Zutritt zum Botschaftsgebäude. Erst als im Sommer des Jahres 1972 zahlreiche Angaben Tatunca Naras über unbekannte Indianerstämme in Amazonien bestätigt werden, erklärt sich die FUNAI zur Mitarbeit bereit.

Sie beschließt eine Expedition zur Kontaktaufnahme des geheimnisvollen Volkes der Ugha Mongulala und beauftragt Tatunca Nara mit der Vorbereitung. Das Vorhaben scheitert jedoch am Widerstand der lokalen Behörden der Provinz Acre. Auf direkte Anordnung des damaligen Gouverneurs Wanderlei Dantas wird Tatunca Nara verhaftet. Kurz vor seiner Auslieferung an peruanische Grenzsoldaten befreien ihn die befreundeten Offiziere aus dem Gefängnis von Rio Branco und bringen ihn zurück nach Manaus.

Hier traf ich Tatunca Nara wieder.

Die erneute Begegnung mit dem Häuptling der Auserwählten Stämme verlief anders. Ich hatte mich eingehend mit seiner Geschichte beschäftigt und die Tonbandaufzeichnungen mit Archivmaterial und Berichten zeitgenössischer Geschichtsschreiber konfrontiert. Manches war erklärbar. Vieles erschien mir auch zu diesem Zeitpunkt noch völlig unglaubwürdig, wie zum Beispiel die unterirdischen Wohnstätten oder die Landung von 2000 deutschen Soldaten in Brasilien. Aber ganz erfunden konnte die Geschichte nicht sein. Dagegen sprachen die Angaben des Offiziers M. und Tatunca Nara selbst – ein weißer Indianer, der Deutsch sprechen konnte.

Im Verlauf dieser Begegnung wiederholte Tatunca Nara seine Geschichte noch einmal, zeitlich geordnet und in allen Einzelheiten. Um mich zu überzeugen, zeichnete er auf eine Landkarte die ungefähre Lage von Akakor ein, beschrieb den Weg der deutschen Soldaten von Marseille bis zum Rio Purus und nannte einige Namen ihrer Anführer. Er zeichnete verschiedene Schriftsymbole der Götter auf, in denen auch die Chronik von Akakor abgefaßt sei. Immer wieder kam er auf jene geheimnisvollen Altväter zurück, die so unauslöschlich in der Erinnerung seines Volkes eingeprägt waren.

Mein zweiter Aufenthalt in Manaus verging wie im Flug. Ich begann an eine Geschichte zu glauben, deren Ungeheuerlichkeit mir wie eine Herausforderung vorkam. Als mir Tatunca Nara anbot, ihn nach Akakor zu begleiten, nahm ich seinen Vorschlag an.

Tatunca Nara, der brasilianische Fotograf J. und ich verließen Manaus am 25. September des Jahres 1972. Unser Plan: Fahrt auf einem gemieteten Flußboot bis zum Oberlauf des Rio Purus, Umstieg auf ein mitgeführtes Kanu mit Außenbordmotor und Vorstoß in das Quellgebiet des Rio Yaku an der Grenze zwischen Brasilien und Peru, dann zu Fuß weiter durch das Vorgebirge der Anden bis nach Akakor. Dauer der Expedition: sechs Wochen; wahrscheinliche Rückkehr: Anfang November.

Unsere Ausrüstung besteht aus Hängematten, Moskitonetzen, Geschirr, Proviant, der üblichen Buschkleidung und Verbandszeug. Bewaffnet sind wir mit einer Winchester 44, zwei Revolvern, einem Jagdgewehr und großen Haumessern. Dazu kommen noch die Filmausrüstung, zwei Tonbandgeräte und Fotoapparate.

Die ersten Tage verlaufen ganz anders als erwartet. Keine Moskitos, keine Wasserschlangen, keine Piranhas. Der Rio Negro ist wie ein See ohne Ufer. Der Urwald zeichnet sich gerade am Horizont ab, seine Geheimnisse sind verborgen hinter einer Wand aus Grün.

Unsere erste Stadt ist Sena Madureira, die letzte größere Ansiedlung vor den noch unerforschten Grenzgebieten zwischen Brasilien und Peru. Sie ist typisch für ganz Amazonien: schmutzige Lehmstraßen, baufällige Hütten, der stechende Geruch von verfaulendem Wasser. Von zehn Bewohnern leiden acht an Beriberi, Aussatz oder Malaria. Die chronische Unterernährung drückt den Menschen eine dumpfe Resignation auf. Umgeben von der Brutalität der Wildnis und isoliert von der Zivilisation, ist der Zuckerrohrschnaps das wichtigste Nahrungsmittel, der einzige Fluchtweg aus einer trostlosen Realität. In dem schäbigen Lebensmittelgeschäft ergänzen wir unseren Proviant. In einer Stehbar feiern wir Abschied von der Zivilisation. Hier treffen wir auf einen Mann, der vorgibt, den Oberlauf des Rio Purus zu kennen. Als Goldsucher geriet er in Gefangenschaft der Haischa-Indianer, eines halbzivilisierten Stammes im Quellgebiet des Rio Yaku. Sein Bericht ist entmutigend und handelt von kannibalischen Ritualen und vergifteten Pfeilen.

Am 5. Oktober steigen wir an der Cachoeira Inglesa auf das mitgeführte Kanu um. Das Flußboot kehrt nach Manaus zurück. Von jetzt an sind wir von Tatunca Nara abhängig. Der Verlauf des Rio Yaku ist auf den Militärlandkarten nur ungenau eingezeichnet. Die in diesem Bereich lebenden Indianerstämme haben noch keinen Kontakt mit der weißen Zivilisation. J. ist unsicher. Auch ich habe ein ungutes Gefühl: Gibt es die Stadt Akakor überhaupt? Können wir Tatunca Nara vertrauen? Das Abenteuer ist stärker als unsere aufkommende Angst.

Zwölf Tage nach unserem Aufbruch in Manaus beginnt sich die Flußlandschaft zu ändern. War der Fluß vorher wie ein erdbraunes Meer ohne Ufer, so gleitet das von Tatunca Nara gesteuerte Kanu jetzt zwischen Schlingpflanzen und überhängenden Bäumen hindurch. Nach einer Flußbiegung stoßen wir auf eine Gruppe von Goldsuchern. Die Männer haben am Fluß eine primitive Waschanlage gebaut und sieben den grobkörnigen Sand. Sie kommen uns freundlich entgegen und laden uns zum Übernachten ein. Am Abend erzählen sie von rothaarigen, blaurot bemalten Indianern mit Giftpfeilen...

Die Fahrt wird zu einer Expedition gegen die eigenen Zweifel. Wir befinden uns kaum zehn Tage von dem vermeintlichen Ziel entfernt. Das eintönige Essen, die körperliche Anstrengung, die Angst vor dem Unbekannten haben uns völlig zermürbt. Unser Kanu ist ständig von einer Wolke von Moskitos umgeben. Was uns in Manaus wie ein phantastisches Abenteuer erschien, wird jetzt zu einem erdrückenden Alptraum. Im Grunde wollen wir umkehren und Akakor vergessen, bevor es zu spät ist.

Bisher haben wir noch keine Indianer gesehen. Am Horizont türmen sich die ersten Schneeberge der Anden auf. Hinter uns liegt das grüne Meer des Amazonastieflands. Tatunca Nara bereitet sich auf die Rückkehr zu seinem Volk vor. In einer seltsamen Zeremonie bemalt er seinen Körper; das Gesicht mit roten Streifen, die Brust und die Beine mit einem dunklen Gelb. Sein loses Haar bindet er mit einem Lederband über der Stirn zusammen. Es ist mit eigenartigen Symbolen versehen, den Zeichen der Ugha Mongulala, wie Tatunca Nara sagt.

Am 13. Oktober müssen wir umkehren. Nach einer gefährlichen Fahrt durch mehrere Stromschnellen gerät das Boot in einen Wirbel und kippt um. Die in Isoporschachteln verpackte Kameraausrüstung treibt unter das dichte Ufergestrüpp. Auch die Hälfte des Proviants und die Medikamente gehen verloren. In dieser ausweglosen Situation entschließen wir uns, die Expedition aufzugeben und nach Manaus zurückzukehren. Tatunca Nara reagiert gereizt. Er ist erbittert und enttäuscht.

Am nächsten Morgen brechen J. und ich das letzte gemeinsame Lager ab. Tatunca Nara, in der Kriegsbemalung seines Volkes und nur mit einem Lendenschurz bekleidet, kehrt auf dem Landweg zu seinem Volk zurück.

Es war mein letzter Kontakt mit dem Häuptling der Ugha Mongulala. Nach meiner Rückkehr nach Rio de Janeiro im Oktober des Jahres 1972 versuchte ich, den weißen, deutsch sprechenden Indianerhäuptling Tatunca Nara, Akakor und die Götter zu vergessen. Erst im Sommer 1973 kam die Erinnerung zurück: Brasilien hatte mit der systematischen Erschließung Amazoniens begonnen. 12 000 Arbeiter schlugen zwei Fernstraßen durch den unerschlossenen Urwald, schnurgerade, wie Axthiebe, zusammen 7000 Kilometer lang. 30 000 Indianer hielten die Bulldozer für Supertapire, flohen in die Wildnis oder wurden mit Geräten und Nahrungsmitteln befriedigt. Der letzte Ansturm auf Amazonien hatte begonnen.

Und damit kehrten auch die alten Märchen und Legenden, ihre Faszination und Mystik zurück. Im April 1973 entdeckt die FUNAI einen Stamm weißer Indianer am Oberlauf des Rio Xingu, von dem mir Tatunca Nara schon ein Jahr zuvor berichtet hatte. Im Mai nehmen brasilianische Grenzsoldaten bei Vermessungsarbeiten am Pico da Neblina mit von Frauen angeführten Indianern Kontakt auf. Auch von ihnen hatte Tatunca Nara ausführlich gesprochen. Und der Höhepunkt: Im Juni 1973 werden in dem als »indianerfrei« geltenden Gebiet von Acre mehrere Indianerstämme gesichtet. Gibt es Akakor doch? Vielleicht nicht in der Form, wie Tatunca Nara die Stadt beschrieben hatte, aber immerhin greifbar, nicht nur als Legende. Nach einer Durchsicht der Tonbandaufzeichnungen entschloß ich mich, seine Geschichte niederzuschreiben, »in guter Sprache, in deutlicher Schrift«.

Das Buch – »Die Chronik von Akakor« – besteht aus fünf Teilen. Das »Buch des Jaguar« berichtet von der Kolonisierung der Erde durch die Götter und der Zeit bis zur zweiten Weltkatastrophe. Das »Buch des Adler« umfaßt die Zeitspanne zwischen 6000 und 11 000 mit der Ankunft der Goten. Das dritte Buch, das

»Buch der Ameise«, schildert die Kämpfe mit den spanischen und portugiesischen Kolonisatoren nach ihrer Landung in Peru und Brasilien. Das vierte und letzte Buch, das »Buch der Wasserschlange«, beschreibt die Ankunft von 2000 deutschen Soldaten in Akakor und ihre Eingliederung in das Volk der Ugha Mongulala und sagt eine dritte große Katastrophe voraus. In einem nachfolgenden Anhang sind die Ergebnisse meiner Recherchen in brasilianischen und deutschen Archiven zusammengefaßt.

Der Hauptteil des Buches, die eigentliche Chronik von Akakor, hält sich streng an den Bericht von Tatunca Nara. Ich habe versucht, ihn so wörtlich wie möglich wiederzugeben, auch dann, wenn er der herkömmlichen Geschichtsschreibung widerspricht oder von inzwischen bekanntgewordenen Tatsachen widerlegt scheint. Das gilt auch für die beigefügten Karten und Zeichnungen, die nach den Angaben von Tatunca Nara erstellt sind. Die Schriftproben hat Tatunca Nara in Manaus angefertigt. Allen Unterkapiteln ist eine kurze Zusammenfassung der herkömmlichen Geschichtsschreibung vorangestellt, um dem Leser eine Vergleichsmöglichkeit zu bieten. Sie beschränkt sich auf die wichtigsten Ereignisse in der Geschichte Lateinamerikas. Die Zeittafel am Schluß des Buches stellt die Daten der Chronik von Akakor denen der herkömmlichen Geschichtsschreibung gegenüber. Auf einer weiteren Liste sind die vermutlichen Namen der weißen Zivilisation für die im Text erwähnten Stämme der Verbündeten und Entarteten eingetragen.

Die Zitate aus der Chronik von Akakor – im Text eingerückt – erzählte Tatunca Nara, als hätte er sie auswendig gelernt. Nach seinen Angaben ist die eigentliche Chronik von Akakor auf Holz, Fellen und später auch auf Pergament niedergeschrieben. Sie wird von den Priestern im Tempel der Sonne aufbewahrt, als größtes Vermächtnis der Ugha Mongulala. Nur der Bischof M. Grotti hat sie mit eigenen Augen gesehen und mehrere Auszüge an sich genommen. Seit seinem rätselhaften Tod sind die Dokumente spurlos verschwunden. Tatunca Nara vermutet, daß sie von dem Bischof an einer geheimen Stelle versteckt worden sind oder in den Archiven des Vatikans aufbewahrt werden.

Alle Informationen in der Einführung und im Anhang habe ich auf ihren Wahrheitsgehalt hin streng überprüft. Die Zitate zeitgenössischer Geschichtsschreiber stammen aus spanischen Quellen und wurden von mir übersetzt. Eigene Überlegungen habe ich im Anhang dann angefügt, wenn sie dem Leser das Verständnis erleichtern. Deshalb ist auch die Polemik über Astronauten oder göttliche Wesen als mögliche Vorläufer der menschlichen Zivilisation nur am Rande erwähnt. Das Schwergewicht des Buches liegt auf dem Abriß der Geschichte und der Kultur der Ugha Mongulala im Gegensatz zu der Geschichte und der Zivilisation der »Weißen Barbaren«.

Existiert Akakor überhaupt? Gibt es eine geschriebene Geschichte der Ugha Mongulala? Meine eigenen Zweifel haben mich veranlaßt, das Buch in zwei klar getrennte Teile aufzugliedern. In der »Chronik von Akakor« habe ich nur den Bericht von Tatunca Nara wiedergegeben. Der Anhang enthält, was ich aus entsprechenden Hilfsquellen weiß. Und es ist wenig, verglichen mit der Geschichte eines geheimnisvollen Volkes, mit Altvätern, göttlichen Gesetzen, unterirdischen Wohnstätten und allem. Es ist eine Geschichte, die einer Legende entsprungen sein könnte und doch Stück für Stück von der Wirklichkeit eingeholt und bestätigt wird. Und der Leser muß selbst entscheiden zwischen einem ausgeklügelten Bericht, basierend auf den Lücken einer unzulänglichen Geschichtsschreibung, und einem Stück wirklicher Geschichte, niedergeschrieben in guter Sprache, in deutlicher Schrift.

Rio de Janeiro, 8. 5. 1975

Karl Brugger

# DIE CHRONIK
# VON
# AKAKOR

# DAS BUCH DES JAGUAR

Das ist der Jaguar. Mächtig ist sein Sprung, stark seine Pranke. Er ist der Herrscher der Wälder. Die Tiere sind ihm untertan. Er duldet keinen Widerspruch. Schrecklich ist seine Strafe. Er reißt den Ungehorsamen und frißt sein Fleisch.

# I. Kapitel
## Das Reich der Götter

*600000 v. Chr. bis 10481 v. Chr.*: Der Beginn der Menschheitsgeschichte, der Geschichte des Menschen auf der Erde, ist um-
stritten. Nach dem Zeugnis der Bibel erschuf Gott in sieben Tagen die Welt zu seiner Ehre und des Menschen Heil. Dann
bildete er den Menschen aus dem Staub der Erde und hauchte
ihm den Odem des Lebens ein. Nach dem Popol Vuh, dem Buche
des Rates der Mayas, ging das Urgeschlecht des Menschen erst
aus der vierten Schöpfung der Götter hervor, nachdem drei frü-
here Welten durch gewaltige Katastrophen zerstört wurden.
Dagegen beginnt nach der herkömmlichen Geschichtsschreibung die eigentliche Menschheitsgeschichte um 600000 v. Chr.
mit dem Urmenschen, einem primitiven Menschentyp ohne
Werkzeugkultur und Feuernutzung. Um 80000 v. Chr. wird er
vom Frühmenschen – dem Neandertaler – abgelöst, der ungleich
fortschrittlicher ist, das Feuer nutzt und Bestattungsregeln
kennt. Ab 50000 v. Chr. beginnt die prähistorische Zeit, die
Vorgeschichte des Menschen, die nach dem vorherrschenden
Fundmaterial in Steinzeit, Bronzezeit und Eisenzeit eingeteilt
wird. Der Mensch der Steinzeit steht auf der Stufe des Jägers
und Sammlers. Er jagt vor allem Mammut, Wildpferde und
Rentier. Mit dem allgemeinen Rückgang des Eises folgt er den
langsam nach Norden weichenden, kälteliebenden Tieren. Ak-
kerbau und Haustiere sind ihm noch unbekannt. Dafür er-
scheint auf den Wandmalereien und Plastiken der Wohnhöhlen
eine sich auf magisch-religiösen Jagdzauber gründende, erstaunlich hochstehende Kunst. Um 25000 v. Chr. wird die erste
Einwanderung von aus Innerasien kommenden Stämmen über
die Beringstraße nach Amerika vermutet.

Die Chronik von Akakor, die geschriebene Geschichte meines Volkes, beginnt mit der Stunde Null, als uns die Götter verließen. Damals beschloß Ina, der erste Fürst der Ugha Mongulala, alles niederschreiben zu lassen, was sich zutragen würde, in guter Sprache und in deutlicher Schrift. Und so zeugt die Chronik von Akakor von der Geschichte des ältesten Volkes der Welt, vom Anfang, der Stunde Null, als uns die Früheren Herren verließen, bis zur Gegenwart, da die Weißen Barbaren unser Volk vernichten wollen. Sie enthält und erklärt das Vermächtnis der Altväter, ihr Wissen und ihre Weisheit. Und sie berichtet vom Ursprung der Zeiten, als mein Volk noch das einzige war auf dem Kontinent, als der Große Fluß noch zu beiden Seiten abfloß, als das Land noch flach war und weich wie der Rücken eines Lamms. Das alles ist in der Chronik niedergeschrieben, der Geschichte meines Volkes, seit dem Aufbruch der Götter, der Stunde Null, die dem Jahr 10481 v. Chr. in der Zeitrechnung der Weißen Barbaren entspricht:

*Das ist die Kunde. Das ist die Geschichte der auserwählten Diener. Am Anfang war alles Chaos. Die Menschen lebten wie Tiere, unvernünftig und ohne Wissen, ohne Gesetze und ohne die Erde zu bearbeiten, ohne sich zu kleiden oder auch nur ihre Nacktheit zu bedecken. Das Geheimnis der Natur war ihnen fremd. Sie lebten zu zweit, zu dritt, wie sie der Zufall in Höhlen oder Felsspalten zusammengeführt hatte. Auf allen vieren gingen sie umher. Bis die Götter kamen. Sie brachten ihnen das Licht.*

Wann das alles geschehen ist, wissen wir nicht. Woher die Fremden kamen, ist nur undeutlich bekannt. Über die Herkunft unserer Früheren Herren liegt ein dichter Schleier, den auch das Wissen der Priester nicht zu lüften vermag. Nach den Überlieferungen unserer Vorväter muß es 3000 Jahre vor der Stunde Null gewesen sein, 13000 v. Chr. in der Zeitrechnung der Weißen Barbaren. Da tauchten am Himmel plötzlich goldglänzende Schiffe auf. Gewaltige Feuerzeichen erleuchteten die Ebene. Die Erde bebte, und Donner hallte über die Hügel. Die Menschen beugten sich in Ehrfurcht vor den mächtigen Fremden, die kamen, um Besitz zu nehmen von der Erde.

Als Heimat nannten die Fremden Schwerta, eine weit entfernte Welt in den Tiefen des Alls. Dort lebten ihre Altväter. Von dort waren sie gekommen, um anderen Welten ihr Wissen zu bringen. Unsere Priester sagen, daß es ein gewaltiges Reich war, bestehend aus vielen Planeten, so zahlreich wie Staubkörner auf der Straße. Und sie sagen weiter, daß sich die beiden Welten, diejenige unserer Früheren Herren und die Erde, alle sechstausend Jahre begegnen. Dann kommen die Götter zurück.

Aber was auch Schwerta gewesen sein mag, mit der Ankunft der Fremden Besucher auf dieser Welt begann die Goldene Zeit. 130 Familien der Altväter kamen auf die Erde, um die Menschen aus der Dunkelheit zu befreien. Und sie erkannten und anerkannten in ihnen ihre Brüder. Sie siedelten die umherirrenden Stämme an, teilten alle Frucht und alles Eßbare redlich mit ihnen. Keine Mühe ließen sie sich verdrießen, um den Menschen ihre Gesetze zu lehren, auch wenn sie sich wie störrische Kinder ihrer Lehre widersetzten. Für diese Mühe und für alles das, was sie der Menschen wegen erduldeten und für das, was sie ihnen brachten und zeigten, verehren wir sie als unsere Lichtbringer. Und unsere geschicktesten Handwerker haben Abbilder der Götter geschaffen, die für ewige Zeiten ihre wahre Größe und herrliche Macht bekunden. So kennen wir bis heute die Gestalt der Früheren Herren.

Äußerlich unterschieden sich die Fremden von Schwerta nur wenig von den Menschen. Sie hatten einen zierlichen Körper von weißer Hautfarbe. Ihr edles Gesicht war von feinem, blauschwarzem Haar eingerahmt. Auf Oberlippe und Kinn wuchs ihnen ein dichter Bart. Wie die Menschen waren sie verwundbare Wesen aus Fleisch und Blut. Aber das entscheidende Merkmal, das die Altväter von den Menschen unterschied, waren ihre sechs Finger und sechs Fußzehen, die Zeichen ihrer göttlichen Herkunft.

*Wer lernt begreifen die Handlungen der Götter. Wer lernt verstehen ihre Taten. Denn wahrlich mächtig waren sie, unbegreiflich für den gewöhnlichen Sterblichen. Sie wußten um den Lauf*

*der Gestirne und um die Gesetze der Natur. Wahrhaftig, das*
*oberste Weltgesetz war ihnen bekannt. Hundertunddreißig Fa-*
*milien der Altväter kamen auf die Erde und brachten das Licht.*

## DIE AUSERWÄHLTEN STÄMME

Die Erinnerung an unsere ältesten Vorfahren löst Bestürzung
und Trauer in mir aus. Mein Herz ist schwer, weil wir allein
sind, verlassen von den Früheren Herren. Ihnen verdanken wir
unser Wissen und unsere Macht. Sie führten die Menschen aus
der Dunkelheit ins Licht. Vor der Ankunft der Fremden Herren
von Schwerta irrten sie umher wie Kinder, die ihre Häuser nicht
finden können und deren Herz keine Liebe kennt. Sie sammelten
Wurzeln, Knollen und wilde Früchte, wohnten in Höhlen und
Gruben und kämpften mit ihrem Nachbarn um das erlegte Wild.
Dann kamen die Götter und gründeten auf der Welt eine neue
Ordnung. Sie lehrten die Menschen die Bestellung der Felder,
die Haltung von Tieren. Sie zeigten ihnen das Weben von Stoffen und wiesen den Familien und Sippen feste Wohngebiete zu.
So entstanden die Stämme.

*Das war der Anfang von Licht, Leben, Stamm. Die Götter riefen*
*die Menschen zusammen. Sie überlegten, bedachten und hielten*
*Rat. Dann hatten sie sich entschieden. Und aus allen Menschen*
*wählten sie ihre Diener aus. Diener, die mit ihnen lebten. Die-*
*ner, denen sie ihr Vermächtnis lehrten.*

Mit den ausgewählten Familien gründeten die Götter einen
neuen Stamm, dem sie den Namen Ugha Mongulala gaben, was
in der Sprache der Weißen Barbaren die Verbündeten Auserwählten Stämme heißt. Und zum Zeichen des ewigen Bundes
vermischten sie sich mit ihren Dienern. Deshalb gleichen die
Ugha Mongulala bis heute ihren göttlichen Vorfahren. Sie sind
groß gewachsen. Ihre Gesichter werden von den vorstehenden
Backenknochen, der scharf geschnittenen Nase und den man-
delförmigen Augen unserer Früheren Herren geprägt. Männer
und Frauen tragen das gleiche dichte blauschwarze Haar. Der
einzige Unterschied zu den Göttern sind die fünf Finger und die

fünf Fußzehen. Aber die Ugha Mongulala sind das einzige Volk weißer Hautfarbe auf dem Kontinent.

Obwohl die Früheren Herren viele Geheimnisse bewahrt haben, erklärt die Geschichte meines Volkes auch ihre Geschichte. Die Fremden aus Schwerta gründeten ein gewaltiges Reich. Mit ihrem Wissen und ihrer überlegenen Weisheit und mit ihren geheimnisvollen Geräten war es ihnen einfach, die Erde nach ihren Vorstellungen zu verändern. Sie teilten das Land, legten Straßen und Kanäle an. Sie säten neue Pflanzen, die dem Menschen unbekannt waren. Sie lehrten unsere Vorväter, daß ein Tier nicht nur Jagdbeute, sondern auch ein wertvoller Besitz sein kann, der sie vor Hunger schützt. Geduldig vermittelten sie ihnen das notwendige Wissen, um die Geheimnisse der Natur zu verstehen.

Gestützt auf diese Weisheiten, haben die Ugha Mongulala über Jahrtausende überlebt, trotz gewaltiger Katastrophen und schrecklicher Kriege. Als Auserwählte Diener der Früheren Herren bestimmten sie die Geschichte der Menschen, 12453 Jahre lang, so wie es in der Chronik von Akakor niedergeschrieben steht:

*Das Geschlecht der Auserwählten Diener erlosch nicht. Jene, die Ugha Mongulala genannt werden, blieben bestehen. Wohl starben viele ihrer Söhne in gewaltigen Kriegen. Schreckliche Katastrophen suchten ihr Reich heim. Doch die Stärke der Auserwählten Diener blieb bestehen. Sie waren die Herren. Sie sind die Nachkommen der Götter.*

## DAS STEINERNE REICH

Die Chronik von Akakor, die geschriebene Geschichte des Volkes der Ugha Mongulala, beginnt erst nach dem Aufbruch der Früheren Herren im Jahre Null. Damals befahl Ina, der erste Fürst der Ugha Mongulala, die Niederschrift aller Ereignisse, in guter Sprache, in deutlicher Schrift und mit dem geziemenden Respekt für unsere Früheren Herren. Doch die Geschichte der Auserwählten Stämme reicht noch weiter zurück, bis in die Goldene Zeit, als noch die Altväter das Imperium beherrschten. Aus dieser Zeit sind uns nur wenige Zeugnisse geblieben. Die Götter müssen ein gewaltiges Reich errichtet haben, in dem alle

Stämme vorgeschriebene Aufgaben erfüllten. An ihre Spitze stellten sie die Ugha Mongulala. Ihnen schenkten sie ein höheres Wissen, das sie allen anderen Völkern überlegen machte. Im Jahre Null übergaben sie den Auserwählten Dienern auch ihre Städte und Tempel. Sie haben eine Zeit von zwölftausend Jahren überdauert.

Nur wenige Weiße Barbaren haben diese Bauwerke jemals gesehen, etwa Akakor, die Hauptstadt meines Volkes. Ein paar gefangenen spanischen Soldaten gelang es, durch die unterirdischen Gänge zu entfliehen. Weiße Abenteurer und Siedler, die in den letzten Jahrzehnten unsere Hauptstadt entdeckten, hält mein Volk mit Gewalt fest. Nur den zweitausend Deutschen Soldaten ist es freigestellt, Akakor zu verlassen. Sie haben sich entschlossen, beim Auserwählten Volk zu bleiben, und leben mit uns in der größten Steinstadt der Früheren Herren.

Akakor, die Hauptstadt des Reiches der Ugha Mongulala, wurde vor 14 000 Jahren von unseren Vorvätern unter Anleitung der Früheren Herren errichtet. Von ihnen stammt auch der Name. Aka, das heißt Festung, Kor die Zahl zwei. Akakor ist die Festung Zwei. Unsere Priester berichten noch von einer Festung Eins, Akanis. Sie lag auf einer schmalen Landenge in dem Land, das man Mexico nennt, dort wo sich die beiden Weltmeere berühren. Akahim, die Festung Drei, wird in der Chronik erst im Jahre 7315 erwähnt. Ihre Geschichte ist eng mit Akakor verknüpft.

Unsere Hauptstadt liegt in einem Hochtal der Berge an der Grenze der Länder, die man Peru und Brasilien nennt. Sie wird an drei Seiten von steilen Felswänden geschützt. Nach Osten öffnet sich eine flach abfallende Ebene bis zur Lianenwildnis der Großen Waldgebiete. Die ganze Stadt ist mit einer hohen Steinmauer umgeben, in die dreizehn Tore eingelassen sind. Sie sind so schmal, daß sie jeweils nur einem einzigen Menschen Durchlaß gewähren. Die abfallende Ebene im Osten wird noch zusätzlich von steinernen Wachtürmen gesichert. Ausgesuchte Krieger halten Ausschau nach Feinden.

Akakor ist rechtwinklig angelegt. Zwei sich kreuzende Hauptstraßen teilen die Stadt in vier Teile, entsprechend den vier Weltecken unserer Götter. Das Zentrum ist ein weiter Platz mit dem Großen Tempel der Sonne und dem Steintor aus einem einzigen Block. Es ist genau nach Osten gerichtet, der aufgehenden Sonne entgegen und auf seiner Stirnseite mit symbolischen Abbildungen unserer Früheren Herren geschmückt. Ein göttliches Wesen hält in jeder Hand einen Stab, der in den Kopf eines Jaguars ausläuft. Das Haupt der Figur wird von einem Strahlenkranz mit Tierornamenten umrahmt. Auch auf ihrem Gewand befinden sich ähnliche Abbildungen. Fremde Schriftzeichen, die nur unsere Priester zu deuten vermögen, berichten von der Entstehungsgeschichte der Stadt. Alle Steinstädte, die von unseren Früheren Herren errichtet wurden, besitzen ein solches Tor.

Das eindrucksvollste Gebäude in Akakor ist der Große Tempel der Sonne. Seine Außenmauern sind aus kunstvoll behauenen Steinen zusammengefügt. Sie haben keine Verzierung. Das Dach des Tempels ist nach vorn geöffnet, so daß die Strahlen der aufgehenden Sonne einen an der Vorderfront angebrachten goldenen Spiegel berühren können. Er stammt noch aus der Zeit der Früheren Herren. Zu beiden Seiten des Eingangstores zum Tempel der Sonne stehen mannshohe Steinfiguren. Die Innenwände sind mit Reliefs bedeckt. Auf einer großen, in die Stirnseite des Tempels eingelassenen Steintruhe bewahren die Priester die ersten geschriebenen Gesetze unserer Früheren Herren auf.

Neben dem Tempel der Sonne befinden sich die Gebäude der Priester mit den Gemächern für ihre Diener, der Palast des Fürsten und die Unterkünfte der Krieger. Auch diese Bauten sind rechtwinklig aus behauenen Steinblöcken angelegt. Als Dach dient eine mit Bambusstäben verstärkte dichte Grasschicht.

Zur Zeit unserer Früheren Herren gab es noch 26 weitere Steinstädte, die alle in der Chronik erwähnt sind. Die größten waren Humbaya und Patite in dem Land, das man Bolivien nennt, Emin am Unterlauf des Großen Flusses und Cadira in den Bergen des Landes Venezuela. Mit der ersten Großen Katastrophe, dreizehn Jahre nach dem Aufbruch der Götter, wurden sie jedoch vollkommen zerstört. Außer diesen gewaltigen Städten errichteten die Altväter noch drei heilige Tempelbezirke: Salazere am Oberlauf des Großen Flusses, Tihuanaco an dem Großen See und Manoa auf der Hochebene im Süden. Sie waren die oberirdischen Wohnstätten der Früheren Herren und den Ugha Mongulala verschlossen. In ihrem Zentrum stand eine riesige, stufenförmige Pyramide. Eine breite Treppe führte zu einer Plattform, auf der die Götter uns unbekannte Zeremonien verrichteten. Der Hauptbau war von kleineren, durch Säulen miteinander verbundenen Pyramiden umgeben. Dreizehn weitere, mit blitzenden Platten geschmückte Gebäudegruppen standen auf künstlich errichteten Hügeln. In der aufgehenden Sonne, so erzählen die Priester, brannten die Städte der Götter wie Feuer. Sie strahlten ein geheimnisvolles Licht aus, rätselhaft wie die Irrlichter der Schneeberge.

Von den heiligen Tempelbezirken habe ich nur Salazere mit eigenen Augen gesehen. Sie liegt acht Tagesreisen von der Stadt entfernt, die die Weißen Barbaren Manaus nennen, an einem Nebenarm des Großen Flusses. Ihre Paläste und Tempel sind vom Dickicht der Lianenwildnis völlig überwachsen. Nur die Spitze der Großen Pyramide erhebt sich über den Wald, überwuchert von einem dichten Gestrüpp von Sträuchern und Bäumen. Selbst für den Eingeweihten ist die Wohnstätte der Götter schwer zu erreichen. Sie ist von einem tiefen Sumpfgebiet umgeben, dem Land des Stammes der Auf Den Bäumen Wohnt. Nach seinem ersten Kontakt mit den Weißen Barbaren vor hun-

Fahne von Akakor

dert Jahren zog er sich in die unwegsamen Wälder um Salazere zurück. Dort wohnen sie wie Affen auf den Bäumen und töten jeden, der es wagt, ihre Abgeschlossenheit zu durchbrechen. Mir ist es nur deshalb gelungen, in die Tempelstadt vorzudringen, weil dieser Stamm vor Tausenden von Jahren mit den Ugha Mongulala verbündet war und bis heute seine geheimen Erkennungszeichen respektiert. Diese Zeichen sind auch auf einem Stein am oberen Rand der Plattform der Pyramide eingraviert. Sie sind so fremdartig, daß wir sie zwar nachahmen können, aber ihre tiefere Bedeutung nicht mehr verstehen.

Die Tempelstädte der Altväter sind auch für mein Volk ein Rätsel geblieben. Ihre Bauten zeugen von einem höheren Wissen, unbegreiflich für den gewöhnlichen Menschen. Für die Götter waren die Pyramiden nicht nur Wohnstätten, sondern zugleich Zeichen des Lebens und Zeichen des Todes. Sie waren ein Symbol der Sonne, des Lichts, des Lebens. Die Früheren Herren haben uns gelehrt, daß es einen Ort gibt zwischen dem Leben und dem Tod, zwischen dem Leben und dem Nichts, der einer anderen Zeit unterworfen ist. Für sie waren die Pyramiden eine Verbindung zu einem zweiten Leben.

## DIE UNTERIRDISCHEN WOHNSTÄTTEN

*Groß war das Wissen der Früheren Herren. Groß war ihre Weisheit. Ihr Auge reichte bis zu den Hügeln, den Ebenen, den Wäldern, den Meeren und den Tälern. Wunderbare Menschen waren sie. Die Zukunft kannten sie. Die Wahrheit war ihnen enthüllt. Weitsichtig waren sie und von großer Entscheidung. Sie bauten Akanis und Akakor und Akahim. Mächtig fürwahr waren ihre Werke, wie sie alles geschaffen hatten. Wie sie die vier Weltecken und die vier Seiten bestimmten. Vier Weltecken und vier Weltseiten schufen die Herren des Kosmos, die Wesen am Himmel und auf der Erde.*

Akakor liegt in Trümmern. Das große Steintor ist zerbrochen. Im Großen Tempel der Sonne wächst die Lianenwildnis. Auf meinen Befehl und mit Zustimmung des Hohen Rates und der Priester haben die Krieger der Ugha Mongulala unsere Stadt vor drei Jahren zerstört. Sie war zu auffällig geworden. Die Stadt hätte den Weißen Barbaren unsere Gegenwart verraten. So haben wir Akakor aufgegeben. Mein Volk ist in die unterirdischen Wohnstätten geflüchtet, die uns die Götter als ihr letztes Geschenk überließen.

Sie bestehen aus dreizehn Städten, tief verborgen in den Bergen, die man Anden nennt. Ihr Grundriß entspricht dem Sternbild von Schwerta, der Heimat unserer Altväter. Das Zentrum ist Unterakakor. Die Stadt liegt in einer riesigen, von Menschenhand geschaffenen Höhle. Auf der Fläche eines gedehnten Kreises, umgeben von einer niedrigen Ziermauer, drängen sich die Häuser zum Tempel der Sonne in der Mitte. Wie in Oberakakor wird auch die unterirdische Stadt von zwei sich kreuzenden Straßen aufgeteilt, entsprechend den vier Seiten und den vier Ecken der Welt. Alle Wege laufen dazu parallel. Das größte Gebäude ist der Tempel der Sonne. Er überragt die Wohnstätten der Priester und ihrer Diener, den Palast des Fürsten, die Unterkünfte der Krieger und die einfachen Häuser. Im Innern des Tempels liegen die zwölf Eingänge zu den Tunneln, die Unterakakor mit den anderen unterirdischen Städten verbinden. Sie haben schräge Wände und eine flache Decke. Die Gänge sind groß genug für fünf aufrecht gehende Männer. Man braucht viele Tage, um von Akakor in eine der anderen Städte zu gelangen.

Die zwölf Städte Akakor, Budu, Kisch, Boda, Gudi, Tanum, Sanga, Rino, Kos, Aman, Tat und Sikon werden durch künstliches Licht erhellt. Es verändert sich entsprechend dem Lauf der Sonne. Nur Mu, die dreizehnte und kleinste der Städte, hat hohe Schächte zur Erdoberfläche. Ein gewaltiger Spiegel aus Silber streut das Licht der Sonne über die ganze Stadt. Durch alle unterirdischen Städte ziehen sich breite Kanäle mit Wasser aus den Bergen. Kleine Nebenarme versorgen die einzelnen Gebäude und Häuser. Die Atemluft kommt aus den Wänden. Die Eingänge an der Erdoberfläche sind sorgfältig getarnt. Bei Gefahr lassen sich die unterirdischen Wohnstätten durch große, leicht bewegliche Felstore von der Außenwelt abschließen.

Über den Bau von Unterakakor ist uns nichts bekannt. Seine Geschichte verliert sich im Dunkel der fernsten Vergangenheit. Auch die Deutschen Soldaten vermochten ihr Geheimnis nicht

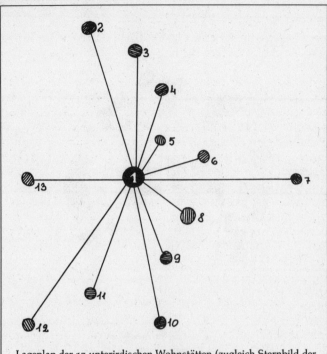

Lageplan der 13 unterirdischen Wohnstätten (zugleich Sternbild der Götterheimat Schwerta)
1 Akakor, 2 Sikon, 3 Tat, 4 Aman, 5 Kos, 6 Sanga, 7 Mu, 8 Tanum, 9 Gudi, 10 Boda, 11 Rino, 12 Kisch, 13 Budu

zu enthüllen. In jahrelanger, mühevoller Arbeit vermaßen sie die unterirdischen Anlagen der Götter, durchforschten das verzweigte Tunnelsystem und suchten nach der Herkunft der Atemluft. Aber ohne Erfolg. Unsere Früheren Herren hatten die unterirdischen Wohnstätten nach eigenen und uns fremden Plänen und Gesetzen erbaut. Von hier aus beherrschten sie ihr großes Reich, ein Reich von 362 Millionen Menschen, so wie es in der Chronik von Akakor niedergeschrieben steht:

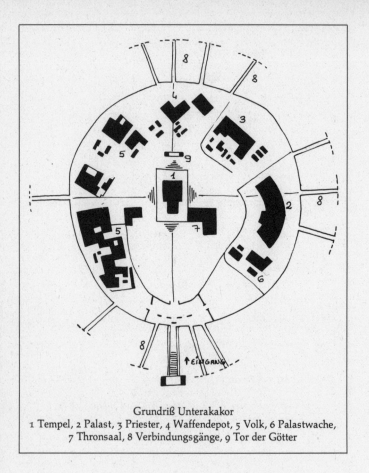

Grundriß Unterakakor
1 Tempel, 2 Palast, 3 Priester, 4 Waffendepot, 5 Volk, 6 Palastwache,
7 Thronsaal, 8 Verbindungsgänge, 9 Tor der Götter

Und von Akakor aus herrschten die Götter. Sie herrschten über die Menschen und über die Erde. Sie hatten Schiffe, schneller als ein Vogel fliegt. Schiffe, die ohne Segel und Ruder und bei Tag gleich wie bei Nacht an ihr Ziel gelangten. Sie hatten magische Steine, um in die Ferne zu blicken. Man sah Städte, Ströme, Hügel, Seen. Was immer auf Erden oder am Himmel geschah, es spiegelte sich darin. Aber das wunderbarste waren die unterir-

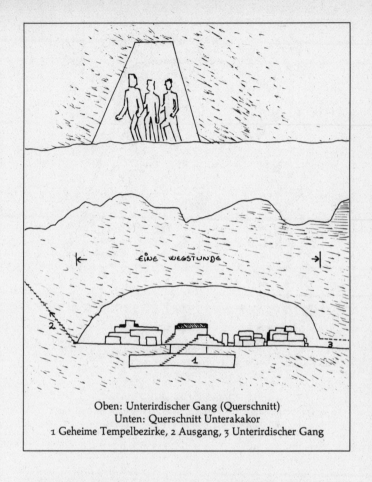

Oben: Unterirdischer Gang (Querschnitt)
Unten: Querschnitt Unterakakor
1 Geheime Tempelbezirke, 2 Ausgang, 3 Unterirdischer Gang

*dischen Wohnstätten. Und die Götter übergaben sie ihren Aus-
erwählten Dienern als ihr letztes Vermächtnis. Denn die Früheren Herren sind vom gleichen Blut und haben den gleichen Vater.*

Über Jahrtausende haben die unterirdischen Wohnstätten die
Ugha Mongulala vor ihren Feinden geschützt. Das größte Geschenk der Früheren Herren hat zwei Katastrophen standgehal-

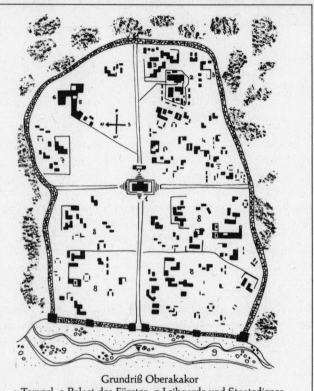

Grundriß Oberakakor
1 Tempel, 2 Palast des Fürsten, 3 Leibgarde und Staatsdiener,
4 Soldaten, 5 Schule, 6 Priester, 7 Diener,
8 Volk, 9 Ackerbau

ten. Vor seinen Toren scheiterten die Angriffe der wilden
Stämme. In seinem Innern erwarten die Letzten meines Volkes
das Vordringen der Weißen Barbaren, die zahllos wie die Ameisen den Großen Fluß hinaufziehen. Nach den Prophezeiungen
unserer Priester werden sie Akakor schließlich entdecken und
darin ihr eigenes Spiegelbild finden. Dann wird sich der Kreis
schließen.

# II. Kapitel
# Die Stunde Null

*10481 v. Chr. bis 10468 v. Chr.:* Das altindische Epos Mahab-harata berichtet vom Kampf zwischen Göttern und Titanen um die Verteilung der Erde. Nach dem griechischen Philosophen Platon erreicht das märchenhafte Reich Atlantis in dieser Zeit seine größte Ausdehnung. Der deutsch-bolivianische Wissen-schaftler Posnansky vermutet die Existenz eines gewaltigen Im-periums in der Umgebung der bolivianischen Ruinenstadt Tia-huanaco. Nach den Historikern und Ethnologen bilden sich um 13 000 v. Chr. aus dem Homo sapiens der letzten Eiszeit die menschlichen Großrassen heraus: Mongolide in Asien, Negride in Zentralafrika, Europide in Europa. Auf dem europäischen Kontinent sind vor allem die Küstenbezirke besiedelt. Archäolo-gische Funde in Altamira, Amazonien, bestätigen zum ersten Mal die Existenz von Menschen auf dem südamerikanischen Kontinent.

## DER AUFBRUCH DER FRÜHEREN HERREN

Die Geschichte meines Volkes, niedergeschrieben in der Chro-nik von Akakor, geht ihrem Ende entgegen. Die Zeit ist bald um, sagen die Priester. Es fehlen nur noch wenige Monde. Dann hat sich das Schicksal der Ugha Mongulala erfüllt. Und wenn ich das Elend und die Verzweiflung meines Volkes sehe, kann ich nicht anders, als ihren Prophezeiungen zu glauben. Die Weißen Barbaren dringen immer tiefer in unser Gebiet vor. Sie kommen aus dem Osten und aus dem Westen wie ein Feuer bei starkem Wind und überziehen das Land mit dem schwarzen Mantel der Finsternis, um es in ihren Besitz zu bringen. Würden die Weißen Barbaren jedoch richtig denken, so müßten sie wissen, daß uns nichts gehört, was wir nicht festhalten können, und daß wir im Grunde nichts festhalten können. Dann würden sie einsehen, daß die Götter uns ein großes Haus gaben, damit alle darin Platz und Freude haben. Doch die Weißen Barbaren wollen alles allein haben, allein für sich selbst. Ihre Herzen sind ohne Rührung, selbst wenn sie die schlimmsten Taten vollbringen. Deshalb können wir nichts tun, als uns zurückziehen und hoffen, daß unsere Früheren Herren zurückkehren, wie es in der Chronik niedergeschrieben steht, in guter Sprache, in deutlicher Schrift:

*Am Tag, als die Götter die Erde verließen, riefen sie Ina herbei. Sie waren nicht krank. Sie seufzten nicht unter Schmerzen, als sie ihrem vertrautesten Diener ihr Vermächtnis hinterließen: »Ina, wir brechen zur Heimkehr auf. Guten Rat und weise Grundsätze haben wir dich gelehrt. Zu den Unsrigen kehren wir zurück. Heimkehren werden wir. Unser Werk ist getan. Unsere Tage haben sich erfüllt. Halte uns im Gedächtnis und vergiß uns nicht. Denn wir sind Brüder vom gleichen Blut und haben den gleichen Vater. Wir kehren zurück, wenn ihr bedroht seid. Jetzt aber nimm die Auserwählten Stämme. Führe sie in die unterirdischen Wohnstätten, damit sie geschützt sind vor der kommenden Katastrophe.« Das waren ihre Worte. So sprachen sie zum Abschied. Und Ina sah, wie sie mit ihren Schiffen unter Feuer und Donner zum Himmel fuhren. Über den Bergen von Akakor entschwanden sie. Nur Ina sah ihren Weggang. Aber ihr Wissen und ihre Weisheit ließen die Götter zurück. Sie wurden heilig gehalten. Ein Zeichen der Altväter waren sie. Und Ina berief eine Versammlung der Ältesten des Volkes ein. Von den letzten Weisungen der Götter berichtete er. Und er befahl, eine neue Zeitrechnung zu beginnen, im Andenken an die Früheren Herren. Das ist die geschriebene Geschichte der Auserwählten Diener, die Chronik von Akakor.*

In der Stunde Null, 10 481 v. Chr. in der Zeitrechnung der Weißen Barbaren, verließen die Götter die Erde. Sie gaben das Startzeichen für einen neuen Abschnitt in der Geschichte meines Volkes, dem eine furchtbare Zeit bevorstand, nachdem die goldglänzenden Schiffe der Früheren Herren wie Sterne am Himmel

erloschen waren. Aber damals ahnte nicht einmal Ina, ihr ver-
trautester Diener und erster Fürst der Ugha Mongulala, die
kommenden Ereignisse. Das Auserwählte Volk war bestürzt
über den Weggang seiner Altväter. Mutlosigkeit übermannte es.

*Nur das Bild der Götter hatten die Auserwählten Diener im
Herzen. Mit brennenden Augen blickten sie zum Himmel. Aber
die goldglänzenden Schiffe kehrten nicht zurück. Leer war der
Himmel. Kein Hauch. Kein Laut. Der Himmel blieb leer.*

## DIE SPRACHE DER GÖTTER

In der Sprache der Weißen Barbaren heißt Ugha verbündet, gemeinsam. Lala sind die Stämme. Mongu heißt auserwählt, erhaben. Die Ugha Mongulala sind die Verbündeten Auserwählten Stämme. Für sie begann nach dem Aufbruch der Früheren
Herren eine neue Zeit. Nicht mehr überlegene Götter herrschten
über ein Reich, dessen Grenzen viele Monde auseinanderlagen.
Zwischen den beiden Weltmeeren, entlang des Großen Flusses
bis zu den flachen Hügeln im Norden und weit hinein in die ausgedehnten Ebenen des Südens geboten jetzt die Ugha Mongulala. Die zwei Millionen der Auserwählten Stämme regierten
über ein Imperium von 362 Millionen Menschen. Die anderen
Stämme hatten die Früheren Herren im Laufe der Jahrhunderte
unterworfen. Die Ugha Mongulala herrschten über 26 Städte,
über mächtige Grenzfesten und über die unterirdischen Wohnstätten der Götter. Nur die drei Tempelbezirke von Salazere,
Manoa und Tihuanaco blieben ihnen auf ausdrücklichen Befehl
der Altväter verschlossen. Große Aufgaben standen Ina, dem
ersten Fürsten der Ugha Mongulala, bevor.

Mir sind nur wenige Einzelheiten über die Zeit nach dem Auf-
bruch der Früheren Herren bekannt. Wie ein Echo überschattet
die erste Große Katastrophe die Ereignisse der ersten dreizehn
Jahre in der Geschichte meines Volkes. Nach den Erzählungen
der Priester herrschte Ina über das größte Reich, das es auf der
Erde jemals gegeben hat. An seiner Spitze standen die Ugha
Mongulala. Sie überwachten die Einhaltung ihrer Gesetze. Ihre
Krieger schützten die Grenzen vor den Einfällen wilder Stämme.

360 Millionen Verbündete waren ihnen zu Gehorsam verpflichtet. Nach der ersten Großen Katastrophe lehnten sie sich jedoch gegen die Herrschaft der Ugha Mongulala auf. Sie verwarfen das Vermächtnis der Götter und vergaßen im Laufe der Zeiten auch ihre Sprache und ihre Schrift. Sie wurden zu Entarteten.

Das Chechua, wie die Weißen Barbaren unsere Sprache nennen, besteht aus einfachen und guten Worten, ausreichend, um alle Geheimnisse der Natur zu beschreiben. Die Schriftzeichen der Götter sind nicht einmal den Inkas bekannt. Es sind 1400 Symbole, die je nach ihrer Aneinanderreihung verschiedene Aussagen ergeben. Die wichtigsten Zeichen sind Leben und Tod, dargestellt durch das Brot und das Wasser. Alle Eintragungen der Chronik beginnen und enden mit diesen Symbolen. Erst nach der Ankunft der Deutschen Soldaten im Jahre 1942 in der Zeitrechnung der Weißen Barbaren begannen die Priester, die Ereignisse auch in den Schriftzeichen der Verbündeten niederzuschreiben. Die Sprache und die Schrift, der Dienst für die Gemeinschaft, die Achtung vor dem Alter und der Respekt gegenüber dem Fürsten sind die wichtigsten Zeugnisse aus den Jahren vor der ersten Großen Katastrophe. Sie beweisen, daß mein Volk im Laufe seiner zehntausendjährigen Geschichte nur ein Ziel hatte, die Bewahrung des Vermächtnisses der Früheren Herren.

## SELTSAME VORZEICHEN AM HIMMEL

*Seltsame Vorzeichen standen am Himmel. Zwielicht lag auf der Erde Antlitz. Noch gab es die Sonne. Aber graue Schleier waren da, groß und mächtig, die den Tag zu verdecken begannen. Wahrlich. Seltsame Zeichen standen am Himmel. Die Sterne glänzten wie trübe Steine. Gifthauch zog in Nebeln über die Hügel. Übelriechendes Feuer hing in den Bäumen. Eine rote Sonne, ein schwarzer Weg kreuzten sich. Schwarz, rot, alle vier Weltekken waren rot.*

Die erste Große Katastrophe veränderte das Leben meines Volkes und das Antlitz der Welt. Niemand kann sich vorstellen, was damals geschah, dreizehn Jahre nach dem Aufbruch der Früheren Herren, 10 468 v. Chr. in der Zeitrechnung der Weißen Barbaren.

Die hereinbrechende Katastrophe war so gewaltig, daß unsere Chronik mit Schrecken davon berichtet.

*Angst und Schrecken erfüllte die Auserwählten Diener. Sie sahen die Sonne nicht mehr, nicht den Mond und nicht die Sterne. Wirrnis und Dunkelheit brachen herein. Seltsame Gebilde zogen über ihren Häuptern dahin. Flüssiges Harz troff vom Himmel, und im Dämmerlicht suchten die Menschen nach Nahrung. Den eigenen Bruder töteten sie. Das Vermächtnis der Götter vergaßen sie. Die Blutzeit begann.*

Was geschah damals, als uns die Götter plötzlich verließen? Wer ist verantwortlich für eine Katastrophe, die mein Volk sechstausend Jahre in die Dunkelheit zurückwarf? Wieder sind es unsere Priester, die das erschütternde Geschehen zu deuten vermögen. Nach ihren Erzählungen gab es in der Zeit vor der Stunde Null noch ein anderes Volk von Göttern, das unseren Früheren Herren feindlich gesinnt war. Nach den Darstellungen im Tempel der Sonne von Akakor glichen die fremden Lebewesen den Menschen. Sie waren dicht behaart und von rötlicher Farbe. Und wie die Menschen hatten sie fünf Finger und fünf Fußzehen. Aber auf ihren Schultern wuchsen Schlangen-, Tiger-, Falken- und andere Tierköpfe. Unsere Priester sagen, daß auch diese Götter ein gewaltiges Reich beherrschten. Auch sie verfügten über ein höheres Wissen, das sie den Menschen weit überlegen und unseren Früheren Herren ebenbürtig machte. Zwischen den beiden Götterrassen, die auf den Abbildungen im Tempel der Sonne von Akakor dargestellt sind, kam es zum Streit. Mit sonnenheißen Waffen verbrannten sie die Welt und versuchten, sich gegenseitig die Macht zu entreißen. Ein gewaltiger Krieg begann, ein planetarischer Krieg, der das Imperium meines Volkes in den Untergang trieb. Doch zum ersten Mal rettete die Vorhersehung der Götter die Ugha Mongulala. Im Andenken an die letzten Worte unserer Früheren Herren, in denen sie die Katastrophe angekündigt hatten, befahl Ina den Rückzug in die unterirdischen Wohnstätten.

*Die Ältesten des Volkes traten zusammen. Dem Befehl Inas folgten sie. Wie können wir uns schützen? Wahrlich, die Zeichen sind drohend. So sprachen sie. Lasset uns den Göttern Folge leisten und in die unterirdischen Schutzräume ziehen. Sind wir nicht genug für ein ganzes Volk? Nicht einer, nicht zwei dürfen fehlen. So sprachen sie. So beschlossen sie. Und es kamen alle zusammen. Sie kreuzten die Wasser. Sie gingen abwärts die Schlucht und überschritten sie. An ihr Ende gelangten sie. Dorthin, wo sich die vier Wege treffen. Da waren sie gerettet, an dieser Kreuzung der vier Wege. In den Wohnstätten der Früheren Herren. Geschützt im Innern der Berge.*

So berichtet die Chronik von Akakor. Und so wurde der Befehl Inas ausgeführt. Im Vertrauen auf das Versprechen der Früheren Herren zog das Volk der Ugha Mongulala nach Unterakakor, um sich vor der kommenden Katastrophe zu schützen. Hier harrten sie aus, bis sich die Erde beruhigt hatte, gleich dem Vogel, der sich hinter dem Felsen versteckt, wenn ein Gewitter aufzieht. Die Ugha Mongulala entgingen der Katastrophe, weil sie ihren Altvätern vertrauten.

## Die erste Grosse Katastrophe

Das Jahr dreizehn, 10 468 v. Chr. in der Zeitrechnung der Weißen Barbaren, ist ein Schicksalsjahr in der Geschichte meines Volkes. Nach dem Rückzug in die unterirdischen Wohnstätten brach über die Erde die größte Katastrophe herein, die es seit Menschengedenken gegeben hat. Sie übertraf selbst die zweite Große Katastrophe, sechstausend Jahre später, als die Wasser des Großen Flusses rückwärts flossen. Die erste Große Katastrophe vernichtete das Imperium unserer Früheren Herren und brachte Millionen von Menschen den Tod.

*Das ist die Kunde vom Untergang der Menschen. Was geschah auf der Erde? Wer ließ sie erzittern? Wer ließ die Sterne tanzen? Wer ließ die Wasser hervorquellen aus den Felsen? Zahlreich waren die Züchtigungen, die die Menschen ereilten. Vielerlei Prüfungen waren sie unterworfen. Es war schrecklich kalt, und*

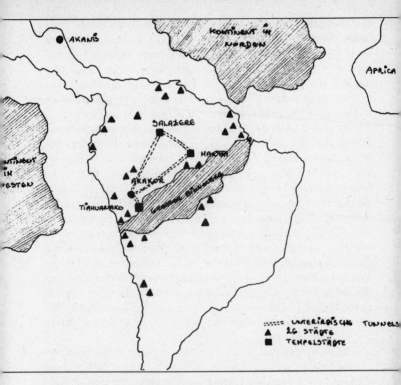

Reich der Altväter vor der ersten Großen Katastrophe

*ein eisiger Wind fegte über die Erde. Es war schrecklich heiß,
und die Menschen verbrannten an ihrem Atem. Menschen und
Tiere flohen in panischer Angst. Verzweifelt rannten sie hierhin
und dorthin. Sie trachteten, auf die Bäume zu steigen, und die
Bäume schleuderten sie weit weg. Sie trachteten, in die Höhlen
zu gelangen, und die Höhlen stürzten über ihnen ein. Was unten
war, wurde nach oben gekehrt. Was oben war, versank in den
Tiefen. Kein Ende nahm das Tosen und Wüten der Götter. Selbst
die unterirdischen Schutzräume begannen zu schwanken.*

Erst die Eintragungen der Chronik nach dem Aufbruch der Früheren Herren erwähnen die äußere Gestalt des Kontinents vor der ersten Großen Katastrophe. Danach unterschied er sich wesentlich von seinem jetzigen Aussehen. Es war viel kälter, und die Regen fielen regelmäßig. Trockenzeit und Regenzeit waren stärker ausgeprägt. Die ausgedehnten Wälder gab es noch nicht. Der Große Fluß war kleiner und floß in beide Weltmeere. Durch Nebenarme war er mit dem riesigen See verbunden, an dessen Südufer die Götter ihren Tempelbezirk Tihuanaco errichtet hatten. Die erste Große Katastrophe gab dem Antlitz der Erde eine neue Gestalt. In einem Geschehen, das für immer unbegreiflich bleiben wird, veränderten sich der Lauf der Flüsse, die Höhe der Berge und die Kraft der Sonne. Kontinente wurden überflutet. Die Wasser des Großen Sees flossen in die Meere zurück. Der Große Fluß wurde durch eine neue Bergkette zerrissen. In einem breiten Strom trieb er jetzt nach Osten. An seinen Ufern entstanden riesige Wälder. In den östlichen Gebieten des Reiches breitete sich eine schwüle Hitze aus. Im Westen, wo sich gewaltige Berge aufgetürmt hatten, erfroren die Menschen in der bitteren Kälte der Höhen. Die erste Große Katastrophe richtete gewaltige Verheerungen an, wie es unsere Früheren Herren angekündigt hatten.

Und so wird es auch bei der kommenden Katastrophe sein, die unsere Priester aus dem Lauf der Sterne berechnet haben. Denn die Geschichte der Menschen verläuft in vorgeschriebenen Bahnen. Alles wiederholt sich, alles kehrt wieder, der Anfang und das Ende, in einem Kreis von sechstausend Jahren. Dieses Gesetz haben uns die Früheren Herren gelehrt. Wieder sind sechstausend Jahre vergangen seit der letzten Großen Katastrophe und sechstausend Jahre, seit unsere Früheren Herren uns zum zweiten Mal verließen. Wieder stehen die drohenden Zeichen am Himmel. Die Tiere fliehen in panischer Angst. Kriege sind ausgebrochen. Die Gesetze werden mißachtet. Während die Weißen Barbaren in ihrem schieren Übermut den Bund zwischen der Natur und dem Menschen zerstören, nähert sich das Schicksal seiner Erfüllung. Die Ugha Mongulala wissen, daß das Ende bevorsteht. Sie wissen es und erwarten es gefaßt. Denn sie glauben an das Vermächtnis ihrer Früheren Herren.

# III. Kapitel
## Das Zeitalter der Dunkelheit

*10468 v. Chr. bis 3166 v. Chr.:* Um 10000 v. Chr. vermutet der deutsch-bolivianische Wissenschaftler Posnansky die Zerstörung von Tiahuanaco. Geologen sprechen von gewaltigen Klimaänderungen, die möglicherweise von einer Verschiebung der Erdachse herrühren. Mit der um 5000 v. Chr. einsetzenden Jungsteinzeit vollziehen sich wichtige kulturelle Neuerungen und eine gewaltige wirtschaftliche Umwälzung: der Übergang zum Bauerntum und damit zu produzierenden Wirtschaftsformen. Die Menschen der Jungsteinzeit kultivieren Wildgetreide, züchten Schafe, Ziegen und Schweine. Großfamilien siedeln sich in Dörfern, später in mit Mauern befestigten Städten an. Jericho, zwischen 8000 und 6000 v. Chr., wird als Vorstufe der städtischen Hochkulturen bezeichnet, obwohl Ägyptologen im Nildelta eine noch ältere Kultur vermuten. Archäologische Funde in Eridu und Uruk deuten auf die ersten Sakralbauten hin. Die ersten beschriebenen Tontafeln werden gefunden. Eine primitive Bilderschrift wird von Wort- und Lautzeichen abgelöst. In allen Kulturen läßt sich eine große Sorge um die Toten beobachten. Mehrere Überschwemmungen und katastrophenhafte Ausbrüche von Vulkanen, vermutlich um 3000 v. Chr., werden in der Bibel als Sintflut beschrieben. Die Besiedlung Amerikas durch Einwandererwellen aus Asien geht weiter.

### Der Zusammenbruch des Reiches

Die Weißen Barbaren sind wahrlich ein mächtiges Volk. Sie beherrschen den Himmel und die Erde und sind Fisch und Vogel und Wurm und Pferd zugleich. Sie denken, sie hätten das Licht, aber sie leben dennoch in der Dunkelheit und sind schlecht. Das Schlechteste ist jedoch, daß sie ihren eigenen Gott verleugnen und selbst zu Gott streben und uns glauben machen wollen, daß sie die Herrscher der Welt seien. Aber noch sind die Götter größer und mächtiger als alle Weißen Barbaren zusammen. Noch bestimmen sie, wer von uns und wann wir sterben sollen. Noch dienen die Sonne, das Wasser und das Feuer in erster Linie ihnen. Denn die Götter lassen sich ihre Geheimnisse nicht nehmen. Nach unseren Priestern werden sie ein Strafgericht schicken, das die Weißen Barbaren von der Last ihres Irrglaubens befreien wird. Ein langer und stetiger Regen wird niederfallen und die Dunkelheit in ihren Herzen fortwaschen. Immer höher werden die Wasser steigen und ihre Bosheit und ihre Gier nach Macht und Reichtum mit sich reißen. So wie es schon vor Tausenden von Jahren geschah und wie es in der Chronik niedergeschrieben steht, in guter Sprache, in deutlicher Schrift.

*Drei Monde vergingen, dreimal drei Monde. Dann teilten sich die Wasser. Die Erde beruhigte sich wieder. Die Bäche verliefen in anderen Bahnen. Sie verliefen zwischen den Hügeln. Hohe Berge ragten der Sonne entgegen. Die Erde war verwandelt, als die Auserwählten Diener die unterirdischen Wohnstätten verließen. Und groß war ihre Trauer. Ihr Antlitz hoben sie zum Himmel. Ihre Augen suchten nach den Ebenen und den Hügeln, nach den Flüssen und Seen. Furchtbar war die Wahrheit. Die Zerstörung war schrecklich. Und Ina hielt Rat mit den Ältesten. Große Geschenke sammelten die Auserwählten Stämme. Schmuck, Bienenhonig und Weihrauch brachten sie zusammen. Um die Götter auf die Erde zurückzuholen, opferten sie das. Aber der Himmel blieb leer. Die Zeit des Jaguars brach an. Die Zeit der Blutjahre, in der alles zerstört wird. So zerriß das Band zwischen den Früheren Herren und ihren Dienern. So begann ein neues Leben.*

Die Blutjahre, die Zeit zwischen dem Jahr 13 und dem Jahr 7315, sind die dunkelste Epoche in der Geschichte meines Volkes. Die Chronik von Akakor berichtet nur lückenhaft über das Geschehen. Während Jahrtausenden fehlen die Eintragungen ganz.

Auch die mündlichen Überlieferungen sind dürftig und von dunklen Prophezeiungen durchsetzt.

*Es war eine schreckliche Zeit. Der reißende Jaguar kam und verschlang das Fleisch der Menschen. Er zermalmte die Knochen der Auserwählten Diener. Er riß ihren Kriegern den Kopf ab. Dunkelheit lag über dem Land.*

Die Lage des Imperiums nach der ersten Großen Katastrophe war verzweifelt. Zwar hatten die unterirdischen Wohnstätten der Früheren Herren den gewaltigen Erdverschiebungen standgehalten. Keine der dreizehn Städte wurde zerstört. Aber viele der Gänge, die noch aus der Zeit der Götter stammten und die Grenzen des Reiches miteinander verbanden, waren verschüttet. Ihr geheimnisvolles Licht war erloschen wie eine Kerze, die der Wind ausgeblasen hat. Eine gewaltige Flutwelle hatte die 26 Städte zerstört. Die geheiligten Tempelbezirke Salazere, Tiahuanaco und Manoa lagen in Trümmern, getroffen von den schrecklichen Waffen der Götter. Nach den Berichten der ausgeschickten Späher hatten nur wenige der Verbündeten Stämme die Katastrophe überlebt. Vom Hunger getrieben, verließen sie ihre alten Siedlungsgebiete und drangen in die Länder der Ugha Mongulala ein, Tod und Verderben hinter sich lassend. Verzweiflung, Not und Elend breiteten sich im ganzen Imperium aus. Erbitterte Kämpfe um den Besitz der letzten fruchtbaren Gebiete entbrannten. Die Oberherrschaft der Auserwählten Stämme ging zu Ende.

*Das war der Anfang vom ruhmlosen Ende des Reiches. Die Menschen hatten keinen Verstand mehr. Auf allen vieren schlichen sie durch das Land. Sie zitterten vor Angst und Schrecken. Niedergeschlagen waren ihre Herzen. Verwirrt war ihr Geist. Tieren gleich, fielen sie sich an. Ihren Nächsten töteten sie und aßen sein Fleisch. Wahrlich, furchtbar war die Zeit.*

Die schreckliche Zeit zwischen der ersten und der zweiten Großen Katastrophe, 10468 v. Chr. bis 3166 v. Chr. in der Zeitrechnung der Weißen Barbaren, brachte mein Volk an den Rand des

Untergangs. Entartete Stämme, die vor der ersten Großen Katastrophe mit den Ugha Mongulala verbündet waren, gründeten eigene Reiche. Sie schlugen die Heere der Auserwählten Diener und trieben sie bis vor die Tore der zerstörten Hauptstadt zurück. Im Jahre 4130, 6351 v. Chr. in der Zeitrechnung der Weißen Barbaren, stürmten sie Akakor.

*Die Stämme der Entarteten schlossen sich zusammen. Sie sprachen: Wie können wir unseren Früheren Herren beikommen? Wahrlich, sie sind immer noch mächtig. So sprachen sie Rat. Lasset uns einen Hinterhalt legen. Töten wollen wir sie. Sind wir nicht viele? Sind wir nicht mehr als genug, um sie zu besiegen? Und es bewaffneten sich alle Entarteten. Eine gewaltige Zahl von ihnen kam zusammen. Die Menge ihrer Kriegsleute war unübersehbar. Akakor wollten sie stürmen. Um Uma den Fürsten zu töten, marschierten sie auf. Aber die Auserwählten Diener hatten sich gerüstet. Auf der Spitze des Berges standen sie. Akai ist der Name des Berges, wo sie standen. Alle Auserwählten Stämme hatten sich um Uma geschart, als die Entarteten heranzogen. Schreiend kamen sie mit ihren Pfeilen und Bogen. Kriegslieder sangen sie. Sie brüllten und pfiffen auf den Fingern. So rannten sie gegen Akakor.*

An dieser Stelle bricht die Chronik von Akakor ab. Unsere Priester erzählen, daß die Ugha Mongulala die Schlacht verloren. Uma wurde getötet. Die Überlebenden zogen sich in die unterirdischen Wohnstätten zurück. Mit der Niederlage am Schicksalsberg Akai erreichte das Unglück meines Volkes seinen Höhepunkt. Wie die Weißen Barbaren, die die Götter verleugnen und sich über alle Gesetze erhaben fühlen, trieben die Ugha Mongulala immer tiefer in die Erniedrigung. Gepeinigt von einem unverständlichen Geschehen, begannen sie Bäume und Felsen anzubeten, ja sogar Tiere und Menschen zu opfern. Dann begingen sie das schändlichste Verbrechen in der 10 000jährigen Geschichte meines Volkes.

Und so hat es sich zugetragen: Als Uma im Kampf gegen die Entarteten Stämme getötet wurde, verweigerte der Hohepriester seinem Sohn Hanan den Zugang zu den geheimen Bezirken der

Götter. Er schickte ihn in die Verbannung und riß selbst die Macht an sich. Gegen die Gesetze der Götter begann er, das Volk nach eigenem Gutdünken und ohne den gebührenden Respekt vor dem Vermächtnis der Altväter zu regieren. Das war der Höhepunkt der Blutzeit, die Zeit, in der der reißende Jaguar der Herrscher ist.

Warum hat mein Volk diese Verbrechen ertragen? Warum haben die Ältesten die Untaten des Hohepriesters geduldet? Es gibt nur eine Erklärung. Seit dem Aufbruch der Götter blieben ihre Weisheiten und Erkenntnisse immer mehr auf einen kleineren Kreis des Volkes beschränkt. Die Priester gaben ihr Wissen nicht mehr weiter. Sie lehrten die Wahrheiten der Altväter nur noch ihre engsten Vertrauten. Je mehr das heilige Vermächtnis in Vergessenheit geriet, desto größer wurde ihre Macht. Bald fühlten sie sich allein verantwortlich für das Geschehen auf der Erde und am Himmel. Über Jahrtausende herrschten die Priester allgewaltig über die Ugha Mongulala. Das berichten unsere Vorväter. Und es muß wahr sein, denn nur die Wahrheit erhält sich über alle Zeiten hinweg im Gedächtnis der Menschen.

## Die zweite Grosse Katastrophe

Schrecklich ist die Kunde. Schrecklich ist die Wahrheit. Immer noch lebten die Auserwählten Diener in den Wohnstätten der Götter. Hundert Jahre. Tausend Jahre. Das heilige Vermächtnis war vergessen. Unleserlich geworden waren seine Zeichen. Den Bund mit den Göttern hatten ihre Diener verraten. Außer Rand und Band lebten sie, wie Tiere im Wald. Auf allen vieren gingen sie dahin. Jedes Verbrechen geschah am hellichten Tag. Da fühlten die Götter Kümmernis. Betrübt waren ihre Herzen über die Bosheit der Menschen. Und sie sprachen: Wir wollen die Menschen strafen. Vertilgen von der Erde wollen wir sie. Die Menschen bis zum Vieh, bis zum Gewürm und bis zu den Vögeln unter dem Himmel. Denn sie haben unser Vermächtnis verworfen. Und die Götter begannen, die Menschen zu vernichten. Einen gewaltigen Stern schickten sie, dessen rote Spur den ganzen Himmel bedeckte. Und Feuer sandten sie, heller als tausend Sonnen. Das große Strafgericht brach herein. Dreizehn

Monde lang regnete es. Dreizehn Monde ein unaufhörlicher Regen. Die Wasser der Meere stiegen an. Rückwärts flossen die Flüsse. Der große Strom verwandelte sich in einen gewaltigen See. Und die Menschen wurden vernichtet. In den schrecklichen Fluten ertranken sie.

Die Ugha Mongulala überlebten auch die zweite Große Katastrophe in der Geschichte der Menschen. Geschützt in den unterirdischen Wohnstätten ihrer Früheren Herren, beobachteten sie mit Entsetzen die Verwüstung der Erde. Angst und Schrekken befielen sie. Hatten sich die Auserwählten Diener bei der ersten Großen Katastrophe unschuldig gefühlt, so machten sie sich jetzt gegenseitig verantwortlich für das schreckliche Geschehen. Es kam zu Zank und Streit. In Unterakakor begann ein Bruderkrieg, der zu ihrer Vernichtung geführt hätte, wäre nicht ein von den Priestern längst vorhergesagtes Ereignis eingetreten. Als die Not am größten war, kehrten die Früheren Herren zurück.

Und mit ihrer Rückkehr beginnt ein neuer Abschnitt in der Geschichte der Ugha Mongulala, das zweite Buch in der Chronik von Akakor. Das erste Buch endet mit den Taten des Madus, eines mutigen Kriegers der Ugha Mongulala, der selbst in der schwersten Stunde sein Vertrauen in das Vermächtnis der Götter bewahrt hatte, so wie es in der Chronik niedergeschrieben steht.

*Madus wagte den Weg hinauf auf die Erde. Sturm und Wasser nicht scheuend, ging er hinaus. Mit Schrecken blickte er auf das verwüstete Land. Er sah keine Menschen mehr und keine Pflanzen. Nur verzweifelte Tiere und Vögel, die über das endlose Wasser flogen, müde werdend, bis sie sich fallen ließen und in den Fluten ertranken. Das sah Madus. Und er wurde traurig und zornig zugleich. Mit Gewalt riß er Baumstümpfe aus der überschwemmten Erde. Treibendes Holz sammelte er. Ein Floß baute Madus, um den verzweifelten Tieren zu helfen. Von allen nahm er ein Paar. Zwei Jaguare, zwei Schlangen, zwei Tapire, zwei Falken. Und die steigenden Wasser trieben sein Floß immer höher. Die Berge hinauf, bis zur Spitze des Akai, des Schicksals-*

*berges der Auserwählten Stämme. Hier ließ Madus die Tiere an Land und die Vögel in die Luft. Und als das Wasser nach dreizehn Monden wieder abfloß und die Sonne die Wolken vertrieb, kehrte er nach Akakor zurück und berichtete vom Ende der schrecklichen Blutzeit.*

# DAS BUCH DES ADLER

Das ist der Adler. Mächtig sind seine Schwingen, stark seine Fänge. Herrisch fällt sein Blick auf das Land. Unerreichbar ist er für den Menschen. Man kann ihn weder besiegen noch töten. Dreizehn Tage steigt er in den Himmel hinauf, und dreizehn Tage zieht er der aufgehenden Sonne entgegen. Wirklich erhaben ist er.

# I. Kapitel
## Die Rückkehr der Götter

*3166 v. Chr. bis 2981 v. Chr.:* Der Kalender der Mayas beginnt im Jahre 3113 v. Chr. und endet mit dem 24. Dezember 2011 n. Chr., wo der nächste große Zyklus ihrer Zeitrechnung seine Vollendung erreicht. Die herkömmliche Geschichtsschreibung setzt den Beginn der historisch faßbaren Geschichte um das Jahr 3000 v. Chr. fest. Die Zeitspanne bis zur germanischen Völkerwanderung 375 n. Chr. ist das Altertum. Es beginnt mit dem Ursprung der Hochkulturen in den Stromoasen am unteren Nil und am Euphrat und Tigris, wo sich der Aufstieg des Menschen zu geschichtlicher Existenz vollzieht. Höhepunkte orientalischer Geschichte sind die Großreiche unter kraftvollen, ausgreifenden Alleinherrschern. Das Geistesleben wird ganz von der Religion bestimmt. Im Morgenland entstehen die Schrift, das Beamtentum und eine erstaunlich leistungsfähige Technik. Indessen verbleiben die Menschen Europas und Asiens auf der Kulturstufe der jüngeren Steinzeit. Der Beginn der amerikanischen Hochkulturen wird verschieden datiert. Niven vermutet die ersten Städtegründungen der Vorfahren der Azteken um 3500 v. Chr. Nach dem peruanischen Archäologen Daniel Ruiz soll Machu Picchu, die geheimnisvolle Ruinenstadt im Hochgebirge der Anden, in der Zeit vor einer in der Bibel als Sintflut beschriebenen weltweiten Katastrophe entstanden sein. Beide Daten werden von der herkömmlichen Geschichtsschreibung abgelehnt.

### Der Erhabene Göttersohn Lhasa

Die Chronik von Akakor, die geschriebene Geschichte meines Volkes von der Stunde Null bis zum Jahre 12 453, ist unser höchstes Gut. Sie enthält alles Wissen der Ugha Mongulala, niedergeschrieben in den uralten Zeichen der Altväter. In ihr ist das Vermächtnis der Früheren Herren enthalten, das das Leben meines Volkes über 10 000 Jahre geprägt hat. Sie enthält die Geheimnisse der Auserwählten Stämme und berichtigt auch die Geschichte der Weißen Barbaren. Denn die Chronik von Akakor beschreibt den Aufstieg und den Niedergang eines von den Göttern auserwählten Volkes bis zum Ende der Welt, wenn sie zurückkehren, nachdem eine dritte Große Katastrophe die Menschen vernichtet hat. So steht es geschrieben. Das sagen die Priester. So ist es aufgezeichnet, in guter Sprache, in deutlicher Schrift:

*Noch lag Zwielicht auf der Erde Antlitz. Verhüllt waren Sonne und Mond. Da erschienen Schiffe am Himmel, gewaltig und von goldener Farbe. Groß war die Freude der Auserwählten Diener. Ihre Früheren Herren kehrten zurück. Schimmernden Antlitzes kamen sie zur Erde herab. Und das Auserwählte Volk holte seine Geschenke hervor: Federn vom großen Waldvogel, Bienenhonig, Weihrauch und Früchte. Das legten die Auserwählten Diener den Göttern zu Füßen und tanzten, nach Osten gewandt, der aufgehenden Sonne entgegen. Unter Freudentränen tanzten sie, zum Zeichen der Rückkehr der Früheren Herren. Und auch alle Tiere freuten sich. Alle, bis zum Geringsten, erhoben sich in den Tälern und schauten zu den Altvätern auf. Aber viele waren es nicht mehr. Die Strafe der Götter hatte die meisten getötet. Nur wenige Menschen lebten noch, um die Früheren Herren zu begrüßen mit der notwendigen Ehrfurcht.*

Im Jahre 7315, 3166 v. Chr. in der Zeitrechnung der Weißen Barbaren, kamen die von meinem Volk mit Sehnsucht erwarteten Götter wieder auf die Erde. Die Früheren Herren der Auserwählten Stämme kehrten nach Akakor zurück und übernahmen die Macht. Es waren jedoch nur wenige Schiffe, die unsere Hauptstadt erreichten, und kaum drei Monde blieben die Götter bei den Ugha Mongulala. Dann verließen sie die Erde wieder. Nur die Brüder Lhasa und Samon kehrten nicht in die Heimat ihrer Altväter zurück. Lhasa ließ sich in Akakor nieder. Samon flog nach Osten und gründete ein eigenes Reich.

Lhasa, der Erhabene Göttersohn, übernahm die Macht über ein völlig zerstörtes Imperium. Von den 362 Millionen Menschen der Goldenen Zeit hatten weniger als zwanzig Millionen die zweite Große Katastrophe überlebt. Die Siedlungen und Städte lagen in Trümmern. Über die Grenzen drangen die Horden entarteter Stämme. Im ganzen Reich herrschte Krieg. Das Vermächtnis der Götter war in Vergessenheit geraten. Lhasa baute das alte Imperium wieder auf. Um es vor den eindringenden feindlichen Stämmen zu schützen, ließ er große Festungen anlegen. Auf seinen Befehl schütteten die Ugha Mongulala entlang des Großen Flusses hohe Erdwälle auf, die sie mit breiten Holzpalisaden verstärkten. Ausgewählte Krieger hatten die Aufgabe, die neue Grenze zu bewachen und Akakor vor dem Herannahen feindlicher Stämme zu warnen. Im Süden des Landes, das man Bolivien nennt, errichtete Lhasa die Stützpunkte Mano, Samoa und Kin. Sie bestanden aus dreizehn gemauerten Gebäuden, nach dem Vorbild der Tempelbezirke unserer Altväter. Eine Stufenpyramide mit frontal eingesetzter Treppe, abgeschrägtem Dach und je einem äußeren und einem inneren gewölbten Raum beherrschte das umliegende Gelände. In der Nähe der drei Festungen siedelte Lhasa Verbündete Stämme an. Sie unterstanden dem Befehl des Fürsten von Akakor und mußten Kriegsdienst leisten.

An der westlichen Grenze des Imperiums lebte seit Tausenden von Jahren ein Volk, mit dem die Ugha Mongulala ein besonders freundschaftliches Verhältnis hatten. Es kannte die Sprache und die Schrift der Früheren Herren. Seine Priester wußten auch um das Vermächtnis der Götter. Mit dem Ende der zweiten Großen Katastrophe verlegte der Stamm seinen Wohnsitz in die Berge des Landes, das man Peru nennt, und gründete ein eigenes Reich. Lhasa, der um die Sicherheit Akakors fürchtete, ließ deshalb auch an der Westgrenze eine mächtige Festung errichten. Er befahl den Bau von Machu Picchu, einer neuen Tempelstadt in einem Hochtal der Anden.

*Den Trägern stand der Schweiß auf der Stirn. Rot färbten sich die Berge von ihrem Blut. Blutberge wurden sie deshalb genannt. Aber Lhasa ließ keinen Einhalt gebieten. Das Volk der Auser-*

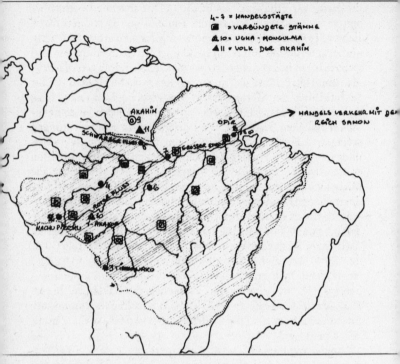

Das Reich des erhabenen Göttersohnes Lhasa

*wählten Diener büßte für den Verrat seiner Vorväter. Und so vergingen die Tage. Die Sonne erhob sich und ging nieder. Es kamen Regen und Kälte. Dumpf klang die Klage der Auserwählten Diener. Mit Schmerzen besangen sie ihr Leid.*

Die Errichtung der heiligen Stadt Machu Picchu ist eines der großen Ereignisse in der Geschichte meines Volkes. Ihr Bau ist von vielen Geheimnissen umgeben, für immer verborgen in dem steil aufragenden Mondberg, der Machu Picchu beschützt. Nach den Erzählungen der Priester schlugen die Handwerker die Steine für die Häuser der Krieger, die Unterkünfte der Priester und ihrer Diener aus den Felsen. Die Granitblöcke für den Palast Lhasas schleppte ein Heer von Arbeitern aus den weit entfernten Tälern am Westhang der Anden. Und die Priester berichten weiter, daß zwei Menschengeschlechter nicht ausreichten, um die Stadt zu vollenden, und daß die Klagen der Ugha Mongulala immer lauter wurden, je mehr Zeit verging. Die Auserwählten Stämme begannen aufzubegehren und die Altväter zu verfluchen. Eine Rebellion gegen den Erhabenen Göttersohn Lhasa zeichnete sich ab. Da fing der Himmel an zu grollen und sich am hellichten Tag zu verdunkeln. Der Zorn der Götter entlud sich in gewaltigen Donnerschlägen und fürchterlichen Blitzen. Und während ein starker Regen fiel, verwandelten sich die Anführer der Unzufriedenen in Steine, in lebende Steine mit Beinen. Lhasa befahl, sie auf die Berge zu treiben und in den Treppen und Terrassen von Machu Picchu einzumauern. So wurden die Aufrührer bestraft. Sie trugen die heilige Stadt auf ihren Schultern, für immer gefangen in den Steinen. Machu Picchu ist eine heilige Stadt. Ihre Tempel sind Sonne, Mond, Erde, Meer und Tieren geweiht. Nach ihrer Fertigstellung nach vier Menschengeschlechtern begab sich Lhasa in die Stadt und führte das Reich zu neuer Blüte und Ansehen.

*Zahlreich waren die Krieger unter Lhasa geworden. Stark fühlten sie sich. Sie kümmerten sich nicht um das Land und nicht um die Frauen. Sie hatten nur Augen für ihre Waffen. Beschützt von dem Auge der Götter, prüften sie die Stellungen der Feinde. Im Auftrag Lhasas zogen sie aus. Denn der Erhabene Göttersohn war wirklich ein großer Fürst. Man konnte ihn weder besiegen noch töten. Lhasa war in Wirklichkeit ein Gott. Dreizehn Tage lang stieg er in den Himmel hinauf. Dreizehn Tage lang wanderte er der aufgehenden Sonne entgegen. Dreizehn Tage lang nahm er Vogelgestalt an und war wirklich ein Vogel. Für dreizehn Tage verwandelte er sich in einen Adler. Wirklich erhaben war er. Alle Menschen erbleichten vor seinem Angesicht. Bis zu den Grenzen des Himmels, bis zu den Grenzen der Erde reichte seine Macht. Und die Stämme beugten sich dem göttlichen Meister.*

Lhasa war der entscheidende Erneuerer des Reiches der Ugha Mongulala. In seiner 300jährigen Herrschaft legte er den Grundstein für ein gewaltiges Imperium. Dann kehrte er zu den Göttern zurück. Er rief die Ältesten des Volkes und die höchsten Priester zusammen und übergab ihnen seine Gesetze und Ordnungen. Dem Volk befahl er, nach dem Vermächtnis der Götter zu leben, es für immer zu verehren und seinen Gesetzen zu gehorchen. Danach verneigte sich Lhasa vor der aufgehenden Sonne, nach Osten gewandt. Noch bevor ihre ersten Strahlen die heilige Stadt berührten, bestieg er den Mondberg, der Machu Picchu überragt, und entzog sich für immer den Menschen. So berichten die Priester über den geheimnisvollen Weggang des Erhabenen Göttersohn Lhasa, des einzigen Fürsten der Auserwählten Stämme, der von den Sternen kam.

## SAMON UND DAS REICH IM OSTEN

*Oft war Lhasa mit seiner Flugscheibe fort. Seinen Bruder Samon besuchte er. In das gewaltige Reich im Osten flog er. Und er nahm ein seltsames Gefährt mit, das über Wasser und Berge gehen kann.*

Die Chronik von Akakor berichtet nur wenig über das Reich Samons, des Bruders von Lhasa, der im Jahre 7315 mit den Göttern auf die Erde gekommen war. Nach der geschriebenen Geschichte meines Volkes ließ er sich an einem großen Fluß jenseits des östlichen Weltmeeres nieder. Er wählte umherziehende Stämme aus und lehrte sie sein Wissen und seine Weisheit. Unter seiner Führung legten sie Felder an und errichteten gewaltige Steinstädte. Ein mächtiges Imperium entstand, ein Spiegelbild von Akakor, aufgebaut auf dem gleichen Vermächtnis der Götter, die auch das Leben der Ugha Mongulala bestimmten.

Lhasa, der Fürst von Akakor, besuchte regelmäßig das Reich seines Bruders Samon und verweilte mit ihm in den herrlichen Tempelstädten am großen Fluß. Um die Verbindung zwischen den beiden Völkern zu festigen, ließ er im Jahre 7425, 3056 v. Chr. in der Zeitrechnung der Weißen Barbaren, Ofir errichten, eine gewaltige Hafenstadt an der Mündung des Großen Flusses.

Hier legten fast tausend Jahre lang die Schiffe aus dem Reiche Samons mit ihren wertvollen Ladungen an. Im Tausch gegen Silber und Gold brachten sie beschriebene Papierrollen in den Zeichen unserer Altväter, seltene Hölzer, feinste Tücher und grüne Steine, die meinem Volk unbekannt waren. Bald war Ofir eine der reichsten Städte des Imperiums und magischer Anziehungspunkt für die wilden Stämme im Osten. In immer neuen Angriffen stürmten sie gegen die Stadt, überfielen die ankernden Schiffe und unterbrachen die Verbindung ins Innere des Reiches. Mit dem Zerfall des Imperiums, tausend Jahre nach dem Tode Lhasas, gelang es ihnen, Ofir in einem gewaltigen Kriegszug zu erobern. Sie plünderten die Stadt und brannten sie nieder. Die Ugha Mongulala gaben die Küstenprovinzen am östlichen Weltmeer auf und zogen sich ins Landesinnere zurück. Die Verbindung mit dem Reiche Samons brach ab.

So ist meinem Volk von der Herrschaft Samons nur die Erinnerung geblieben und seine Geschenke an Lhasa, wie die beschriebenen Papierrollen und die grünen Steine. Unsere Priester haben sie in den unterirdischen Tempelbezirken von Akakor aufbewahrt, wo sich auch Lhasas Flugscheibe und das seltsame Gefährt befinden, das über Wasser und Berge gehen kann. Die Flugscheibe ist von goldglänzender Farbe und besteht aus einem uns unbekannten Material. Sie hat die Form einer Tonrolle, hoch wie zwei übereinanderstehende Männer und ebenso breit. Die Scheibe bietet zwei Menschen Platz. Sie hat weder Segel noch Ruder. Aber unsere Priester erzählen, daß Lhasa damit schneller fliegen konnte als der stärkste Adler und sich so leicht in den Wolken bewegte wie ein Blatt im Wind. Ähnlich geheimnisvoll ist auch das seltsame Gefährt. Sieben lange Beine tragen eine große versilberte Schale. Drei der Beine sind nach vorn und vier nach hinten gerichtet. Sie gleichen gekrümmten Bambusstangen und sind beweglich. An ihren Enden befinden sich Rollen von der Größe einer Seerose.

Das sind die letzten Zeugnisse aus der glanzvollen Zeit Lhasas und Samons. Viel Wasser ist seitdem in das Meer geflossen. Das einst mächtige Reich der Ugha Mongulala ist zerbrochen, und ohne Hoffnung sind die Menschen. Doch die Götter werden zurückkehren. Sie werden wiederkommen, um ihren Brüdern zu helfen, die von dem gleichen Blut sind und den gleichen Vater haben, so wie es in der Chronik niedergeschrieben steht:

*So hat es Lhasa vorhergesagt. Und so wird es geschehen. Neue Blutsbande werden entstehen zwischen dem Reiche Lhasas und dem Reiche Samons. Erneuern wird sich der Bund zwischen ihren Geschlechtern, wiederfinden werden sich ihre Nachkommen. Dann kehren die Früheren Herren zurück.*

## AKAHIM – DIE FESTUNG DREI

Der Name der Hauptstadt des Reiches der Ugha Mongulala besteht aus zwei Wörtern. In der Sprache meines Volkes heißt Aka Festung und Kor bedeutet Zwei. Also die Festung Zwei. Zu Beginn unserer Geschichte, wenige Monde nach dem Aufbruch der Früheren Herren, erwähnt die Chronik auch Akanis, die Festung Eins. Akahim, die Festung Drei, ist uns seit Lhasa bekannt. Die Steinstadt liegt in den Bergen an der Grenze im Norden zwischen den Ländern, die man Venezuela und Brasilien nennt. Wer Akahim gebaut hat, wissen wir nicht. Wann diese Stadt errichtet wurde, können wir nur vermuten. Sie wird erst nach der Rückkehr unserer Früheren Herren im Jahre 7315, 3166 v. Chr. in der Zeitrechnung der Weißen Barbaren, in der Chronik erwähnt. Seit dieser Zeit verbindet Akakor und Akahim eine enge Freundschaft.

Ich selbst habe die Hauptstadt des Schwestervolkes der Auserwählten Stämme schon mehrmals besucht. Mit dem steinernen Tor, dem Tempel der Sonne, den Gebäuden für den Fürsten und die Priester gleicht sie Akakor. Die Richtung zur Stadt kennzeichnet ein behauener Stein in Form eines ausgestreckten Fingers. Der eigentliche Zugang liegt hinter einem gewaltigen Wasserfall verborgen. Sein Wasser stürzt 300 Meter in die Tiefe. Ich kann diese Geheimnisse enthüllen, weil Akahim seit vierhundert Jahren in Trümmern liegt. Nach schrecklichen Kriegen gegen die Weißen Barbaren zerstörte das Volk der Akahim die Häuser und Tempel an der Erdoberfläche und zog sich in die unterirdischen Wohnstätten zurück. Auch sie sind nach dem Sternbild der Götter angelegt und durch lange, trapezförmige Tunnel miteinander verbunden. Nur vier der Wohnstätten sind heute noch bewohnt. Die anderen neun stehen leer. Die einst mächtigen Akahim zählen kaum mehr 5000 Menschen.

Akahim und Akakor sind durch einen unterirdischen Gang und eine gewaltige Spiegelanlage miteinander verbunden. Der Tunnel beginnt im Großen Tempel der Sonne von Akakor, führt unter dem Großen Fluß hindurch und endet im Herzen von Akahim. Die Spiegelanlage reicht vom Akai über die Bergkette der Anden bis zum Roraima-Gebirge, wie es die Weißen Barbaren nennen. Sie besteht aus mannshohen Silberspiegeln auf großen Bronzegestellen. An jedem Mond geben die Priester in einer geheimen Zeichensprache die wichtigsten Ereignisse weiter. Auf diese Weise erfuhr das Schwestervolk der Akahim auch zum ersten Mal von der Ankunft der Weißen Barbaren in dem Land, das man Peru nennt.

Die Festung Zwei und die Festung Drei sind die letzten Überreste des einst mächtigen Reiches unserer Früheren Herren. Sie zeugen von ihrem höheren Wissen, ihrer unermeßlichen Weisheit und von ihren Geheimnissen. Das alles gaben sie den Ugha Mongulala, damit sie ihr Vermächtnis bewahren, so wie es in der Chronik niedergeschrieben steht, in guter Sprache, in deutlicher Schrift:

*Das ist unser höchstes Gebot. Unser Vermächtnis sollt ihr bewahren. Heilig halten sollt ihr es, wohin ihr auch geht, wo ihr auch eure Hütten baut, wo ihr eine neue Heimat findet. Tut nicht euren Willen, sondern den Willen der Götter. Ehrfürchtig, dankbar vernehmt ihre Worte. Denn groß sind sie, unermeßlich in ihrer Weisheit.*

# II. Kapitel
## Das Reich Lhasas

*2982 v. Chr. bis 2470 v. Chr.*: Mit der Urbarmachung der Flußtäler des Nils sowie des Euphrats und Tigris beginnt die allmähliche Entwicklung der ältesten geschichtlichen Hochkulturen im Orient. Um 3000 v. Chr. existiert in Ägypten das durch den oberägyptischen König Menes begründete Alte Reich. Es ist ein bewundernswert durchgebildeter Beamtenstaat mit zentralistischer Verwaltung. Der König Pharao – das große Haus – herrscht als wiedergeborener Gott unumschränkt. Seine wichtigste Regierungshandlung ist die Erbauung seines riesigen steinernen Grabmals, der Pyramide. Von dem hohen Stand der materiellen und geistigen Kultur zeugen hauptsächlich die in den Gräbern zu magischen Zwecken aufgestellten Statuen und Reliefs. Eine durchgebildete, vor allem von den Priestern gepflegte Bilderschrift berichtet über die Größe des Reiches. Um 2500 v. Chr. dringen die Sumerer nach Babylonien ein. Der semitische König Sargon gründet um 2350 v. Chr. das erste Großreich der Geschichte. Angaben über eine geschichtliche Entwicklung auf dem amerikanischen Kontinent liefert nur der zeitgenössische spanische Geschichtsschreiber Fernando Montesinos, der den Beginn der Dynastie der Sonnenkönige der Inkas auf das dritte Jahrtausend vor Christus festlegt.

### DIE NEUE ORDNUNG

Nichts lebt lang, nur die Erde und die Berge. So haben uns die Götter gelehrt. So lautet das Gesetz der Natur. Auch mein Volk ist ihm unterworfen. Es ist stark genug, um dem obersten Weltgesetz zu vertrauen. Aber welchen Sinn hat das Leben noch für uns, wenn wir nicht kämpfen? Welchen Sinn hat es, wenn uns die Weißen Barbaren ausrotten wollen? Sie haben uns unser Land genommen und machen Jagd auf Menschen und Tiere. Die Wildkatzen schwinden schnell. Jaguare, die vor einigen Jahren noch zahlreich waren, gibt es nur noch wenige. Wenn sie aussterben, müssen wir hungern. Wir werden gezwungen sein, uns den Weißen Barbaren zu ergeben. Doch auch damit sind sie noch nicht zufrieden. Sie verlangen, daß wir nach ihren Sitten und Gesetzen leben. Aber wir sind freie Menschen der Sonne und des Lichts. Wir wollen unser Herz nicht mit ihrem kranken Irrglauben beschweren. Wir wollen nicht sein wie die Weißen Barbaren, die glücklich und heiter sein können, auch wenn ihre Brüder neben ihnen unglücklich und traurig sind. Deshalb bleibt uns kein anderer Weg, als den Goldenen Pfeil aufzunehmen, zu kämpfen und zu sterben, wie es uns Lhasa gelehrt hat, der Erhabene Göttersohn, der gekommen war, um ein neues Reich zu gründen und die Ugha Mongulala vor dem Untergang zu bewahren.

*Lhasa hinterließ Macht und Ansehen. Es wurde beschlossen und regiert. Söhne wurden geboren. Viele Dinge geschahen. Und es wuchs der Ruhm des Auserwählten Volkes, als es Akakor mit Kalk und Mörtel wiederaufbaute. Aber die Auserwählten Diener legten nicht selbst Hand an. Sie leisteten keine Arbeit. Sie bauten weder Festungen noch Weihestätten. Das überließen sie den unterworfenen Stämmen. Sie brauchten nicht zu bitten, nicht zu befehlen, nicht Gewalt anzuwenden. Jeder gehorchte freudig den neuen Herren. Und das Reich dehnte sich aus. Die Macht der Auserwählten Diener war groß. In allen vier Ecken des Reiches galten ihre Gesetze.*

Lhasa gab den Ugha Mongulala ihr altes Ansehen zurück. An den Grenzen herrschten Ruhe und Sicherheit. Die feindlichen Stämme waren geschlagen. Die Verbündeten Stämme leisteten Kriegsdienst, wie es der Erhabene Göttersohn für sie bestimmt hatte. Die Menschen lebten in Zufriedenheit und Wohlstand. Aber Lhasa stellte nicht nur die äußere Macht der Ugha Mongulala wieder her. Er erneuerte auch die innere Ordnung. Lhasa teilte die Ugha Mongulala in Ränge und Stände ein und legte das Vermächtnis der Götter zum ersten Mal in geschriebenen Gesetzen fest. Über Tausende von Jahren bestimmten sie das Leben meines Volkes. Erst nach der Ankunft der zweitausend Deutschen Soldaten wurden sie abgeändert und ergänzt.

*Wir müssen unsere Aufgaben einteilen. So sprach und beschloß Lhasa. Und so geschah die Erneuerung der Ränge und die Auszeichnung der Stände. Der Fürst, der Hohepriester und die Ältesten des Volkes, alle Titel und Würdenträger wurden neu besetzt. Das war der Ursprung aller Ränge und Stände. Das war die neue Ordnung des Erhabenen Göttersohnes, die das Leben der Ugha Mongulala bestimmt.*

Nach den geschriebenen Gesetzen Lhasas steht der Fürst an der Spitze der Ugha Mongulala. Er ist der oberste Diener der Götter, der von den Früheren Herren abstammende Herrscher über die Auserwählten Stämme. Das Volk nennt ihn den Erhabenen, weil er von ihnen dazu ausersehen ist, das Reich zu verwalten. Er wird nicht gewählt. Das Amt des Fürsten geht vom Vater auf den erstgeborenen Sohn über, den die Priester seit dem elften Lebensjahr im Vermächtnis der Götter unterweisen. Sie lehren ihn die Geschichte der Auserwählten Stämme und bereiten ihn durch körperliche und geistige Übungen auf seine spätere Aufgabe vor.

Nach dem Tode des Fürsten wird sein erstgeborener Sohn vor die Ältesten des Volkes gerufen. Ihnen muß er seine Bestimmung zum obersten Diener der Früheren Herren beweisen. Nach dem Bestehen der Prüfung wird er vom Hohepriester in einen geheimen Bezirk der unterirdischen Wohnstätten geschickt. Hier verbleibt er dreizehn Tage und hält Zwiesprache mit den Göttern. Halten sie ihn für würdig, das Erbe ihres Vermächtnisses anzutreten, stellen ihn die Ältesten dem Volk als neuen Fürsten vor. Weisen ihn die Götter aber ab und kehrt er nach den dreizehn Tagen nicht aus den unterirdischen Bezirken zurück, dann bestimmen die Priester mit Hilfe der Sterne einen Tag und eine Stunde vor sechs Jahren. Das zu diesem Zeitpunkt geborene männliche Kind wird nach Akakor gebracht und auf sein späteres Amt vorbereitet.

Und so regiert der Fürst die Auserwählten Stämme: Er ist der oberste Feldherr und oberste Verwalter des Reiches. Ihm unterstehen alle Krieger der Ugha Mongulala. Ihm gehorchen auch die Heere der Verbündeten Stämme. Er allein entscheidet über Krieg und Frieden. Er ernennt die höchsten Beamten und Feldherren. Nur mit seiner Zustimmung können die ehrwürdigen Gesetze Lhasas geändert werden. Denn als rechtmäßiger Nachkomme der Götter ist der Fürst über das Urteil der Menschen erhaben und hat das Recht, dreimal den Rat der Ältesten des Volkes zu übergehen.

Zu seiner persönlichen Sicherheit unterstehen dem Fürsten dreitausend der besten Krieger, ausgewählt unter den Söhnen der angesehensten Familien. Nur sie dürfen die unterirdischen Wohnstätten der Götter mit Waffen betreten. Allen gewöhnlichen Kriegern ist es bei der Strafe der Verbannung verboten. Aber die Stellung der Fürsten beruht nicht auf seiner persönlichen Macht. Sie ist begründet durch seine Weisheit, seinen Weitblick und seine Klugheit und durch das Vermächtnis der Götter, so wie es in der Chronik von Akakor niedergeschrieben steht:

*Auf dem Gipfel der Berge, hoch über den Sterblichen thronend, regierte der Fürst. Er besaß ein weites Herz. Er hatte eine zuverlässige Rede. Die Geheimnisse der Natur kannte er. Er bestimmte die Geschicke der Auserwählten Stämme. Auch die übrigen Stämme waren ihm untertan. Alle Menschen beugten sich seinem Gesetz.*

Der Fürst ist der erste Diener meines Volkes. Ihm zur Seite steht die Versammlung der Ältesten. Es sind 130 Männer, entsprechend der Zahl der Familien der Götter, die die Erde besiedelten. Die Mitglieder des Hohen Rates haben sich durch ein besonderes Wissen oder große Kriegstaten hervorgetan. Ihm gehören auch die fünf höchsten Priester und die Feldherren an. Die Versammlung der Ältesten des Volkes berät den Fürsten in allen wichtigen Entscheidungen. Sie überwacht die Einhaltung der Gesetze, befiehlt den Bau von Straßen, Siedlungen und Städten und legt die Abgaben der Verbündeten Stämme fest.

Der Hohe Rat tritt jeden Mond nach einem vorgeschriebenen Ritual im Großen Thronsaal der unterirdischen Wohnstätten zusammen. Die fünf höchsten Priester führen die 130 Ältesten des Volkes an. Sie bringen einen Laib Brot und eine Schale Wasser zu einem heiligen Weihestein in der Mitte des Raumes. Dann legen die Feldherren vor demselben Weihestein ihre Waffen und ihr Kriegsgerät nieder. So bekundet der Hohe Rat seine Unterwerfung unter die Allmacht der Götter. Erst jetzt betritt der Fürst den Raum. Er ist in ein prächtiges Gewand aus dunkelblauen Federn gehüllt. Die Mitglieder des Hohen Rates tragen weiße Umhänge aus Leinen. Nur eine Kette aus kleinen Federn deutet auf ihre Stellung hin. Nach der Ankunft des Fürsten stimmen die Priester einen Lobgesang zu Ehren der Götter an. Alle Anwesenden verneigen sich nach Osten, der aufgehenden Sonne entgegen. Dann mischen sich die 130 Ältesten unter das versammelte Volk. Sind alle Bittsteller zu Wort gekommen, kehren sie zum Fürsten zurück und beginnen mit der Beratung. Das Ritual endet mit der Verkündigung ihrer Beschlüsse, die von ausgesuchten Schreibern für immer festgehalten werden.

Der Fürst und der Hohe Rat regieren die Auserwählten Stämme. Mit der Übermittlung ihrer Befehle und Anordnungen ist ein besonderer Stand beauftragt, die Beamten. Ihre Auswahl ist streng. Die Besten aus den über das ganze Land verteilten Priesterschulen werden nach Akakor gerufen und von den Ältesten in ihrer zukünftigen Aufgabe unterwiesen. Hält sie der Fürst ihres Amtes für würdig, schickt er sie in eine der 130 Provinzen des Reiches. Die wichtigsten Aufgaben der Beamten sind die Überwachung der heiligen Gesetze Lhasas und die Einhaltung der Tributzahlungen der Verbündeten Stämme. Sie unterrichten den Hohen Rat über die Ereignisse in den entferntesten Landesteilen. Auf sie stützt sich der Fürst bei der Herrschaft über die Ugha Mongulala.

Seit Lhasa war die Verwaltung des Reiches wieder ausschließlich dem Fürsten, dem Hohen Rat und dem neuen Stand der Beamten überlassen. Den Priestern blieb nur die Wahrung des Vermächtnisses der Götter vorbehalten. Um aber eine Wiederholung der während der Blutzeit stattgefundenen Machtkämpfe zu verhindern, erließ Lhasa noch ein zusätzliches Gesetz. Er teilte das Heer auf und stellte jedem Krieger der Feldherren einen Krieger der Priester gegenüber. Das Heer der Feldherren verteidigt das Land. Das Heer der Priester beschützt das Vermächtnis der Götter, so wie es in der Chronik niedergeschrieben steht:

*So sprach und beschloß Lhasa. Denn weise war er. Die Schwächen der Menschen kannte er. Ihren Ehrgeiz brach er mit seinen Gesetzen. Die Zukunft der Auserwählten Stämme legte er fest. Und ihr Wohlergehen.*

## DAS LEBEN IN DER GEMEINSCHAFT

Die Weißen Barbaren denken nur an ihr eigenes Wohlergehen und machen einen großen Unterschied zwischen dem Mein und dem Dein. Wenn man etwas bei ihnen sieht, eine Frucht, einen Baum, ein Wasser, ein Häuflein Erde – immer ist irgend jemand in der Nähe, der behauptet, das sei sein. In unserer Sprache sind mein und dein ein Wort und bedeuten dasselbe. Mein Volk kennt keinen persönlichen Besitz und kein Eigentum. Das Land gehört allen gemeinsam. Die Beamten des Fürsten teilen jeder Familie ein bestimmtes Gebiet fruchtbaren Bodens zu. Die Größe richtet sich nach der Anzahl ihrer Mitglieder. Viele Familien sind zu einer Siedlungsgemeinschaft zusammengeschlossen, die alle Felder gemeinsam bebaut und aberntet. Ein Drittel der Ernte steht dem Fürsten zu, das zweite Drittel den Priestern. Das letzte Drittel verbleibt in der Siedlungsgemeinschaft.

Der einfache Ugha Mongulala verbringt das ganze Leben in seinem Dorf. Er genießt den Schutz des Fürsten und ist zugleich sein Diener. Unter Anleitung der Beamten verrichtet er die Feldarbeit. Sie beginnt am Ende der Trockenzeit mit der Vorbereitung für die Aussaat. Mit einem mit einer Trittsprosse versehenen Grabstock wird der harte, trockene Boden der Felder aufgelockert und die Saat in den Boden gelegt. Dann opfert der Priester der Siedlungsgemeinschaft ausgewählte Früchte der letzten Ernte im Tempel des Dorfes und erfleht den Segen der Götter. In der jetzt folgenden Regenzeit sind die Frauen mit dem Weben und Färben von Stoffen beschäftigt. Die Männer gehen auf die Jagd. Ausgerüstet mit Pfeil und Bogen und einem langen Bambusspeer folgen sie den Spuren des Jaguars, des Tapirs und des Wildschweins. Die Beute wird zerlegt, das Fleisch mit Honig bestrichen und zum Vorrat in tiefen Erdlöchern vergraben. So bleibt es bis zur nächsten Trockenzeit frisch. Die Felle der Tiere werden gegerbt und von den Frauen zu Sandalen und Stiefeln verarbeitet. Zur Zeit der Ernte ziehen die Familien mit Körben und Krügen auf die Felder und sammeln die Früchte ein. Mais und Kartoffeln werden in den großen Vorratshäusern aufbewahrt und später entsprechend der vorgeschriebenen Aufteilung nach Akakor gebracht.

Seit die Weißen Barbaren immer weiter vordringen, ist das fruchtbare Ackerland in den Schluchten der Anden und am Oberlauf des Großen Flusses knapp geworden. Deshalb begann mein Volk, an den Hängen und auf den Hügeln Terrassen anzulegen. Sie werden von einem verzweigten Kanalsystem bewässert. Kunstvoll abgestufte Schutzmauern verhindern ein Abschwemmen des fruchtbaren Bodens. Alle größeren Siedlungen besitzen große Zisternen. Unterirdische Kanäle leiten das Wasser auf die Felder. So sichert sich mein Volk die Nahrung auf den Ebenen und in den Bergen, so wie es Lhasa bestimmt hat und wie es in der Chronik niedergeschrieben steht:

*Jetzt werden wir vom Tun auf den Feldern berichten. Dort haben sich die Auserwählten Diener versammelt. Die Früchte der Erde bringen sie ein. Gemeinsam ernten sie den Mais und die Kartoffeln, den Bienenhonig und die Harze. Denn die Erträge gehören allen. Und der Boden ist jedes Eigentum. So hat es Lhasa eingerichtet, damit kein Streit aufkomme und kein Hunger. Und Überfluß spendete die Erde. Wachstum und Leben genossen die Menschen. Überreichliche Nahrung gab es im ganzen Land, auf den Ebenen und in den Wäldern, an den Flüssen und in der Lianenwildnis.*

Mein Volk stellt eine große Anzahl von kunstvollen Gegenständen für den täglichen Gebrauch her. Aus der Wolle des Berglamms weben die Frauen die feinsten Stoffe. Mit Pflanzen- und Baumsäften, deren Geheimnis den Weißen Barbaren nicht bekannt ist, färben sie die Tücher ein und nähen sie zu einfachen, aber schönen Gewändern zusammen. Auf den Ebenen und in den Wäldern am Großen Fluß tragen wir nur einen Lendenschurz, der von einem farbigen Wollgürtel gehalten wird. Vor der Kälte auf den Bergen schützen wir uns durch einen Umhang aus grober Wolle. Schmuck verwenden wir nur an besonderen Festtagen. Die Frauen weben bunte Fäden in ihr Haar, den jeweiligen Farben der Siedlungsgemeinschaft entsprechend. Die Männer bemalen sich mit den vier Stammesfarben der Ugha Mongulala – Weiß, Blau, Rot und Gelb. Nur die höheren Stände, wie die Beamten, die Priester und die Mitglieder des Hohen Rates, tragen einen Halskranz aus bunten Federn. Als besonderes Zeichen ihrer Würde haben der Fürst und die Ältesten des Volkes eine Tätowierung auf der Brust.

Wie bei allen Völkern am Großen Fluß sind auch die täglichen Notwendigkeiten der Ugha Mongulala gering. Die Grundlage der Speisen sind Kartoffeln, Mais und die Knollen und Wurzeln verschiedener Pflanzen. Die Kartoffeln werden gebacken. Das Fleisch wird an einem offenen Herdfeuer im Vorraum des Hauses gebraten. Zu allen Mahlzeiten trinken wir Wasser und gegorenen Maissaft. Zum Essen benutzen wir Löffel aus Holz und Messer aus Bronze. In den rechteckigen Steinhütten gibt es weder Tische noch Stühle. Zum Essen kniet die Familie auf den Boden aus Lehm. Während der Nacht schläft sie auf zugehauenen Steinbetten. Erst die Deutschen Soldaten haben meinem Volk die Verwendung grasgefüllter Unterlagen gezeigt. In die Innenwände der Häuser sind Bronzehaken eingelassen. Der Eingang wird während der Nacht mit Wolltüchern verhängt. Zur Aufbewahrung der Essensvorräte dienen große Tonkrüge. Geschickte Handwerker formen sie aus roter Erde aus den Bergen. An langen Seilen werden sie in erloschene Vulkane zum Trocknen hinuntergelassen und danach mit schönen Mustern aus der Geschichte der Ugha Mongulala verziert. Aber sie lassen sich nicht mit den Gegenständen unserer Früheren Herren vergleichen. Wir haben keine Geräte, die wie durch Zauber die schwersten Steine zum Schweben bringen, Blitze schleudern und Felsen schmelzen. Ihr Geheimnis haben uns die Götter vorenthalten. In ihrem Vermächtnis spiegeln sich nur die Gesetze der Natur. Die

Natur aber kennt keine ablaufende Zeit, keine Entwicklung, keinen Fortschritt. Der ewige Kreis des Lebens beherrscht alles Sein, die Pflanzen, die Tiere und die Menschen, so wie es in der Chronik von Akakor niedergeschrieben steht:

*Alles besteht und vergeht. Das sagten die Götter. So lehrten sie die Auserwählten Stämme. Alle Menschen sind ihren Gesetzen unterworfen. Denn es herrscht ein innerer Zusammenhang zwischen dem Himmel oben und der Erde unten.*

Mein Volk hat sich dem Willen der Götter unterworfen. Das wird in allen Bereichen des Lebens deutlich, auch in der Familie. Jeder Ugha Mongulala muß seine Pflicht gegenüber der Gemeinschaft erfüllen. Schon im Alter von achtzehn Jahren gründet er seine eigene Familie. Findet ein junger Mann an einem Mädchen Gefallen, lebt er mit ihm drei Monde im Haus seiner Eltern zusammen. In dieser Zeit der Prüfung darf er dem Mädchen nicht näherkommen. Ist er nach Ablauf dieser Frist immer noch bereit, sie zu heiraten, erklärt sie der Priester zu Mann und Frau. In Gegenwart aller Mitglieder der Siedlungsgemeinschaft tauschen sie die Sandalen aus, zum Zeichen ihrer gegenseitigen Treue.

Nach den Gesetzen Lhasas darf eine Familie zwei Kinder haben. Dann erhält die Frau vom Hohepriester einen Trank, der sie unfruchtbar macht. So beugte der Erhabene Göttersohn durch seine Weisheit Elend und Hungersnot vor. Eine Scheidung gibt es bei meinem Volk nicht. Aber Mann und Frau können, wenn sie darauf bestehen, wieder getrennt leben. Es ist jedoch bei der Strafe der Verbannung verboten, einen neuen Bund einzugehen. Denn nur wer einen einzigen Mann oder eine einzige Frau kennt, kann wirklich glücklich sein.

*Eine traurige Tat hast du vollbracht. Wehe dir. Wenn dich doch die Götter erleuchtet hätten. Was hast du getan? Warum hast du die Gesetze der Altväter mißachtet? Du hast dich in Schuld begeben. So sprach der Hohepriester zu Hama. Und Hama, der sein Weib verstoßen und ein junges Mädchen zur Frau genommen hatte, gestand sein Vergehen. Angst und Schrecken erfaß-*

*ten sein Herz. Er weinte bittere Tränen. Aber der Hohepriester
ließ sich nicht rühren. Nicht Tod, nicht Gefangenschaft ist für
dich vorgesehen, Hama. Unser heiligstes Gesetz hast du gebrochen. In die Verbannung wirst du geschickt. So lautete sein Urteil. Und Hama, der sein Weib verstoßen hatte, wurde jetzt selber verstoßen. Jenseits der Grenzen lebte er als Entarteter. Um
seine Hütte kümmerte sich niemand mehr. Durch die Berge
streifte er. Baumrinde und Flechten aß er. Bittere Flechten von
den Felsen. Gute Speise war ihm fremd. Und Weiber sah man
niemals bei ihm.*

## DER RUHM DER GÖTTER

130 Familien der Götter kamen auf die Erde und wählten die
Stämme aus. Sie machten die Ugha Mongulala zu ihren Auserwählten Dienern und überließen ihnen nach ihrem Aufbruch ihr
gewaltiges Reich. Mit der ersten Großen Katastrophe zerbrach
das Imperium der Götter. Akakor und die übrigen 26 Städte
wurden zerstört. Die Verbündeten Stämme verließen ihre alten
Stammesgebiete und lebten nach eigenen Gesetzen. Erst Lhasa
richtete das Imperium in seiner alten Macht und Stärke wieder
auf. Er unterwarf die Entarteten, die sich gegen Akakor aufge-
lehnt hatten, und gliederte viele wilde Stämme in sein neu ent-
stehendes Reich ein. Um die Einheit zu sichern, verpflichtete er
sie, die Sprache der Ugha Mongulala zu sprechen und neue Namen zu tragen. Die Verbündeten Stämme in den Bergen und in
den Provinzen in der Umgebung von Akakor nannte er den
Stamm, der Auf Dem Wasser Lebt, den Stamm der Schlangenesser, den Stamm der Umherziehenden, den Stamm der Unrat-
Verzehrer, den Stamm der Dämonen-Schrecken und den
Stamm der Bösen Geister.

Den Völkern in den Wäldern am Großen Fluß gab er die Namen der Stamm der Schwarzen Herzen, der Stamm der Großen
Stimme, der Stamm Wo Der Regen Fällt, der Stamm der In den
Bäumen Lebt, der Stamm der Tapir-Töter, der Stamm der Zerrgesichter und der Stamm der Ruhm Der Wächst. Die wilden
Stämme außerhalb des Reiches blieben von seiner Ehrung ausgeschlossen.

Mit der Ankunft des Weißen Barbaren vor fünfhundert Jahren wurde die von Lhasa eingeführte Ordnung zerstört. Die Mehrzahl der Verbündeten Stämme beging Verrat an den Lehren der Altväter und begann, das Zeichen des Kreuzes zu verehren. Heute leben nur noch die Ugha Mongulala nach dem Vermächtnis der Götter. Es unterscheidet sich grundlegend von dem Irrglauben der Weißen Barbaren. Sie verehren den Besitz, den Reichtum und die Macht wie einen Gott, und kein Opfer ist ihnen zu gering, um etwas mehr zu erreichen als der andere. Das Vermächtnis unserer Götter aber lehrt, wie man zu leben und zu sterben hat. Es zeigt uns den Weg für ein Leben nach dem Tode. Es lehrt, daß der Körper entsteht und vergeht und durch Nahrungseinnahme ständig verändert wird. Somit kann er nicht unser eigentliches Leben sein. Unsere Sinne sind vom Körper abhängig und werden von ihm getragen wie das Feuer einer Kerze. Ist die Kerze erloschen, erlöschen auch die Empfindungen. Deshalb können auch sie nicht unser eigentliches Leben bedeuten. Denn der Körper und unsere Sinne sind der Zeit unterworfen. Ihr Wesen besteht aus der Veränderung. Die vollkommene Veränderung aber ist der Tod. Unser Vermächtnis lehrt, daß der Tod etwas zerstört, was wir auch missen können. Das eigentliche Ich, das Kernhafte im Menschen, das Leben, steht außerhalb der Zeit. Es ist unsterblich. Nach dem Tod des Körpers kehrt es dorthin zurück, woher es gekommen ist. Wie das Feuer die Kerze benutzt es den Menschen zur Sichtbarmachung seines Lebens. Unser eigentliches Ich muß ihn ergriffen haben, damit wir an diesem Leben teilnehmen. Nach dem Tod kehrt es in das Nichts zurück, den Beginn der Zeiten, den ersten Weltanfang. Der Mensch ist Teil eines großen, unbegreiflichen Naturgeschehens, das in gleichen Kreisen abläuft und das von einem ewigen Gesetz beherrscht wird. Unseren Früheren Herren war dieses Gesetz bekannt. So lehrten uns die Götter das Geheimnis vom Zweiten Leben. Sie zeigten uns, daß der Tod des Körpers bedeutungslos ist und nur die Unsterblichkeit des Lebens zählt, losgelöst von Zeit und Materie. In den Zeremonien im Tempel der Sonne danken wir dem Licht für einen neuen Tag und opfern Bienenhonig, Weihrauch und erlesene Früchte, wie es in der Chronik niedergeschrieben steht:

*Jetzt nun sei vom Tempel der Sonne die Rede. Großer Tempel*
*der Sonne wird er genannt. Zu Ehren der Götter hat er diesen*
*Namen. Hier versammelten sich der Fürst und die Priester. Hier*
*kam auch das einfache Volk zusammen. Das Volk verbrannte*
*Weihrauch. Der Fürst opferte die blauen Federn des Waldvo-*
*gels. Denn das waren die Zeichen für die Götter. So verehrten*
*die Auserwählten Diener ihre Altväter, die vom gleichen Blut*
*sind und den gleichen Vater haben.*

Wirklich groß war das Wissen unserer Früheren Herren. Sie
kannten den Lauf der Sonne und teilten das Jahr ein. Unaga,
Mena, Lano, Ceros, Mens, Laime, Gischo, Manga, Klemnu, Tin,
Meinos, Denama und Ilaschi sind die Namen, die sie den dreizehn Monden gaben. Nach zwei Monden mit jeweils zwanzig
Tagen folgt ein doppelter Mond. Fünf leere Tage am Ende des
Jahres sind der Verehrung unserer Götter geweiht. Dann feiern
wir unser heiligstes Fest, den Tag der Sonnenwende, wenn die
Erneuerung der Natur beginnt. Die Ugha Mongulala versam-
meln sich auf den Bergen um Akakor und begrüßen das Neue
Jahr. Der Hohepriester verneigt sich vor der goldenen Scheibe
im Tempel der Sonne und erforscht die Zeit, die nahe bevorsteht,
wie es die Gesetze der Götter vorschreiben.

Das Vermächtnis der Altväter bestimmt das Leben der Ugha
Mongulala von der Geburt bis zum Tod. Vom sechsten bis zum
achtzehnten Lebensjahr besuchen sie die Schulen der Priester.
Dort lernen sie die Gesetze der Gemeinschaft, die Kriegskunst,
die Jagd wilder Tiere und die Bebauung der Felder. Die Mädchen werden in der Kunst des Webens, der Zubereitung der
Speisen und der Feldarbeit unterwiesen. Die wichtigste Aufgabe der Priesterschulen ist jedoch die Enthüllung und Erklärung des Vermächtnisses. Die jugendlichen Ugha Mongulala
erlernen die heiligen Zeichen der Götter und wie man zu leben
und zu sterben hat. Im achtzehnten Lebensjahr müssen die
Männer eine Mutprobe bestehen. Allein müssen sie am Großen
Fluß gegen ein wildes Tier kämpfen. Denn nur wer dem Tod ins
Auge blickt, kann das Leben verstehen. Erst dann ist er würdig,
in die Gemeinschaft der Auserwählten Diener aufgenommen zu
werden. Er darf sich einen Namen geben und eine Familie grün-

den. Nach seinem Tod verbrennt die Familie den Körper des Verstorbenen. Den vorher abgetrennten Kopf hält der Priester der aufgehenden Sonne entgegen, zum Zeichen, daß der Tote seine Pflichten gegenüber der Gemeinschaft erfüllt hat. Dann wird der Kopf in einer der Grabnischen im Tempel der Sonne aufbewahrt, so wie es in der Chronik niedergeschrieben steht, in guter Sprache, in deutlicher Schrift:

*So opferten die Lebenden für die Toten. Im Tempel der Sonne versammelten sie sich. Vor dem Auge der Götter erschienen die Trauernden. Harz opferten sie und Zauberkraut. Und der Hohepriester sprach: Wahrlich, wir danken den Göttern. Erschaffen haben sie uns. Zwei Leben gaben sie uns. Vorzüglich haben sie alles geordnet. Am Himmel und auf Erden.*

# III. Kapitel
# Höhepunkt und Niedergang
# des Reiches

*2470 v. Chr. bis 1421 v. Chr.:* Um 2150 v. Chr. löst sich das Alte
Reich in Ägypten auf. Etwa zur gleichen Zeit wird Babylonien
durch einen Einfall von Bergvölkern vernichtet. Um 2000 v. Chr.
entsteht das Reich von Sumer und Akkad. Ein abermaliger
Hochstand von Kunst und Kultur wird durch die politische Einheit unter dem König Hammurabi gekrönt. Sein Gesetzbuch ist
die Grundlage für die spätere Gesetzgebung des Römischen
Reiches. In Eruopa breiten sich seit ungefähr 2000 v. Chr. die
Stämme der Indogermanen aus. Ein neuer Kriegsadel der
Streitwagenkämpfer gibt allen Staatsgebilden der Alten Welt
ein verändertes Gesicht. Während 1552 v. Chr. in Ägypten das
mächtige Neue Reich des Tutmosis die internationalen Beziehungen bis nach Kreta ausweitet, herrscht in Europa die Bronzezeit vor. Sie führt zur Herausbildung differenzierter Kulturen.
In der Neuen Welt beginnt die historisch erfaßbare Geschichte
mit den Chavinvölkern in Peru um 900 v. Chr. Über die Indianer
Amazoniens ist noch nichts bekannt.

## DAS IMPERIUM AUF DEM HÖHEPUNKT SEINER MACHT

Das Land meines Volkes ist ein großes Land. Dieses Land wurde
einst ausschließlich von den Ugha Mongulala und den wilden
Stämmen bewohnt, darunter viele mächtige Völker am Großen
Fluß. Seit der Ankunft der Weißen Barbaren wurden sie einer
nach dem anderen ausgerottet. Setzte sich ein Stamm zur Wehr,
wurden seine Krieger ermordet und die Frauen und Kinder wie

Tiere behandelt. So steht es in unserer Chronik niedergeschrieben und nicht in derjenigen der Weißen Barbaren. Die Weißen Barbaren berichten die falsche Geschichte. Sie haben viel gesagt, was nicht wahr ist. Nur von ihren eigenen Heldentaten und der Dummheit der »Wilden« haben sie erzählt. Aber die Weißen Barbaren belügen und betrügen sich unentwegt selbst. Indem sie alle Naturgesetze brechen, machen sie sich glauben, eine neue, bessere, schönere Welt zu errichten. Nach dem Vermächtnis unserer Götter aber wurde die Erde mit Hilfe der Sonne erschaffen. Die Erde, das Land und mein Volk gehören zusammen. Sie sind untrennbar miteinander verbunden, so wie es uns Lhasa gelehrt hat und wie es in der Chronik von Akakor niedergeschrieben steht:

*Die Auserwählten Diener regierten nicht mit leichter Hand. Die Opfergaben schenkten sie nicht weg. Das aßen und tranken sie selber. Nicht für nichts hatten sie die Herrschaft erlangt, und nicht gering war ihre Macht. Große Tribute kamen ein. Gold, Silber, Bienenhonig, Früchte und Fleisch. Das war der Tribut der unterworfenen Stämme. Vor das Angesicht des Fürsten kam all das. Vor den Herrscher von Akakor.*

Im achten Jahrtausend, 2500 v. Chr. in der Zeitrechnung der Weißen Barbaren, hatte das Imperium von Akakor den Höhepunkt seiner Macht erreicht. Zwei Millionen Krieger beherrschten das Tiefland am Großen Fluß, die riesigen Waldgebiete des Matto Grosso und die fruchtbaren Osthänge der Anden. 243 Millionen Menschen lebten nach den Gesetzen des Erhabenen Göttersohns Lhasa. Doch auf dem Höhepunkt der Ausdehnung des Reiches begann auch der Abstieg. Erste Veränderungen zeichneten sich ab, die Akakor erneut in die Verteidigung zurückwarfen. Die Zahl der wilden Stämme hatte Tausende erreicht. Das Land war kaum mehr imstande, so viele Menschen zu ernähren. Vom Hunger getrieben fielen sie immer wieder in das Reichsgebiet ein. Auch die Verbündeten Stämme begannen, sich gegen die Vorherrschaft der Ugha Mongulala aufzulehnen. Neue starke Völker entstanden, die Akakor nur mit Mühe niederhalten konnte.

*Auf Befehl des Hohen Rates zogen sie aus. Zum Großen See in
den Bergen zogen sie. Auch das umliegende Land besetzten sie.
Kriegsspäher und Krieger waren sie, begleitet von dem Läufer
mit dem Goldenen Pfeil. Ausgesandt wurden sie, um die Feinde
von Akakor zu überwachen und zu besiegen. Gemeinsam zogen
die Krieger der Auserwählten Stämme in den Kampf, und viele
Gefangene machten sie. Denn die Verbündeten Stämme verwarfen das Vermächtnis der Götter. Sie hatten sich eigene Gesetze gegeben. Nach eigenen Regeln lebten sie. Aber die Krieger
der Auserwählten Diener waren mutig. Sie besiegten den Feind
und schlugen ihn blutig.*

Über Jahrtausende erwiesen sich die Heere der Ugha Mongulala
den Kriegern der aufständischen Stämme weit überlegen. Sie
waren sorgfältig ausgebildet und zogen nach einer von Lhasa
entworfenen Ordnung in den Kampf. 100000 Krieger unterstanden dem Feldherrn, dem Hunderttausendmannführer.
10000 Krieger wurden von einem Hauptmann oder Zehntausendmannführer angeführt. Die Tausendmannführer und Hun-
dertmannführer zogen dem Heer voraus und gaben das Zeichen
zum Angriff. Nach erfolgreicher Schlacht bewachten sie die Gefangenen und verteilten die Beute. Schien der Kampf verloren,
dann zogen sich die Ugha Mongulala im Schutze der Nacht in
vorbereitete Stellungen zurück. Der Fürst begleitete die Heere
nur in den seltensten Fällen. Durch ausgesuchte Läufer stand er
mit den Kriegern in Verbindung und konnte ihnen in Notfällen
mit seiner Palastwache zu Hilfe kommen. Mit der Ankunft der
Weißen Barbaren gab mein Volk diese Kampfordnung auf.
Selbst ein riesiges Heer konnte den unsichtbaren Pfeilen der
neuen Feinde nicht widerstehen. Die Zeit großer Feldzüge war
vorbei.

Heute haben wir nur noch ein stehendes Heer von zehntausend Kriegern, ausgebildet für den Einzelkampf. Sie unterstehen
zu gleichen Teilen den fünf obersten Feldherren und den fünf
höchsten Priestern. Jeder Krieger ist mit Pfeil und Bogen, einer
mannshohen Lanze mit einer gehärteten Spitze, einer Schleuder
und einem Bronzemesser ausgerüstet. Zum Schutz gegen feindliche Pfeile trägt er einen Schild aus dichtem Bambusgeflecht.

Das Heer wird von einer Truppe von Spähern begleitet. Aus ihren Berichten bestimmen die Feldherren den Zeitpunkt des Angriffs. Die Kriegserklärung wird vom Fürsten beschlossen. Er ist es auch, der den Läufer mit dem Goldenen Pfeil aussendet, dem Zeichen für den bevorstehenden Kampf.

Der größte Kriegszug vor der Ankunft der Goten fand um das Jahr 8500 statt. Nach den Erzählungen der Priester hatten sich wilde Stämme an der Nordgrenze des Reiches mit dem Volk der Umherziehenden zusammengeschlossen. Mordend und plündernd drangen sie bis zum Großen Fluß vor. Der dort lebende Stamm der Großen Stimme flüchtete in panischer Angst. Maid, der rechtmäßige Fürst der Auserwählten Stämme, erklärte daraufhin den feindlichen Völkern den Krieg.

Während aus allen Teilen des Reiches ein gewaltiges Heer zusammenkam, begannen die Ugha Mongulala mit der Anfertigung des notwendigen Kriegsgeräts. In den Tälern und in den Wäldern am Großen Fluß wurden Bögen, Pfeile, Steinschleudern und Bambusspeere hergestellt. Tag und Nacht waren die Jäger unterwegs und erlegten das notwendige Wild für die Krieger. Die Frauen webten die Kriegskleidung für ihre Männer und sangen Lieder von den Heldentaten großer Fürsten. Das ganze Reich Maids wurde von einem gewaltigen Kriegsrausch erfaßt. So jedenfalls berichten die Priester. Endlich, nach sechs Monden, als ein Heer von 300000 Kriegern versammelt war, rief der Fürst die Ältesten des Volkes und die Priester zusammen. In dem goldglänzenden Gewand Lhasas und mit einem Stab mit blauen, roten, gelben und schwarzen Federn schickte er nach dem Läufer mit dem Goldenen Pfeil. Bei seiner Ankunft verneigten sich alle Anwesenden. Maid überreichte ihm Wasser und Brot, die Zeichen von Leben und Tod. Unter den Stämmen der Auserwählten Diener brach Jubel aus, ein Freudengeschrei, das bis in alle vier Ecken der Welt drang und die feindlichen Stämme in Angst und Schrecken versetzte.

Dann begann der große Marsch zur Grenze im Norden. Zwei Monde lang dröhnten die dumpfen Trommeln und ließen die Erde erzittern. Und die Priester berichten weiter, daß die Auserwählten Stämme am Ende des zweiten Mondes auf das gegnerische Heer stießen. Unter lautem Kriegsgeschrei stürmten die

Krieger gegeneinander. Die Bogenschützen schossen ihre Pfeile und streckten die Vorhut des Feindes nieder. Ihnen folgten die Truppen der Speerträger, die seine Hauptmacht zu durchbrechen versuchten. Während der folgenden Nacht ruhte der Kampf. Denn nach dem Vermächtnis der Götter kann kein Krieger in das Zweite Leben eingehen, der bei Dunkelheit fällt. Aber schon früh am nächsten Morgen setzte der Kampf mit doppelter Heftigkeit ein. In einem gewaltigen Angriff schlugen die Ugha Mongulala den Stamm der Umherziehenden in die Flucht. Ihre Anführer ergaben sich und flehten um Gnade. Aber Maid kannte keine Nachsicht. Nicht einen von ihnen ließ er am Leben. Im ganzen Imperium verbreiteten sich Trauer und Freude zugleich.

## DIE VÖLKER DER ENTARTETEN

Im achten und neunten Jahrtausend führten die Ugha Mongulala zahlreiche Kriegszüge gegen aufständische Stämme. Maid besiegte den Stamm der Umherziehenden und schlug den Angriff wilder Völker am Unterlauf des Großen Flusses zurück. Nimaia erweiterte die drei Festungen Mano, Samoa und Kin in dem Land, das man Bolivien nennt, und errichtete starke Verteidigungsstellungen in der Umgebung der zerstörten Tempelstadt Mano. Anau kämpfte gegen den Stamm der Schlangenesser und den Stamm der Schwarzen Herzen. Ton bestrafte die Tapir-Töter für ihren Ungehorsam und schickte seine Späher bis zu den Ufern des östlichen Weltmeeres. Kohab, ein besonders würdiger Nachfolger des Erhabenen Göttersohns Lhasa, schlug den Stamm der Zerrgesichter in einer dreitägigen blutigen Schlacht am Oberlauf des Schwarzen Flusses und dehnte das Imperium bis zu dem Land aus, das man Kolumbien nennt. Muda errichtete einen zweiten Verteidigungsgürtel um Akakor und legte in den Hochtälern der Anden unterirdische Vorratslager an.

Den gefährlichsten Krieg hatte jedoch Mad zu bestehen. Es war der Kampf gegen den Stamm der Auf Dem Wasser Lebt, der nach der zweiten Großen Katastrophe in den Bergen von Peru ein eigenes Reich gegründet hatte. Im Laufe von 800 Jahren unterwarfen seine Anführer zahlreiche wilde Völker und stießen bis nach Machu Picchu vor. Um den Stamm vor einem Angriff auf Akakor abzuhalten, beschloß der Hohe Rat seine Unterwerfung. In einem verlustreichen Krieg, der sich über drei Jahre hinzog und in dessen Verlauf die Ugha Mongulala viele schmähliche Niederlagen erlitten, besiegte Mad das Reich des Stamm der Auf dem Wasser Lebt und nahm seinen Häuptling gefangen. Die Gefahr aus dem Westen schien gebannt.

*Wie soll das enden? Immer mehr Menschen machen eigene Gesetze, vergessen das Vermächtnis der Götter, leben wie Tiere. Der Auserwählten Diener sind viele, aber zahllos sind die Entarteten. Sie verwüsten unsere Felder und töten unsere Söhne. Herrschsüchtig sind sie. Nicht wenige Völker haben sie unterworfen.*

Die in der Chronik genannten aufständischen Stämme gehören zu den Entarteten. Lhasa hatte sie in das Imperium von Akakor eingegliedert und das Vermächtnis der Götter gelehrt. Im Laufe der Jahrtausende entzogen sie sich der Oberherrschaft der Ugha Mongulala und vergaßen die Lehren der Altväter. Wie die wilden Stämme leben sie seitdem in Strohhütten oder in rechteckigen Schilfhäusern, groß genug für die ganze Stammesgemeinschaft. Ihre Siedlungen sind mit einer hohen Holzbarriere umgeben. Sie tragen keine Kleidung. Der Webstuhl ist ihnen unbekannt. Aber mit viel Geschick wissen sie Vogelfedern zu Kopfschmuck zu verarbeiten. Die Entarteten gewinnen das fruchtbare Land durch Abbrennen des Waldes. Sie pflanzen Maniok, Mais und Kartoffeln. Ebenso wichtig wie die Bebauung des Bodens ist die Jagd. Ihre Pfeile und Bögen sind den unseren nachgebildet, nur kleiner und leichter. Das Gift haben sie von den Ugha Mongulala übernommen. Im Nahkampf benutzen sie eine Lanze mit einer geschärften Steinspitze.

Während mein Volk das Vermächtnis der Götter verehrt, beten die Stämme der Entarteten drei verschiedene Gottheiten an: die Sonne, den Mond und einen Gott der Liebe. Die Sonne ist für sie die Mutter allen Lebens auf der Erde. Der Mond ist die Mutter aller Pflanzen und Tiere. Der Gott der Liebe beschützt den Stamm und sorgt für die Fruchtbarkeit des Volkes. Wenn sich ein Stamm vom Unglück verfolgt glaubt, vertreibt der Zauberpriester die bösen Geister. Auch die Entarteten wissen um das Kernhafte Ich, das sich beim Tode vom Körper löst und in ein Zweites Leben eingeht. Dieses Zweite Leben vermuten sie in den unterirdischen Wohnstätten der Früheren Herren.

## VIRACOCHA – DER SOHN DER SONNE

Die Weißen Barbaren glauben, das höchste Wissen zu besitzen. Und wirklich machen sie viele Dinge, die wir nicht machen können, die wir nie begreifen werden und die für unseren Kopf nichts als schwere Steine sind. Doch das höchste Wissen der Menschen ist längst in der Geschichte untergegangen. Die Kenntnisse der Weißen Barbaren sind nichts anderes als ein Wiedererlernen und ein Wiederentdecken der Geheimnisse der Götter. Sie haben das Leben aller Völker auf der Erde geprägt. Das Volk der Auserwählten Diener hat ihr Vermächtnis am treuesten bewahrt. Sein Wissen ist entsprechend größer. Die Stämme der Entarteten erinnern sich kaum mehr an die Zeit ihrer Vorväter und leben in der Dunkelheit. Den wilden Stämmen und den Weißen Barbaren wurde das Vermächtnis der Götter niemals offenbart. Wie Tiere ziehen sie auf allen vieren durch das Land.

Nur ein Volk außer den Ugha Mongulala weiß um die Ordnung der Götter. Es sind die Inkas, ein Schwestervolk der Auserwählten Stämme. Seine Geschichte beginnt im Jahre 7951, 2470 v. Chr. in der Zeitrechnung der Weißen Barbaren. In jenem Jahr erhob sich Viracocha, der zweitgeborene Sohn des Fürsten Sinkaia, gegen das Vermächtnis der Götter. Er floh zu dem Stamm der Auf Dem Wasser Lebt und gründete ein eigenes Reich.

*Da kamen die Priester zusammen, des Zaubers mächtige Männer. Sie wußten die Kriege voraus. Offenbart war ihnen alles. Alles wußten sie. Ob Krieg und Zerwürfnis bevorstand, sie wußten es. Gewiß, übermächtig war ihr Wissen. Und da sie den Verrat des Viracocha, des zweitgeborenen Sohns Sinkaias, vorhersahen, was ihr Fasten groß. Lange kasteiten sie sich und fa-*

steten im Großen Tempel der Sonne von Akakor. Nur dreierlei Frucht aßen sie. Und kleine Maisfladen. Fast nichts aßen sie. Es war ein wirklich großes Fasten zur Schande des ungetreuen Viracocha. Auch gesellte sich kein Weib zu ihnen. Allein blieben sie viele Tage im Tempel, die Zukunft erforschend, Weihrauch und Blut spendend. So verbrachten sie die Tage, von der Morgendämmerung bis zur Abenddämmerung und während der Nacht. Aus heißem Herzen baten sie um Vergebung für den ungetreuen Sohn des Sinkaia.

Die Gebete der Priester konnten das Herz des zweitgeborenen Sohns des Sinkaia nicht bewegen. Obwohl ihm das Amt des Fürsten nicht zustand, forderte er die Herrschaft über das Volk der Ugha Mongulala für sich. Er lehnte sich gegen das Vermächtnis der Götter auf und brach mit den Gesetzen, die Lhasa eingeführt hatte. Um die Ruhe im Reich aufrechtzuerhalten, stellte der Hohe Rat Viracocha vor Gericht. Im Großen Thronsaal befanden die Ältesten des Volkes über seine Schuld. Sie sprachen die höchste und schwerste Strafe aus und schickten ihn in die Verbannung.

Viracocha, der Sohn der Sonne, wie er sich später selbst nannte, ist der einzige Nachkomme aus dem Geschlecht Lhasas, der die Gesetze der Götter brach und sein Verbrechen mit der Verbannung bezahlen mußte. Das war die höchste und schwerste Strafe bei meinem Volk bis zur Ankunft der Deutschen Soldaten. Erst auf ihr Drängen führte der Hohe Rat auch die Todesstrafe ein. Für kleinere Vergehen wie Gewalttätigkeit und Ungehorsam muß sich der Schuldige öffentlich rechtfertigen. Faulheit gilt als Verstoß gegen die Gesetze der Gemeinschaft und wird mit einem Strafdienst an gefährlichen Grenzen geahndet. Trunkenheit ist nur dann ein Vergehen, wenn der Angeklagte dadurch seinen Aufgaben nicht nachgekommen ist. Die verabscheuteste Straftat ist der Diebstahl, da mein Volk alles gemeinsam besitzt und persönliche Habe keine Bedeutung hat. Wie die Ehebrecher, Mörder und Aufrührer werden auch die Diebe in die Verbannung geschickt.

Der entartete Viracocha verstieß nicht nur gegen das Vermächtnis der Götter. Er setzte sich auch über das Urteil des Ho-

Tatunca Nara,
der Häuptling der
Ugha Mongulala,
während eines
Aufenthalts
in Manaus,
im Staate Amazonas.

Oben:
Der Beginn der
Expedition von
Manaus aus.

Unten:
Das Expeditions-
boot.

Rechte Seite:

Oben:
Auf dem Expedi-
tionsboot.

Unten:
Tatunca Nara
während der
Expedition.

Die Trennung.

Rechte Seite:

Oben:
Sacsayhuamán
(Quechua
für Falkenhorst),
die Inka-Festung
oberhalb der Stadt
Cusco (Peru).

Unten:
Alte
Befestigungsmauer
unbekannter
Herkunft in der
Provinz Madre
de Dios (Peru).

Oben:
Auf dem
Amazonas.

Links:
Tatunca Nara auf
Erkundungsfahrt.

Rechts:
Tatunca Nara,
in Kriegsbemalung
vor dem
Aufbruch zu
seinem Stamm.

Oben:
Tal am Osthang
der Anden.

Unten:
Ritualstätte der
Inkas.

hen Rates hinweg. Statt allein in den Bergen zu leben, wie es die Gesetze meines Volkes verlangen, flüchtete er zu dem Stamm der Auf Dem Wasser Lebt. An seiner Spitze zog er in ein Bergtal der Anden im Westen von Akakor und erbaute Cusco, die Stadt der vier Weltecken, wie er sie nannte. Ein neues Schwestervolk wurde geboren, das Volk der Inkas, die Söhne Der Sonne. Ihr Reich nahm einen kurzen, aber gewaltigen Aufstieg. Unter der Führung des Viracocha und seiner Nachkommen eroberten sie viele Länder und unterwarfen zahlreiche wilde Stämme. Ihre Krieger eroberten die Küste des westlichen Weltmeeres und stießen bis tief in die Lianenwildnis des Großen Stroms vor. In der Hauptstadt des Reiches sammelten sie ungeheure Schätze an und führten neue, das Vermächtnis der Altväter verfälschende Gesetze ein. Die Inkas entwickelten sogar eine eigene Schrift. Sie besteht aus verschiedenfarbigen Schnüren, die in Knoten zusammengebunden sind. Jeder Knoten und jede Schnur haben einen bestimmten Sinn. Mehrere Knotenschnüre zusammen ergeben eine Nachricht. So errichteten sie ihr auf Götzenglauben und Unterdrückung gegründetes Reich, und es dauerte nicht lange, bis sie zu einem Vernichtungsfeldzug gegen die Ugha Mongulala aufriefen.

Aber nicht ungestraft verwarfen die Nachkommen des Viracocha das Vermächtnis der Götter. Als ihre Macht am größten war, erfüllte sich die Vorhersagung unserer Priester. Ein grausamer Bruderkrieg brach aus, der das Reich bis auf die Grundfesten erschütterte. Das Werk der Zerstörung wurde durch die ankommenden Weißen Barbaren vollendet.

# IV. Kapitel
## Die Krieger aus dem Osten

*1421 v. Chr. bis 1400 n. Chr.:* Mit dem Zusammenbruch der Großreiche löst sich die altorientalische Welt in Mittel- und Kleinstaaten auf. Um 1000 v. Chr. wird Israel gegründet. Zur gleichen Zeit entsteht in Griechenland die erste spezifisch europäische Hochkultur, die durch den Aufstieg des römischen Stadtstaates am Tiber ihren zweiten Höhepunkt erfährt. Um 7 v. Chr. wird die Geburt Jesus in Bethlehem vermutet. Nach der Teilung des Römischen Weltreiches errichten die Ostgoten unter ihrem König Theoderich dem Großen in Italien ein eigenes Reich. Im Jahre 552 besiegt der oströmische Feldherr Narses den letzten Ostgotenkönig Teja in der Schlacht am Vesuv vernichtend. Über das Schicksal der überlebenden Goten ist nichts bekannt. In die gleiche Zeit fällt die Geschichte der Wikinger. Das kühne Seefahrervolk besetzt die Westküste Frankreichs und Englands und errichtet in Grönland einen Stützpunkt. Nach unbestätigten Berichten erreicht es sogar die Ostküste Nordamerikas. Ab 900 beginnt in Europa das Mittelalter. In Amerika beginnt in dieser Zeitspanne die Geschichte der Azteken, Mayas und Inkas. Die ständisch gegliederten Stämme der Azteken und Mayas entwickeln eine reine Steinzeitkultur, aus der die Bilderschrift und der Mayakalender hervorgegangen sind. Dagegen liegt das Schwergewicht der Inkas auf der Expansion ihres Imperiums, das zu Beginn des 15. Jahrhunderts mit Huayana Capac seine größte Ausdehnung erreicht.

Die Weißen Barbaren sind ein hartherziges Volk. Sie zünden die Großen Wälder an, und wenn sie brennen, kann man die vom Feuer eingeschlossenen Tiere sehen. Sie laufen und versuchen, den Flammen zu entkommen, und verbrennen doch. Ebenso ergeht es uns. Seit die Weißen Barbaren in unser Land gekommen sind, herrscht ein ständiger Krieg. Doch nie haben die Ugha Mongulala zuerst den Bogen gespannt. Die Weißen Barbaren haben den ersten Krieger ausgesandt, den zweiten und den dritten. Erst dann haben wir den Läufer mit dem Goldenen Pfeil auf den Weg geschickt. Aber unsere Opfer waren umsonst. Die Weißen Barbaren stoßen immer weiter vor, alles verwüstend wie der Wirbelsturm. Sie unterwerfen die Verbündeten Stämme und zwingen sie, ihr Leben anzunehmen, eingeschlossen und beherrscht von bösen Geistern. Doch die Menschen sind frei geboren, in den Bergen, auf den Ebenen und am Großen Fluß, wo der Wind nicht aufgehalten wird und nichts das Licht der Sonne verdunkelt. Wo sie frei leben und frei atmen können, obwohl es auch unter ihnen zu Streit und Zwietracht kommen kann, wie es in der Chronik von Akakor niedergeschrieben steht:

*Zwist und Neid kamen auf. Man stritt sich um die Schwestern und um die Jagdbeute. Die gemeinsamen Feste arteten zu wilden Trinkgelagen aus. Die Auserwählten Diener kehrten sich gegeneinander und bewarfen sich mit den Gebeinen und Schädeln der Toten. Die Verbündeten Stämme verließen ihre angestammten Orte und zogen neuen Wegen entgegen. Dort errichteten sie eigene Siedlungen. Gegen den Willen des Hohen Rates von Akakor bauten sie ihre Städte. Zahlreich waren sie, und jeder ihrer Anführer befahl sein eigenes Heer.*

In der Mitte des 11. Jahrtausends hatte das Imperium der Ugha Mongulala seinen Höhepunkt überschritten. Das von Lhasa so vorbildlich aufgebaute Reich wankte unter dem Aufruhr der Verbündeten Stämme. Große Heere wilder Völker überrannten die Grenzfesten im Matto Grosso und in Bolivien. In Akakor kam es zu wachsenden Spannungen zwischen dem Hohen Rat

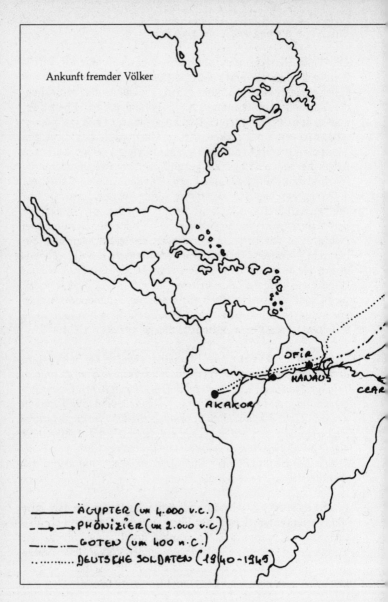

Ankunft fremder Völker

ÄGYPTER (um 4.000 v.C.)

PHÖNIZIER (um 2.000 v.C.)

GOTEN (um 400 n.C.)

DEUTSCHE SOLDATEN (1940-1945)

OFIR

HANAUS

CEAR

AKAKOR

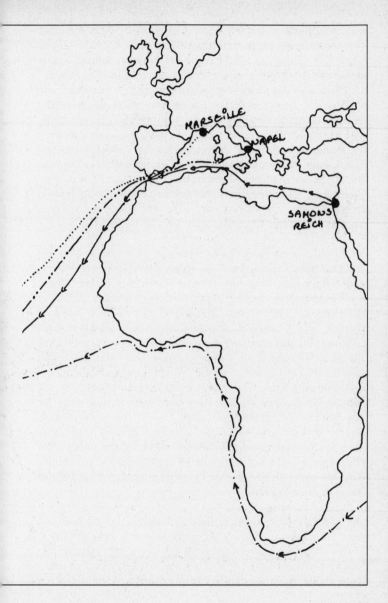

MARSEILLE

NAPEL

SAMONS
REICH

und den Priestern. Irrglaube und Götzendienst bedrohten das Vermächtnis der Früheren Herren. Nur die von Lhasa eingeführte Dreiteilung der Macht verhinderte den schnellen Zusammenbruch des Reiches. Seine Ordnung und seine Gesetze kamen dem Volk der Ugha Mongulala jetzt zugute. Aber auch sie konnten eine langsame Auflösung des Imperiums nicht verhindern, die durch die Ereignisse an der Westgrenze noch beschleunigt wurde. Dort führten die Inkas große Kriege und unterwarfen immer neue Stämme. Sie eroberten die Zufahrtswege zur Meeresenge im Norden und stießen über die Osthänge der Anden bis zu der zerstörten Tempelstadt Tiahuanaco. Zum ersten Mal seit der Rückkehr der Götter drangen feindliche Späher bis zu den Mauern von Akakor vor. Dann trat jedoch ein Ereignis ein, das in unserer Chronik so niedergeschrieben ist:

*Nun berichten wir von den Kriegern aus dem Osten. Von der Ankunft der Goten sei nun die Rede. Das war ihr Name. So nannten sie sich. Und hier ist ihre Geschichte. Schon waren dreihundertvierundsechzig Geschlechter vergangen, seit dem Aufbruch der Götter, seit dem Beginn von Licht, Leben und Stamm. Schon waren hundertundvier Fürsten Lhasa gefolgt. Groll erfüllte das Herz der Auserwählten Diener. Der Stamm des Viracocha war nach Cusco gezogen. Dort schlug er seine Hütten auf. Dort errichtete er die Tempel seiner Götter und predigte Haß und Krieg. Das war seine tägliche Nahrung. Von der Morgendämmerung bis zur Abenddämmerung und während der Nacht. Da erreichte Akakor eine seltsame Nachricht. Fremde Krieger zogen den Großen Fluß hinauf. Wehrhafte Männer. So stark wie die Wildkatze. So mutig wie der Jaguar. Auch Frauen und Kinder begleiteten sie. Auf der Suche nach ihren Göttern waren sie. So erreichten die Goten das Imperium der Auserwählten Stämme.*

Die Ankunft der fremden Krieger, die sich Goten nannten, ist eines der großen Geheimnisse in der Geschichte meines Volkes. Zwar wußten die Ugha Mongulala seit Lhasa von einem fernen Reich jenseits des östlichen Weltmeeres, das sein Bruder Samon regiert hatte. Aber seit der Zerstörung der Stadt Ofir im siebten

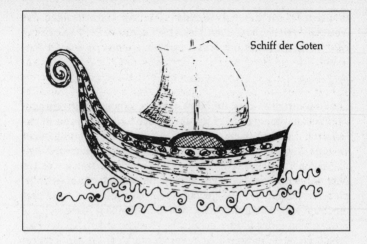

Schiff der Goten

Jahrtausend war die Verbindung abgebrochen. Bis zur Ankunft der Goten glaubten die Priester, daß Samons Imperium untergegangen sei. Die fremden Krieger aus dem Osten brachten eine ganz andere Kunde. Jenseits des östlichen Weltmeeres gab es viele Stämme und mächtige Völker. Nach den Erzählungen der Goten ging auch ihre Geschichte auf göttliche Wesen zurück. Ein altes Fürstengeschlecht war vom Himmel gekommen und hatte sie das Leben und Sterben gelehrt. Viele tausend Jahre später wurden die Goten durch Hunger und die Übermacht feindlicher Stämme gezwungen, in ein fremdes Land auszuwandern. Und hier erfüllte sich ihr Schicksal.

*Das ist der Name des Fürsten der Goten. Wilder Jäger nannten sie ihn. Er besaß viel Weisheit und viel Verstand. Er war Wahrsager, guten Sinns und Herr gewaltiger Taten. Er rettete sie vor dem Untergang. Denn geschlagen waren die tapferen Krieger, verloren schienen sie am feuerspeienden Berg. Der Untergang stand ihnen bevor. Doch der wilde Jäger bezwang das Unglück der Menschen. Einen Bund mit den kühnen Seefahrern aus dem Norden ging er ein. Auf die Suche nach den Göttern begab sich sein Volk. Und in den vier Weltecken suchten die Goten. Am*

87

*Blauen und am Roten Weltende. Über die Unendlichkeit der Meere fuhren sie. Und nach dreißig Monden fanden sie eine neue Heimat, die Heimat der Auserwählten Diener.*

## Das Bündnis zweier Völker

Die Ankunft der Goten im Jahre 11051, 570 in der Zeitrechnung der Weißen Barbaren, war für die Ugha Mongulala von schicksalhafter Bedeutung. Akakor erhielt die Unterstützung einer Gruppe kampferprobter, den aufständischen Stämmen weit überlegener Krieger. Der Hohe Rat und die Priester wurden über Jahrhunderte von dem Kampf um die Macht abgelenkt. Das Auserwählte Volk gewann sein Vertrauen in das Vermächtnis der Altväter zurück. Ein weiteres Mal hatte sich die Prophezeiung der Götter erfüllt. In einer Stunde höchster Not schickten sie Hilfe, so wie es in der Chronik von Akakor niedergeschrieben steht:

*So erreichten die Goten das Imperium der Auserwählten Stämme. Und so richteten sie sich in Akakor ein. Zwei Geschlechter gab es jetzt. Aber eines Herzens waren sie. Es gab weder Streit noch Zank. Friede herrschte unter ihnen. Keine Gewalt kam vor, keine Auseinandersetzung. Friedvoll waren ihre Herzen. Weder Eifersucht noch Neid kannten sie.*

Der Bund zwischen den Goten und den Ugha Mongulala wurde durch den Austausch von Geschenken besiegelt. Der Hohe Rat wies den Neuankömmlingen Wohnstätten und fruchtbares Land zu. Die Goten überließen meinem Volk neue Samen und Grabstöcke, die von Tieren gezogen wurden. Sie lehrten es andere Formen der Feldbestellung und zeigten den Handwerkern die Herstellung von besseren Webstühlen. Ihr größtes Geschenk aber war das Geheimnis von der Gewinnung eines schwarzen, harten Metalls, das von den Weißen Barbaren Eisen genannt wird. Bis zur Ankunft der Goten verarbeiteten wir nur Gold, Silber und Bronze. Das Gold und das Silber kamen aus dem Gebiet um die zerstörte Tempelstadt Tiahuanaco. Ausgesuchte Arbeiter durchzogen die Flüsse mit Sperriegeln, in denen sich die gold- und silberhaltigen Steine verfingen. Die Bronze gewannen die Priester in großen, nach Osten ausgerichteten Holzkohleöfen. Ihre Hitze reichte jedoch nicht aus, um den braunen Eisenstein flüssig zu machen. Jetzt errichteten die Goten gemauerte Schmelzöfen. In bestimmten Abständen eingelassene Löcher sorgten für den notwendigen Luftdurchzug und erhöhten die Hitze. Unter Anleitung der neuen Verbündeten begannen die Handwerker, große Messer und scharfe Speerspitzen herzustellen, die den Waffen der anderen Stämme weit überlegen waren. Für die Feldherren und die Zehntausendmannführer schmiedeten sie mit Eisen beschlagene Gewänder. Mit diesen Rüstungen zogen unsere Anführer 1000 Jahre lang in den Kampf. Dann kamen die Weißen Barbaren mit ihren Feuerwaffen, gegen die selbst Eisengewänder keinen Schutz bieten.

Die Eisenrüstungen, die schwarzen Segel und die bunten Drachenköpfe der Schiffe der Goten sind bis heute erhalten geblieben. Wie alle Zeugnisse aus der Geschichte meines Volkes haben wir sie im Tempel der Sonne aufbewahrt. Nach den Zeichnungen unserer Priester konnten ihre Schiffe bis zu sechzig Menschen aufnehmen. Sie wurden von einem Segel aus feinstem Gewebe angetrieben, das an einen großen Mast aufgezogen war. Insgesamt erreichten vierzig Schiffe mit mehr als 1000 Kriegern Akakor. Sie richteten das zerfallende Reich wieder auf und machten es stark und mächtig, so wie es in der Chronik niedergeschrieben steht, in guter Sprache, in deutlicher Schrift:

*So wuchs die Größe und die Macht der Auserwählten Diener. Es wuchs das Ansehen ihrer Söhne und der Ruhm ihrer Krieger. Im Bund mit den Eisenkriegern, unverwundbar für Pfeile, besiegten sie ihre Feinde. Ein gewaltiges Reich bauten sie auf. Viele Länder beherrschten sie. Bis in die vier Weltecken reichte ihre Macht.*

## DER KRIEGSZUG NACH NORDEN

Trotz ihrer Niederlage am feuerspeienden Berg waren die Goten ein Kriegervolk geblieben. Schon kurze Zeit nach ihrer Ankunft in Akakor begannen sie, die Ugha Mongulala in ihrem Kampf gegen die aufständischen Stämme zu unterstützen. Mit den neuen Eisenwaffen warfen sie den Stamm der Großen Stimme in die unfruchtbare Lianenwildnis am Unterlauf des Roten Flusses zurück. Sie unterwarfen den Stamm Der Ruhm Der Wächst und den Stamm Wo Der Regen Fällt, die alle Tributzahlungen eingestellt hatten, und vernichteten unzählige wilde Völker. Zu Beginn des siebten Jahrhunderts in der Zeitrechnung der Weißen Barbaren standen die Krieger der Ugha Mongulala erneut im Herzen der Großen Wälder im Süden des Reiches und bis zum Unterlauf des Großen Stroms. Das alte Imperium Lhasas schien aus der Vergangenheit aufzuerstehen.

*So begann der Große Krieg. Die Heere der Auserwählten Diener zogen aus. Über den Stamm der Großen Stimme fielen sie her. Seinen Hochmut schlugen sie nieder. Die Bogenschützen und die Schleuderer überstiegen die Bambussperren. Sie überstiegen die Palisaden. Die Tore der feindlichen Siedlungen brachen sie auf. Sie töteten mehr Feinde, als man zählen kann, und reiche Beute fiel den Auserwählten Dienern in die Hände. Das ist eine Aufzählung: Knochenflöten und Muschelhörner, kostbarer Federschmuck vom Großen Waldvogel, Jaguarfelle und Sklaven. Alles erbeuteten sie. So viel Macht erlangten die Auserwählten Stämme wieder, wie sie seit tausend Jahren nicht mehr besessen hatten.*

Nach der Chronik von Akakor gingen die verbündeten Heere der Ugha Mongulala und der Goten an allen vier Ecken des Reiches zum Angriff über und schlugen die Entarteten Stämme in die Flucht. Es war eine Zeit der Strafe, eine Zeit der Vergeltung für ihren Verrat an dem Vermächtnis der Früheren Herren. Nur an der westlichen Grenze beschränkte sich Akakor auf die Verteidigung. Getreu dem Gebot der Altväter, niemals gegen den eigenen Bruder zu kämpfen, begnügte sich der Hohe Rat mit der Errichtung eines starken Wehrwalls gegen die Inkas. 30000 Verbündete arbeiteten dreizehn Jahre lang an dem breiten Steinwall, der mit Strebepfeilern und einer Brustwehr versehen war. Alle sechs Wegstunden folgten zwei viereckige Wachttürme aus riesigen Felsquadern. Sie enthielten Vorratsräume für

Waffen und Nahrungsmittel und die Unterkünfte für die Krieger. Gepflasterte Straßen verbanden die Festungsanlage mit Akakor.

Die größte kriegerische Unternehmung im 11. Jahrtausend war ein gewaltiger Kriegszug nach Norden. Bei ihrer Ankunft hatten die Goten von braunen, mit Federn geschmückten Menschen berichtet. Sie lebten jenseits der Meeresenge im Norden und hatten mit ihren Vorfahren Handel getrieben. Da die Priester zu dieser Zeit unheilvolle Zeichen am Himmel entdeckten, befürchtete der Hohe Rat einen Einfall der unbekannten Völker. Er beschloß, ein gewaltiges Kriegsheer auszurüsten und zur äußersten Nordgrenze zu schicken. Und so machten sich im Jahre 11 126,645 in der Zeitrechnung der Weißen Barbaren, zwei Millionen Krieger der Ugha Mongulala und der Verbündeten Stämme auf den Weg, wie es in der Chronik niedergeschrieben steht:

*So sprach der Fürst zu den versammelten Kriegern. Ziehet nun aus in jenes Land. Habt keine Furcht. Falls Feinde auftauchen, bekriegt sie, tötet sie. Und gebt uns Nachricht, daß wir euch zu Hilfe kommen. Das waren seine Worte. Und das gewaltige Kriegsheer machte sich auf. Es zogen aus die aufgerufenen Späher, die Bogenschützen, die Schleuderer, die Speerwerfer. Über die Hügel zogen sie. Auch die Ufer der Meere besetzten sie. Auf Befehl des Fürsten machten sie sich auf den Weg. In den Norden zogen sie. Gewaltige Städte legten sie an, um die Macht der Auserwählten Stämme zu zeigen.*

Der größte Feldzug in der Geschichte der Auserwählten Stämme endete ohne ein greifbares Ergebnis. Wenige Monde nach dem Aufbruch des Heeres brachen die Verbindungen plötzlich ab. Die letzten Berichte, die Akakor erreichten, sprachen von einer gewaltigen Katastrophe. Das Land jenseits der Grenze hatte sich in ein Meer aus Feuer verwandelt. Die überlebenden Krieger flüchteten noch weiter nach Norden und vermischten sich mit einem fremden Volk. Erst tausend Jahre später, als die Weißen Barbaren in Peru eindrangen, wurden die Befürchtungen des Hohen Rates bestätigt. Die fremden Krieger kamen aus dem Norden und zerstörten das Reich der Inkas. Mit ihrer Ankunft ging auch das mächtige Friedensreich der Ugha Mongulala und der Goten zu Ende.

## DAS TAUSENDJÄHRIGE FRIEDENSREICH

Das tausendjährige Friedensreich umfaßt die Zeit von 11051 bis 12012, 570 bis 1531 in der Zeitrechnung der Weißen Barbaren. In dieser Epoche besaßen nur zwei Stämme Macht und Ansehen, die Ugha Mongulala, das Volk der Auserwählten Stämme, und die Inkas, das Volk der Söhne Der Sonne. Sie hatten das Land unter sich aufgeteilt und lebten in Frieden. In Cusco regierten die Nachkommen des entarteten Viracocha über ein riesiges Reich. In Akakor herrschte der rechtmäßige Nachfolger unserer Altväter nach dem Vermächtnis der Götter.

*Glücklich waren die Auserwählten Diener. In Frieden lebten sie. Wahrlich, groß war ihr Reich. Keinen Schaden konnte man ihnen antun. Niemand konnte sie besiegen. Immerfort wuchs ihre Macht. Mit der Ankunft der Goten nahm alles seinen Anfang. Furcht befiel die großen und die kleinen Stämme. Angst vor den Eisenkriegern hatten sie. Den Auserwählten Stämmen wollten sie dienen. Und viele Geschenke brachten sie mit. Die Priester aber hoben ihr Antlitz zum Himmel. Für die mächtigen Verbündeten dankten Sie. Weihrauch und Bienenhonig opferten sie. Und so flehten sie zu den Göttern, so war der Ruf ihres Herzens: Gebt uns Töchter und Söhne. Behütet unser Volk vor Fall und Sünde. Behütet es vor Unzucht, vor Sturz beim Aufstieg und beim Abstieg. Gebt uns gute Pfade und Wege. Laßt kein Unheil, keine Schuld auf diesen Bund fallen. Sorgt für die Eintracht an den vier Weltecken, an den vier Seiten der Welt. Damit Friede herrsche und Glück im Reiche der Auserwählten Stämme.*

Die Götter erhörten die Gebete der Priester und segneten den Bund zwischen dem Volk der Goten und den Ugha Mongulala. Die Fremden Krieger, die mit ihren Drachenschiffen über das östliche Weltmeer gekommen waren, unterwarfen sich willig dem Vermächtnis der Altväter. Sie erlernten die Sprache und die

Schrift und gliederten sich schnell in unser Volk ein. Ihre Anführer übernahmen wichtige Aufgaben in der Verwaltung des Reiches. Ihre Feldherren wurden zum Schrecken der feindlichen Stämme. Selbst ihre Priester schworen dem Irrglauben ab, den sie in einer schweren, in Eisen gebundenen Chronik mitgebracht hatten. Dieses Buch, das die Deutschen Soldaten Bibel nennen, ist in für mein Volk unverständlichen Zeichen geschrieben. Es enthält Bilder von dem Leben der Goten in ihrer Heimat und berichtet auch von einem gewaltigen Gott. Er war im Zeichen des Kreuzes auf die Erde gekommen, um die Menschen aus der Dunkelheit zu befreien. Aus dem gleichen Zeichen leiteten die Weißen Barbaren tausend Jahre später ihre göttliche Herkunft ab. In seinem Namen und zu seiner Ehre zerstörten sie das Reich der Inkas und brachten Millionen von Menschen den Tod. Aber bis zu ihrer Ankunft, die im dritten Teil der Chronik von Akakor niedergeschrieben ist, lebten die Ugha Mongulala und die Goten in Eintracht nach dem Vermächtnis der Altväter. Sie brachten die vorgeschriebenen Opfer dar, ehrten die Götter und gedachten der fernen Urzeit, als es auf der Erde weder die Menschen noch den Großen Fluß gab, so wie es in der Chronik niedergeschrieben steht:

Es war vor unendlich vielen Jahren, als Sonne und Mond heiraten wollten. Aber niemand schloß ihren Bund. Denn die Liebe der Sonne war glühend und würde die Erde verbrennen. Und die Tränen des Mondes waren zahllos und würden das Land überschwemmen. Deshalb schloß niemand ihren Bund. So trennten sich Sonne und Mond. Der Mond wanderte zu der einen Seite und die Sonne zu der anderen. Aber der Mond weinte den ganzen Tag. Auch die ganze Nacht weinte er. Und seine Tränen der Liebe flossen zur Erde, über das Land bis zum Meer. Da wurde das Meer zornig. Abweisend waren seine Wasser, die ein halbes Jahr nach oben fließen und ein halbes Jahr nach unten. Und so ließ der Mond seine Tränen auf das Land fallen und machte mit ihnen den Großen Fluß.

# DAS BUCH DER AMEISE

Das ist die Ameise. Unermüdlich ist ihr Schaffen. Keinen Widerstand kennt sie. Gewaltige Hügel baut sie. Große Reiche errichtet sie. Zahllos ist sie. Alles zerstört sie. Bis auf die Knochen nagt sie das Fleisch des waidwunden Jaguars ab.

# I. Kapitel
## Die Weißen Barbaren im Reich
## der Inkas

*1492 bis 1534:* Der Übergang vom Mittelalter zur Neuzeit ist gekennzeichnet durch die Entdeckungen der Portugiesen und Spanier. Sie führen die westeuropäischen Nationen auf den Ozean. In der ersten Hälfte des 15. Jahrhunderts haben kühne Seefahrer bereits die Atlantischen Inseln erreicht, 1492 entdeckt Christoph Kolumbus Amerika. Er unternimmt insgesamt vier Reisen in die Neue Welt und gründet die erste spanische Kolonie auf Haiti. Im Jahre 1500 entdeckt der portugiesische Seefahrer Cabral Brasilien. 1519 beginnt Cortez mit der Eroberung von Mexico. Nach dreijährigen Kämpfen kapituliert der Aztekenkönig Montezuma II. und wird von den Spaniern ermordet. Eifrige christliche Missionare vernichten die altmexikanische Kultur. 1531 setzt Pizarro zur Eroberung von Peru an. Das durch einen blutigen Bruderkrieg geschwächte Großreich der Inkas erliegt in einem dreijährigen Kampf den besser gerüsteten spanischen Truppen. Ihr Sonnenkönig Ataualpa, der durch Verrat in Gefangenschaft geraten ist, wird 1533 erdrosselt. Nur wenige Reste der hochentwickelten Kultur, in der vor allem die Architektur, die Knotenschrift und die Bearbeitung von Gold herausragend sind, überleben die Zerstörung. Die von zeitgenössischen Geschichtsschreibern auf zehn Millionen geschätzte Bevölkerung des Inkareiches sinkt in wenigen Jahren auf drei Millionen ab. Der Wert der von den Spaniern aus Peru abtransportierten Goldbarren beträgt in moderner Währung rund fünf Milliarden Dollar.

Die Chronik von Akakor ist die Kunde von den Ugha Mongulala, wie unsere Früheren Herren mein Volk genannt haben. Hier steht alles geschrieben, der Anfang und der Ursprung von allem, alles, was im Stamm der Auserwählten Diener geschah. Hier wird enthüllt, erklärt und berichtet, was den Weißen Barbaren verborgen ist: die Herrschaft unserer Früheren Herren auf der Erde, die Großen Katastrophen in der Geschichte der Menschen und die Heldentaten unserer Krieger. Alles ist in ihr enthalten, in guter Sprache, in deutlicher Schrift. Ich aber berichte das schon am Ende der Zeiten. Ich gebe preis das Buch der Weisheit und das Leben meines Volkes nach dem Vermächtnis der Götter, um Rechenschaft abzulegen über das Vergangene und Zukünftige. Denn die Ugha Mongulala sind dem Untergang geweiht. Immer mehr Bäume fallen, ihrer Wurzeln beraubt. Immer zahlreicher sind die von den unsichtbaren Pfeilen der Weißen Barbaren getroffenen Krieger. Ein Strom von Blut zieht sich durch die Wälder am Großen Fluß, endlos, bis zu den Ruinen von Akakor. Verzagtheit und Mutlosigkeit haben mein Volk ergriffen, seit die Weißen Barbaren in unser Land eingedrungen sind, so wie es in der Chronik niedergeschrieben steht:

*Da erreichte den Hohen Rat eine seltsame Kunde von fremden, bärtigen Männern und von gewaltigen Schiffen, die lautlos über die Wasser gleiten und deren Masten bis in den Himmel reichen. Es kam die Kunde von weißen Fremden, stark und mächtig wie die Götter. Wie unsere Altväter waren sie. Und der Hohe Rat ließ Freudenfeuer entzünden. Der Früheren Herren gedachte er. Opfergaben spendete er für die Götter, die endlich zurückgekehrt waren. Und die frohe Kunde lief von Mann zu Mann. Von Stamm zu Stamm verbreitete sich die Nachricht, wie das Trommelschlagen bei Tag und bei Nacht. Und das ganze Volk brach in Freudentränen aus. Denn die Prophezeiung hatte sich erfüllt. Die Götter kehrten zurück.*

Die Nachricht von der Rückkehr unserer Früheren Herren erwies sich bald als ein grausamer Irrtum. Die Fremden kamen

Die Feldzüge der spanischen und
portugiesischen Kolonisatoren

nicht in guter Absicht. Sie kehrten nicht zurück, um mit Güte
und Weisheit die Herrschaft zu übernehmen. Statt Glück und
inneren Frieden brachten sie Tränen, Blut und Gewalt. In einem
wahren Rausch von Haß und Gier zerschlugen die Fremden das
Reich des Schwestervolkes der Inkas. Sie brannten ihre Dörfer
und Städte nieder. Sie ermordeten Männer, Frauen und Kinder.
Die Weißen Barbaren, so nennen wir sie bis heute, verwarfen

sogar das Vermächtnis der Altväter. Sie errichteten Tempel im Zeichen des Kreuzes und opferten Millionen Menschen zu seiner Ehre.

Doch zu Beginn des Jahres 12013, 1532 in der Zeitrechnung der Weißen Barbaren, wären solche Gedanken noch wie ein Frevel gewesen. Damals schien es, als würde sich die Prophezeiung der Altväter erfüllen. Sechstausend Jahre nach ihrem letzten Besuch auf der Erde kehrten sie zurück, wie sie es versprochen hatten. Und entsprechend groß war die Freude beim Auserwählten Volk. Eine neue Zeit stand bevor, die Rückkehr der Tage, in denen die Ugha Mongulala die Welt beherrscht hatten, im Norden, im Süden, im Westen und im Osten. Die einzigen, die den allgemeinen Jubel nicht teilten, waren die Priester. Sie zweifelten an der Nachricht von der Rückkehr der Götter, obwohl das Datum ihren Berechnungen entsprach. Vor zwölftausend Jahren hatten die Altväter die Erde verlassen. Seit dem Tode Lhasas waren fast sechstausend Jahre vergangen. Aber die Priester, die alles kennen, die die Zukunft sehen und denen nichts verborgen ist, beobachteten am Himmel bedrohliche Zeichen. Ein gewaltiger Stern näherte sich der Erde und tauchte die Ebenen und die Berge in ein düsteres Licht. Auch die Sonne hatte sich verwandelt, so wie es in der Chronik niedergeschrieben steht:

*Wehe uns. Die Zeichen sind unheilvoll. Nicht gelb und hell ist die Sonne, sondern rot, wie von dickem Blut. So sprachen die Priester. Nicht Frieden bringen die Fremden. Nicht dem Vermächtnis der Altväter vertrauen sie. Aus Blut sind ihre Gedanken. Mit Blut überziehen sie das ganze Reich.*

Das von unseren Priestern vorhergesehene Unheil traf zuerst die Inkas. In ihrem Reich brach ein Bruderkrieg aus. Die beiden Söhne des Huayana Capac kämpften um das Amt des Fürsten. In einer blutigen Schlacht auf den Feldern vor Cusco unterlag der erstgeborene Huascar seinem jüngeren Bruder Ataualpa. Der Sieger drang mit seinem Heer in die Hauptstadt ein und errichtete eine blutige Schreckensherrschaft. Ataualpa hätte die Anhänger seines unglücklichen Bruders vernichtet, wären nicht die Fremden Krieger an der Küste des westlichen Weltmeeres gelandet. Ihre überraschende Ankunft verhinderte seinen endgültigen Sieg.

*Gewaltige Schiffe erreichten die Küste. Lautlos kamen sie über das Wasser. Und bärtige Männer gingen an Land, mit mächtigen Waffen und seltsamen Tieren, so schnell und stark wie der Jaguar auf der Jagd. Und in einem Tag erwuchsen Ataualpa mächtige Gegner. Grausame Feinde gewann er, falsch und voller Hinterlist.*

## DIE ZERSTÖRUNG DES REICHES DER INKAS

Schon kurze Zeit nach ihrer Ankunft in Peru verrieten die Weißen Barbaren ihre wahren Absichten. Geblendet von den Schätzen und Reichtümern Cuscos, begannen sie einen grausamen Eroberungskrieg. Zuerst stürmten sie die Städte an der Küste. Sie besetzten das umliegende Land und unterwarfen die Verbündeten Stämme der Inkas. Dann sammelten sich die Weißen Barbaren zu einem Feldzug über die Berge der Anden. Bei dem Ort, den man Catamarca nennt, zehn Wegstunden von Cusco entfernt, trafen sie auf das Heer Ataualpas, des Fürsten der Söhne Der Sonne.

*Furchtbares berichteten die Kriegsspäher. Schrecklich waren ihre Enthüllungen. Ataualpa mußte seinen Hochmut teuer bezahlen. Einer Kriegslist der Fremden fiel er zum Opfer. Durch Verrat wurde er gefangengenommen. Gebunden wurde der zweitgeborene Sohn des Huayana Capac. Getötet wurden seine Krieger durch die Waffen der Weißen. Die Ebene war rot von Blut. Knöcheltief stand das Blut auf den Feldern, als die Inkas die Schlacht verloren. Und weiter zogen die bärtigen Krieger. Bis nach Cusco kamen sie, mordend und plündernd. Sie schändeten die Frauen. Sie raubten das Gold. Sogar die Gräber brachen sie auf. Not und Verzweiflung kehrte auf den Bergen ein, wo einst Ataualpa mächtig war, der Fürst der Söhne der Sonne.*

Wie grausam die Weißen Barbaren eigentlich waren, erfuhr mein Volk von den zahlreichen Flüchtlingen der Inkas. Die bärtigen Fremden verübten schlimmere Untaten als die wilden Stämme. Sie schlugen den Männern den Kopf ab und schändeten die Frauen. Sie plünderten die Weihestätten und traten die Opfergaben mit Füßen. In ihrer Gier nach Gold rissen sie sogar die Gräber auf. Nicht einmal die Ruhe der Toten war ihnen heilig. Kaum zwölf Monde nach ihrer Ankunft lag über dem Reich der Söhne der Sonne eine tiefe Finsternis, nur erhellt von den brennenden Städten und Dörfern. Bald mußten die Ugha Mongulala die schreckliche Wahrheit erkennen. Das Schwestervolk war dem Untergang geweiht. Die Fremden besaßen rätselhafte Waffen, die flammende Donnerkeile aussandten. Sie hatten seltsame Tiere mit Silberfüßen, die, von Menschen gelenkt, Tod und Verderben in die Reihen der Söhne der Sonne brachten. Vor ihnen flohen die Krieger Ataualpas in panischer Angst.

Aber die Inkas waren ein starkes Volk. Trotz der Überlegenheit der Waffen der Fremden kämpften sie verbissen um ihr Land. Nach der vernichtenden Niederlage bei Catamarca sammelten sich die Reste des Heeres in den Bergen um Cusco und an der Grenze des Landes, das man Bolivien nennt. Die Hauptmacht sperrte die Gebirgspässe zur Küste. Ausgesuchte Späher fielen dem Feind in den Rücken. So verhinderten sie über lange Zeit den Vormarsch der Weißen Barbaren. Erst als sie Ataualpa zur Ehre ihres Gottes bei lebendigem Leibe verbrannten, damit das Schicksal erfüllt werde, das ihm unser Priester vorherbestimmt hatten, gaben sie ihren Widerstand auf.

Das Imperium der Inkas ging in einem schrecklichen Feuersturm unter.

*Wehe den Söhnen der Sonne. Welch schreckliches Schicksal hat sie ereilt. Das Vermächtnis der Götter verrieten sie und wurden jetzt selber verraten. Gezüchtigt wurden sie. Blutig geschlagen von den Weißen Barbaren. Denn keine Gnade kannten die Fremden. Die Frauen schonten sie nicht und nicht die Kinder. Wie böse Tiere benahmen sie sich, wie Ameisen, alles zerstörend, was sich ihnen in den Weg stellte. Für die Söhne der Sonne brach die Blutzeit an. Ein ganzes Volk büßte für die Sünden des Viracocha. Die Hundetage begannen, da die Sonne und der Mond verdunkelt sind von Blut.*

Fünf Jahre nach der Ankunft der Weißen Barbaren glich das Reich der Inkas dem Imperium Akakors nach der ersten Großen Katastrophe. Seine Hauptstadt lag in Trümmern. Die Dörfer und Siedlungen waren niedergebrannt. Die Überlebenden hatten sich in die hohen Berge zurückgezogen oder dienten den Weißen Barbaren als Sklaven. Überall herrschte das Zeichen des Kreuzes, das gleichbedeutend ist mit dem Zeichen des Todes. Die Ugha Mongulala hatten die Tragödie bisher nur aus der Entfernung erlebt. Die Weißen Barbaren waren gänzlich mit der Plünderung der Schätze der Inkas beschäftigt. Ihre Krieger fürchteten sich vor der dichten Lianenwildnis an den Osthängen der Anden. Nur die fliehenden Krieger des unglücklichen Schwestervolkes überschritten die von Lhasa erbaute Wehrgrenze zwischen den beiden Reichen. Erst im Jahre 12034 dehnte sich der Krieg auch auf Akakor aus. Durch Verrat erfuhren die Spanier, wie sich die Weißen Barbaren nannten, von unserer Hauptstadt. Und weil ihre Goldgier unerschöpflich war, rüsteten sie ein Heer aus. Nach heftigen Kämpfen mit dem Stamm der Dämonen-Schrecken stieß es über die Ostflanke der Anden in das Gebiet von Machu Picchu vor. Der Hohe Rat stand vor einer lebenswichtigen Entscheidung – Krieg gegen die Weißen Barbaren oder Rückzug in das Kerngebiet von Akakor. Gegen die Stimmen der Feldherren und gegen den Willen der Krieger beschlossen Fürst Umo und die Ältesten des Volkes den Rückzug. Sie gaben den Befehl, die Grenzstädte zu räumen und alle Hinweise auf die Hauptstadt zu vernichten. Nur kleine Spähtrupps blieben in den aufgegebenen Gebieten zurück. Sie sollten die Bewegungen der feindlichen Krieger beobachten, um Akakor vor ihrem Angriff rechtzeitig zu warnen. So lautete der Beschluß Umos. Und so wurde er ausgeführt.

Die späteren Ereignisse bewiesen den Weitblick des Fürsten Umo. Seine Entscheidung rettete die Ugha Mongulala vor einem Krieg, den sie kaum hätten gewinnen können. Sie verdammte aber auch die Inkas zum endgültigen Untergang. Der Hohe Rat lehnte das Bittgesuch ihrer Feldherren ab und bereitete sich auf einen zähen Abwehrkampf vor. Wenn schon Krieg, dann sollte er dort stattfinden, wo die natürlichen Hindernisse die Weißen Barbaren gefährden konnten, in den Hochtälern der Anden und in der Lianenwildnis am Großen Fluß. Die Krieger befolgten die Anordnungen des Hohen Rates. Sie zogen sich aus den gefährdeten Gebieten zurück. Schweren Herzens und voll Zorn räumten sie sogar Machu Picchu, Lhasas heilige Stadt. Lange Kolonnen von Trägern brachten alle Gegenstände, allen Schmuck, alle Opfergaben und alle Vorräte nach Akakor. Dann rissen die Krieger die Häuser und die Mauern ein und brachen die Straßen hinter sich auf. Die Priester zerstörten die Tempel. Die Handwerker verschlossen die Zugänge mit schweren Steinen. Sie führten den Befehl der Ältesten so sorgfältig aus, daß selbst die Ugha Mongulala Machu Picchu heute nur noch anhand der Karten und Zeichnungen auffinden können. Nur die unterirdischen Gänge des Mondbergs ließen sie unberührt. Denn niemand, der die Zeichen der Vergangenheit nicht versteht, ist imstande, das Geheimnis des Erhabenen Göttersohns Lhasa zu enthüllen.

*Und so verschloß der Hohepriester die Heilige Stadt. Das Geheimnis des Erhabenen Göttersohns verbarg er, des Schöpfers und Formers, des Herrschers über die vier Winde, über die vier Ecken der Welt und über das Antlitz des Himmels. Und mit diesen Worten verhüllte er das Geheimnis: Du mußt im Schatten deines Schattens stehen, wenn sich das Auge der Götter erhebt und die Erde noch dunkel ist von der Nacht. Dann zeigt dir der Schatten deines Schattens den Weg. Er zeigt dir die Richtung vom Herzen des Himmels zum Herzen der Erde.*

Lange Zeit schien es, als wollten die Götter den Ugha Mongulala das Schicksal ihres Schwestervolkes ersparen. Akakor blieb den Weißen Barbaren verschlossen. Obwohl sie auf ihren Kriegszügen bis in das Quellgebiet des Roten Flusses vorstießen, kamen sie nie über die Wälder an den Osthängen der Berge hinaus. Ihre Krieger starben an den unbekannten Krankheiten der Großen Wälder. Oder sie erlagen den Giftpfeilen der Verbündeten Stämme. Nur eine einzige Gruppe erreichte die Umgebung der Hauptstadt meines Volkes. Am Berg Akai, drei Wegstunden von Akakor entfernt, kam es zu einem denkwürdigen Kampf, der für alle Zeiten in der Chronik niedergeschrieben ist:

*Am Akai war es, wo die Krieger aufeinanderstießen. Die Weißen Barbaren mit ihren furchtbaren Waffen und die Eisenkrieger der Auserwählten Diener. Lange Zeit blieb die Schlacht unentschieden. Erbittert kämpften die Heere. Dann wagten die Auserwählten Diener den Angriff. Bis in das Herz ihrer Feinde stießen sie. Sie blendeten ihnen die Augen mit Fackeln. Sie behinderten ihre Beine mit Stricken. Mit Steinen schlugen sie ihnen aufs Haupt, bis Blut aus Mund und Nase lief. Und da flohen die Weißen Barbaren in panischer Angst, alles hinter sich lassend, ihre Waffen und ihre Rüstungen, ihre Tiere und ihre Sklaven. Nur ihr Leben wollten sie retten. Aber auch das gelang ihnen nicht. Kaum einem gelang die Flucht, und viele wurden als Gefangene nach Akakor gebracht.*

Die Gefangenen waren die ersten Weißen Barbaren in Akakor. Sie wurden von den Ugha Mongulala mit Entsetzen und Ehrfurcht zugleich bestaunt. Nur die Priester begegneten ihnen mit Verachtung. Sie bewarfen die Irrgläubigen mit dem Schmutz der Erde, zum Zeichen ihrer Demütigung.

Dann schickte der Hohe Rat die Weißen Barbaren als Sklaven in die Gold- und Silberminen. Bis an ihr Lebensende sollten sie für ihre Verbrechen büßen, so wie es in der Chronik niedergeschrieben steht:

*Das ist die Kunde. So sprach der Hohepriester zu den Weißen Barbaren: Wer hat euch geboren, daß ihr über Tod und Leben bestimmt? Wer seid ihr, daß ihr das Vermächtnis der Götter mißachtet? Woher kommt ihr, daß ihr unser Land mit Krieg überzieht? Wahrlich, böse sind eure Taten. Blut habt ihr vergossen. Auf Menschenjagd seid ihr gegangen. Die Stämme der Söhne der Sonne habt ihr vernichtet und ihr Blut in den Bergen versprengt. So waren die Worte des Hohepriesters. Schrecklich waren sie. Doch hartherzig blieben die Weißen Barbaren, und es dauerte geraume Zeit, bis sie ihr Schicksal erkannten. Ewige Gefangenschaft stand ihnen bevor.*

# II. Kapitel
## Der Krieg im Osten

*1534 bis 1691:* Als Folge der Entdeckungen der spanischen und portugiesischen Seefahrer breitet sich die europäische Kultur auch in der Neuen Welt aus. Die Seemächte Spanien, Portugal und später England und die Niederlande werden durch die Ausbeutung dieser Kolonien reich. Während Spanien Peru und Mexico plündert, beginnt Portugal mit der Eroberung der Ostküste Brasiliens. Im Jahre 1541/42 unternimmt Orellana, ein Kampfgefährte Pizarros, seine historische Reise quer durch den südamerikanischen Kontinent. Er befährt als erster den Amazonas, den er nach den kriegerischen Frauen benennt, die ihm angeblich auf seiner Fahrt begegnet sind. Nach seiner Rückkehr in die Neue Welt stirbt er im Jahre 1546 im Mündungsgebiet des Amazonas an Malaria. Zu diesem Zeitpunkt beginnen Engländer und Holländer, die Zuflüsse des Amazonas zu erforschen. Im Jahre 1616 gründet der Portugiese Caldera Castello Branco im Namen des vereinten portugiesischen und spanischen Königreiches Belém. Von hier aus beginnt die eigentliche Eroberung Amazoniens durch die Portugiesen. Hauptfigur ist Pedro Texeira, der Orellanas historische Reise im Jahre 1637 in umgekehrter Richtung wiederholt. Am Zusammenfluß des Rio Aguarico und Rio Napo setzt er im Namen Portugals die spätere Westgrenze Brasiliens fest. 1641 stirbt Pedro Texeira, der sich rühmte, 30000 Wilde eigenhändig getötet zu haben. Nach Schätzung des Jesuitenpaters Antonio Veira ermorden die portugiesischen Eroberer in einem Zeitraum von dreißig Jahren zwei Millionen Urwaldindianer.

Wo ist der Stamm der Ruhm Der Wächst? Was ist aus den Inkas geworden, den Söhnen Der Sonne? Wo sind der Stamm der Großen Stimme, der Stamm der Unrat-Verzehrer und viele andere der einst mächtigen Völker der Entarteten? Habgier und Gewalt der Weißen Barbaren haben sie dahinschwinden lassen wie Schnee in der Sonne. Einigen wenigen ist die Flucht in die Tiefen des Waldes gelungen. Andere haben sich in den Baumkronen versteckt, wie der Stamm der Auf Den Bäumen Lebt. Dort hat er keine Decken und nichts zu essen. Niemand weiß mehr, wo er ist. Vielleicht ist er auch längst tot. Andere Stämme sind zu den Weißen Barbaren übergelaufen, die ihnen gute Worte gaben. Aber gute Worte sind keine Entschädigung für das Elend des ganzen Volkes. Gute Worte geben ihm keine Gesundheit und verhindern nicht, daß es stirbt. Gute Worte geben den Stämmen keine neue Heimat, in der sie in Frieden leben und frei jagen und die Felder bestellen können. Das alles hat mein Volk mit eigenen Augen gesehen. Das haben unsere Kundschafter berichtet, die sich tief in das Land der Weißen Barbaren hineingewagt haben. Mein Herz tut weh, wenn ich an all die gegebenen Versprechen denke. Aber wahrlich, man kann von den Flüssen ebensowenig erwarten, daß sie rückwärts fließen, wie man von den Weißen Barbaren erwarten kann, daß sie ihre Worte halten. Denn sie sind schlecht und heimtückisch, wie es in der Chronik niedergeschrieben steht:

*Roter Saft rinnt aus den Bäumen. Saft wie Blut. Wie wirkliches Blut. So sprachen die Boten der Verbündeten Stämme, als sie zu den Auserwählten Dienern kamen. Denn auch im Osten waren die Weißen Barbaren gelandet, mit ihren Schiffen, die lautlos über die Wasser gleiten und deren Masten bis in den Himmel reichen. Mit ihren Waffen kamen sie, die grollend aus der Ferne töten und deren Pfeile man nicht sieht. So besetzten sie das Land. Das berichteten die Boten. Und voller Ungeduld warteten sie. Den Beschluß des Hohen Rates erbaten sie. Um den Beistand der Götter flehten sie: Verlaßt uns nicht. Gebt unseren Männern Waffen, damit wir den Feind aus dem Land treiben, daß es wie-*

*der hell werde im Reich der Auserwählten Diener. So sprachen die Boten, die leidenden Krieger, die verzweifelten Männer der Verbündeten Stämme. Und die Sonne erwarteten sie, die des Himmels Gewölbe erhellt und das Antlitz der Erde. So warteten sie und überbrachten Akakor die Kunde von der Ankunft der Weißen Barbaren im Osten.*

Zu Beginn des 13. Jahrtausends ging der Krieg an der West-grenze vorläufig zu Ende. Die Spanier waren der verlustreichen Kämpfe müde geworden. Sie verzichteten auf die Eroberung der Osthänge der Anden und gaben den Angriff auf Akakor auf. Zwischen ihrem neu entstehenden Reich und dem Imperium der Ugha Mongulala bildete sich ein weites Niemandsland, nur be-wacht von unseren Spähern. Die Gefahr einer Entdeckung der Hauptstadt meines Volkes war gebannt. Doch kaum war der Vormarsch der Weißen Barbaren im Westen zum Stillstand ge-kommen, als sie auch im Osten des Reiches landeten. Sie be-setzten das Land an der Küste. Mit ihren Schiffen fuhren sie den Großen Fluß hinauf bis zu den Siedlungen Verbündeter Stämme.

Wieder brachen Kämpfe aus. Ein neuer Krieg zwischen den Weißen Barbaren und dem Auserwählten Volk begann.

In diesem Krieg wurden die Weißen Barbaren zum ersten Mal überrascht. Die Ugha Mongulala hatten aus der Vernichtung der Inkas gelernt. Sie vermieden es, ihren Feinden offen gegen-überzutreten. Nur aus dem Hinterhalt heraus überfielen ihre Krieger die Abteilungen der Weißen Barbaren. Gleichzeitig räumten sie auch in diesem Gebiet alle Städte und Dörfer. Auf ihren Streifzügen fanden unsere Feinde nur verlassene Siedlun-gen vor. Sie litten Hunger und Durst. In den undurchdringli-chen Wäldern irrten sie im Kreis. Viele von ihnen fielen unserer fürchterlichsten Waffe zum Opfer, dem Gift, einem Geheimnis der Früheren Herren. Mit dieser neuen Kriegstaktik gelang es meinem Volk, die Weißen Barbaren über lange Zeit vom Kern-gebiet des Reiches fernzuhalten. Dann traf jedoch ein unerwar-tetes Ereignis ein. Zahlreiche Verbündete Stämme sagten sich von Akakor los. Sie verleugneten das Vermächtnis der Götter und begannen, das Zeichen des Kreuzes zu verehren.

Der Aufstand der Verbündeten Stämme in den östlichen Provinzen des Reiches begann mit dem Stamm der Zerrgesichter. Das am Unterlauf des Schwarzen Flusses lebende Volk war seit Lhasa mit den Ugha Mongulala verbündet. Nach der Ankunft der Weißen Barbaren erlag es ihren trügerischen Versprechungen. Der 80 000 Menschen zählende Stamm der Zerrgesichter beging Verrat am Vermächtnis der Götter und erklärte Akakor den Krieg. Innerhalb weniger Monde breiteten sich die Kämpfe über das ganze Reich aus. Im Quellgebiet des Großen Flusses erhob sich der Stamm der Ruhm Der Wächst. Seine Krieger überfielen die Städte in der Nähe des Tempelbezirkes von Salazere und stießen tief ins Innere des Imperiums vor. Der Stamm der Tapir-Töter, der den Weißen Barbaren anfangs mißtrauisch gegenübergestanden hatte, überrannte die Festungen Mano, Samoa und Kin. Nur wenigen Kriegern der Ugha Mongulala gelang es, dem Blutbad zu entkommen. Sie flüchteten sich in die unzugänglichen Waldgebiete am Unterlauf des Großen Flusses. Im Laufe der Jahrhunderte haben sich ihre Nachkommen mit wilden Stämmen vermischt. Als äußeres Zeichen ihrer Herkunft bewahrten sie nur die weiße Hautfarbe der Auserwählten Diener. Das Vermächtnis der Götter ist ihnen verlorengegangen.

Am verlustreichsten waren die Kämpfe in den Gebieten im Süden des Reiches. Der mit Akakor verbündete Stamm der Umherziehenden gab seine alten Wohngebiete auf. Mordend und plündernd zog er den Unterlauf des Großen Flusses entlang bis zur Küste des östlichen Weltmeeres, so wie es in der Chronik niedergeschrieben steht:

*Das ist der Bericht vom Abfall der Umherziehenden. Als sie die Kunde von den bärtigen Kriegern vernahmen, wunderten sie sich sehr. Warum nicht hingehen? Warum sich die Fremden nicht besehen? So riefen sie aus: Sicher bringen sie uns große Geschenke mit, größer als diejenigen der Auserwählten Diener. Und so machten sie sich auf. Zum Rand des Meeres gelangten sie, bis zu den Schiffen der Weißen Barbaren. Die bärtigen Fremden empfingen sie freundlich. Klug gingen sie vor. Sie schenkten ihnen feine Kleider, glänzende Perlen überreichten sie ihnen. Das gaben sie ihnen zum Zeichen der Freundschaft. Danach gelüstete es die Umherziehenden so sehr, daß sie das heilige Vermächtnis der Götter vergaßen. Den Weißen Barbaren lieferten sie sich aus. So ging ihr Bund mit den Auserwählten Dienern zu Ende. Lhasa hatte ihn geschlossen. Heilig war er gewesen. Jetzt verlor er seinen Wert. Nichts als Knochen blieben davon übrig. Aber das Vermächtnis der Götter ist größer. Es ist stärker als der Verrat der Verbündeten Stämme. Sein Wesen verliert sich nicht. Es vergeht nicht. Es verlöscht nicht das Bild der Früheren Herren. Nicht in tausend Jahren. Niemals.*

Der Verrat der Verbündeten Stämme gefährdete das Leben der Ugha Mongulala. Um unter den weit überlegenen Feinden Verwirrung zu schaffen, griff Akakor zu einer List. In der Kriegsbemalung der Aufständischen griffen ausgesuchte Krieger die Vorposten der Weißen Barbaren an. Sie töteten die Feinde und ließen Zeichen der abgefallenen Stämme zurück. Die Weißen Barbaren rächten sich grausam für den vermeintlichen Überfall ihrer Verbündeten. Bald herrschte ein großer, verwirrender Krieg zwischen den Weißen Barbaren, von Akakor abgefallenen Stämmen, wilden Völkern und den Ugha Mongulala. Die schwersten Verluste erlitt der Stamm der Umherziehenden. Fast das ganze Volk wurde niedergemacht. Der Stamm der Tapir-Töter flüchtete in die Berge nördlich des Großen Flusses. Dem Stamm der Ruhm Der Wächst blieb nur die Unterwerfung unter die Herrschaft von Akakor.

*Furchtbar war das Schicksal der Aufständischen. Ihre Gesichter und ihre Körper, ihre Seelen waren rot von Blut. Ruhelos zogen ihre Schatten durch das Land. Alle Peinigungen erlitten sie. Getötet wurden sie. Nicht einer wurde mit dem Leben verschont. Ihre falschen Herzen bezahlten sie mit dem Tod. Falsche Herzen hatten sie, schwarz und weiß zugleich. Und mit dem Tod bezahlten sie ihren Verrat.*

Mit dem Abfall der Verbündeten Stämme begann der endgültige Niedergang meines Volkes. Wie Ameisen drangen die Weißen Barbaren immer weiter vor. Wurden hundert von ihnen getötet, so kamen tausend nach. Sie bauten Städte und Siedlungen und errichteten am Unterlauf des Großen Flusses ein eigenes Reich. Eine neue Ordnung zeichnete sich ab, ohne das Volk der Auserwählten Diener und gegen das Vermächtnis der Götter. Eine Zeit der Finsternis brach an, in der nur das erschreckende Flügelschlagen der fliegenden Hunde und das Schreien der Eulen zu hören war. Aber bevor sich die Dunkelheit bis zu den Grenzen Akakors ausdehnte, brach sie über die Akahim herein, das Schwestervolk der Ugha Mongulala.

## DER KAMPF DER AKAHIM

Seit dem Erhabenen Göttersohn Lhasa war Akakor mit Akahim verbündet, der Schwesterstadt in den Bergen von Parima. Über Jahrtausende tauschten die Ugha Mongulala und das Volk der Akahim Geschenke aus. Regelmäßig kamen Gesandtschaften zu Besuch. Ihre Krieger kämpften gemeinsam gegen feindliche Stämme. Erst mit der Ankunft der Goten im zwölften Jahrtausend schlich sich Mißtrauen in das brüderliche Verhältnis. Die Akahim fürchteten sich vor den übermächtigen Eisenwaffen. Sie glaubten, die Ugha Mongulala wollten sie unterwerfen. Akahim brach fast alle Verbindungen ab. Nur noch selten kamen Kundschafter der beiden Reiche zusammen, um Geschenke und Opfergaben auszutauschen und die Freundschaft und den Frieden aufs neue zu bestätigen.

Mit der Landung der Weißen Barbaren an der Mündung des Großen Flusses nahm die Geschichte der Akahim eine entscheidende Wende. Durch den Verrat Verbündeter Stämme erhielten die fremden Krieger Kunde von ihrem Reich. Sie rüsteten Schiffe aus und machten sich auf die Suche nach der geheimnisvollen Stadt. Die Akahim sahen sich vor die gleiche Entscheidung gestellt wie die Ugha Mongulala beim Zusammenbruch des Reiches der Inkas achtzig Jahre zuvor – Krieg gegen die Weißen Barbaren oder Rückzug in die Berge von Parima. Um einen blutigen Kampf zu vermeiden, entschloß sich der Hohe Rat zum Rückzug. Aber als die 130 Ältesten des Volkes den Befehl zum Frieden gaben, geschah etwas, was sich nicht vorher und auch nicht später auf dem Kontinent zugetragen hat. Die Frauen widersetzten sich dem Beschluß. Sie stürzten den Hohen Rat und übernahmen selbst die Macht. Unter Führung der Tapferen Mena zwangen sie die Männer, Pfeil und Bogen aufzunehmen und den Weißen Barbaren entgegenzutreten.

*Laßt uns in den Krieg ziehen. So sprachen die Frauen. Sind wir nicht zahlreich genug, um die bärtigen Fremden zu vertreiben? Sind wir nicht stark genug, um sie zu besiegen? Und die Frauen der Akahim erhoben sich. Sie zerbrachen ihre Schüsseln. Die Töpfe zerschlugen sie. Das Herdfeuer löschten sie aus. Und sie zogen in den Krieg. Den Weißen Barbaren wollten sie ihre Kraft zeigen. Zermalmen wollten sie ihre Knochen, zu Staub zerreiben ihr Fleisch.*

Der Krieg in Akahim gegen die Weißen Barbaren ist eines der stolzesten Kapitel in der Geschichte der Menschen. Im Bündnis mit den Überlebenden des Stammes der Umherziehenden lieferten sie ihren Feinden gewaltige Schlachten. Mit großen Kanus griffen die kriegerischen Frauen deren ankernde Schiffe an. Sie schossen Feuerpfeile in die Segel und setzten sie in Brand. Um ihre Feinde am Vormarsch zu hindern, sperrten sie die Flüsse mit riesigen Steinen. Wie die Ugha Mongulala zerstörten sie ihr eigenes Land. So hielten die Akahim sieben Jahre lang dem Ansturm der Weißen Barbaren stand. Sieben Jahre lang töteten sie Tausende der bärtigen Krieger und fanden selber zu Tausenden den Tod.

Dann war die Kraft der Akahim gebrochen. Die Frauen hatten ihren Mut bewiesen und ihr Volk an den Rand des Untergangs gebracht. Das Wehklagen des Brudervolkes war so groß, daß auch in Akakor Weinen und Trauer ausbrach.

*Rot war die Erde. Rot von wirklichem Blut. Aber es war ein guter Tod, den die tapferen Akahim fanden. Es war der beste. Die Kraft ihrer Feinde brachen sie. Ihre Gebeine zerrieben sie wie Mais zu Mehl. In das reißende Wasser streuten sie ihre Knochen. Und das Wasser trug sie davon, durch die Kleinen und die Großen Berge.*

Die Frauen der Akahim, die Amazonen in der Sprache der Weißen Barbaren, sind tapfere Krieger geblieben. Trotz der großen Blutopfer konnten sie im Laufe der Jahrhunderte das Leben in der Gemeinschaft neu ordnen und das Vordringen der Weißen Barbaren auf ihr Stammesgebiet verhindern. Sie trennten sich von den Verbündeten Stämmen und ordneten das Leben in der Gemeinschaft neu. Heute leben von dem einst gewaltigen Volk noch 10000 Menschen zurückgezogen in den unzugänglichen Tälern in den Bergen von Parima. Den größten Teil ihres Lebens verbringen sie in den unterirdischen Wohnstätten der Götter. Nur zur Jagd und zur Feldarbeit kehren sie an die Erdoberfläche zurück.

Das Leben der Akahim unterscheidet sich gänzlich von demjenigen meines Volkes. Sie werden von einer Fürstin aus dem Geschlecht der kriegssüchtigen Mena regiert. Sie ist die uneingeschränkte Herrscherin des Volkes. Von ihr werden die Mitglieder des Hohen Rates, die Feldherren und die Beamten bestimmt. Alle hohen Ämter sind den Frauen vorbehalten. Die Männer dienen als einfache Krieger oder arbeiten auf den Feldern. Selbst der Hohepriester ist eine Frau. Wie bei meinem Volk bewahrt sie das Vermächtnis der Götter.

Seit dem Aufstand der Frauen kennen die Akahim keine Heirat mehr. Männer und Frauen gehen nur während der Schwangerschaft einen losen Bund ein. Nach der Geburt des Kindes wird der Mann von der Frau wieder verstoßen. Ab dem zwölften Lebensjahr erhalten die Mädchen in den Schulen der Priesterinnen eine bevorzugte Ausbildung in der Kriegskunst und in der Verwaltung des Reiches. Die Jungen sind von diesem Alter an zur körperlichen Arbeit verpflichtet. Sie haben keine Rechte und leben wie Sklaven. Beim geringsten Vergehen werden sie aus dem Stammesverband ausgestoßen und müssen die unterirdischen Wohnstätten verlassen. Viele dieser Unglücklichen sind nach Akakor geflüchtet. Hier haben sie sich eine Frau aus dem Stamm der Ugha Mongulala gesucht und eine neue Familie gegründet. Denn die Frauen meines Volkes begnügen sich mit der ihnen von den Göttern zugestandenen Rolle als treue Dienerinnen der Männer.

Tona war unzufrieden mit ihrem Mann. Unglücklich war sie. Schwer war ihr Herz. Da ging sie zum Hohenpriester und bat ihn um Rat. Hilfe wollte sie. Von ihrem Mann wollte sie sich trennen. Aber der Hohepriester befahl Tona Geduld. Bei ihrem Mann sollte sie bleiben, bis sie seine zehn größten Fehler niedergeschrieben hätte. Erst dann dürfe sie ihn verlassen. Und Tona kehrte in ihr Haus zurück. Niederschreiben wollte sie die zehn größten Fehler ihres Mannes. Festhalten wollte sie, was ihr an ihm nicht gefiel. Aber als sie seinen ersten Fehler entdeckte, fand sie ihn des Niederschreibens nicht wert. Und als sie den zweiten Fehler entdeckte, hielt sie ihn für zu gering. So verging Tag um Tag. Ein Mond folgte dem anderen. Und die Jahre vergingen. Und Tona wurde alt. Keinen Fehler ihres Mannes hatte sie niedergeschrieben. Glücklich war sie, ein Beispiel für ihre Kinder und Kindeskinder.

# III. Kapitel
## Die Reiche der Weißen Barbaren

*1691 bis 1920:* Die europäische Geschichte bis zum Beginn der Französischen Revolution ist durch die Rivalität Frankreichs mit Habsburg und in Übersee durch den Kampf um die koloniale Vormachtstellung gekennzeichnet. Entscheidendes Datum auf dem amerikanischen Kontinent ist das Jahr 1783, als England die Unabhängigkeit der Vereinigten Staaten Nordamerikas anerkennt. Zu dieser Zeit beginnt auch die Ausrottung der nordamerikanischen Indianer. In Südamerika endet 1824 mit der Schlacht von Ayacucho die Geschichte der spanischen Kolonien. Antonio José de Sucre, ein Kommandeur der »Patrioten« Simon Bolivars, schlägt die spanischen Söldnertruppen vernichtend. Es bilden sich zahlreiche unabhängige Republiken heraus, darunter Peru, Ekuador, Bolivien und Chile. Brasilien ruft 1822 die Unabhängigkeit von Portugal aus. Im selben Jahr beginnt die Cabanagem, die größte sozialrevolutionäre Bewegung in der brasilianischen Geschichte. In dreijährigem Krieg unterliegen die von Angelim angeführten aufständischen Mestizen und Indianer den Truppen der Zentralregierung. Zwei Drittel der Bevölkerung Amazoniens werden ausgerottet. Um 1870 setzt der erste Gummiboom ein. In vierzig Jahren sammeln 150 000 Siedler aus dem Nordosten 800 Millionen Kilo Gummi. 1903 tritt Bolivien nach einem blutigen Grenzstreit die Provinz Acre gegen zwei Millionen englische Pfund an Brasilien ab. 1915 sinken die Gummipreise durch die Konkurrenz englischer Plantagen in Malaysia um die Hälfte. Die wirtschaftliche Ausbeutung Amazoniens wird vorläufig eingestellt.

Das Volk der Ugha Mongulala ist jetzt ein kleines Volk. Aber es ist ein altes Volk, das älteste der Welt. Seit vielen Jahrtausenden lebt es am Großen Fluß und in den Bergen der Anden. Weiter hinaus ist es nicht gezogen, nicht im Krieg und nicht im Frieden, und nie ist es in das Land der Weißen Barbaren gekommen. Doch die Weißen Barbaren erobern unser Land und nehmen es in ihren Besitz. Sie verfolgen uns, verüben böse Taten und bringen uns viel Schlechtes bei. Bevor sie das Meer überquerten, herrschte Friede und Eintracht im Reiche der Auserwählten Stämme. Jetzt aber gibt es einen ewigen Krieg. Bis zum Quellgebiet des Großen Flusses sind die Weißen Siedler vorgestoßen und stehlen unser Land. Es ist das beste und letzte Land, das wir haben. In diesem Land sind wir geboren. Wir sind darin aufgewachsen. Meine Vorväter haben in ihm gelebt und sind in ihm gestorben. Und auch wir wollen in ihm bleiben und in ihm sterben. Das Land gehört uns. Wenn die Weißen Barbaren es wegzunehmen versuchen, werden wir kämpfen, wie unsere Vorväter gekämpft haben und wie es in der Chronik niedergeschrieben steht:

*Die Weißen Barbaren traten zusammen. Ihre Waffen nahmen sie und ihre Tiere, auf denen man gehen kann. Zahlreich waren ihre Krieger, als sie den Großen Fluß hinaufzogen. Aber die Auserwählten Diener wußten um ihr Kommen. Sie hatten nicht geschlafen. Sie hatten die Feinde beobachtet, als sie sich rüsteten. Dann begaben sich die Weißen Barbaren auf den Weg. Des Nachts planten sie anzugreifen, wenn die Auserwählten Diener der Götter gedenken. Aber sie kamen nicht an ihr Ziel. Unterwegs überwältigte sie der Schlaf. Und da kamen die Krieger der Auserwählten Stämme. Sie schnitten ihnen Augenbrauen und Lippenbart ab. Den Silberschmuck lösten sie von ihren Waffen und warfen ihn in den Großen Fluß. Das taten sie zur Strafe und zur Erniedrigung. So zeigen sie ihre Macht.*

Anfang des 13. Jahrtausends, im 18. Jahrhundert in der Zeitrechnung der Weißen Barbaren, setzten die Weißen Eroberer ihren Vormarsch unaufhaltsam fort. Nach den Soldaten kamen die Goldsucher und durchwühlten die Flüsse nach den glänzenden Steinen. Die Jäger und Fallensteller sammelten die Felle des Jaguars und des Tapirs. Die Priester der Weißen Barbaren errichteten Tempel im Zeichen des Kreuzes. 150 Jahre nach der Ankunft der ersten Schiffe an der Ostküste umfaßte das Reich der Ugha Mongulala nur noch die Länder am Oberlauf des Großen Flusses, die Gebiete am Roten Fluß, den nördlichen Teil von Bolivien und die Osthänge der Anden. Die Verbindung zum Volk der Akahim war abgerissen. Die Wehrgrenze im Westen lag in Trümmern. Von den einstmals mächtigen Verbündeten Stämmen hatten nur der Stamm der Tapir-Töter und der Stamm der Schwarzen Herzen, der Bösen Geister und der Stamm der Unrat-Verzehrer überlebt. Der Stamm der Dämonen-Schrecken war in die Tiefen der Lianenwildnis geflüchtet. Die Überlebenden des Stammes der Umherziehenden lebten in Gemeinschaft mit den Akahim. Unaufhaltsam rückten die Weißen Barbaren vor, alles vernichtend, was sich ihnen in den Weg stellte oder auch was ihnen nicht gefiel. Wie die Ameise das Fleisch des waidwunden Jaguars bis auf die Knochen abnagt, so zerstörten sie das Reich der Auserwählten Stämme.

Die Ugha Mongulala standen dem Ansturm ihrer Feinde ohnmächtig gegenüber. In hilfloser Erbitterung erlebten sie den Niedergang ihres einst mächtigen Imperiums. Zwar webten die Frauen auch jetzt noch die Kleider für ihre Männer. Die Jäger folgten der Spur des wilden Ebers und legten Vorratslager für die Regenzeit an. Die Krieger standen wachsam auf den gewaltigen Mauern der durch hohe Berge und tiefe Täler geschützten Hauptstadt Akakor. Aber in allem Sein und Weilen des Auserwählten Volkes lag eine tiefe Trauer. Bleich, weiß und müde waren ihre Gesichter, wie die Blume, die in den Tiefen der Lianenwildnis blüht. Wo waren die Götter geblieben, die versprochen hatten zurückzukehren, wenn sich ihre Brüder, die vom gleichen Blut sind und den gleichen Vater haben, in Gefahr befanden? Was war aus der Gerechtigkeit der Ewigen Gesetze geworden, denen nach ihrem Vermächtnis auch die Weißen Barbaren unterworfen sind? Das Volk war ratlos. Selbst die Priester wußten keine Antwort.

*Das war der Anfang vom Niedergang. Das war das ruhmlose Ende des Reiches. So begann der Sieg der Weißen Barbaren. Sie waren wie böse Geister, aber auch mächtig. Wirklich stark waren sie. Aber es war nicht gut, was sie taten und welche Verbrechen sie begingen im Angesicht des Lichts. Und die Auserwählten Diener taten sich zusammen. Ihre Waffen nahmen sie auf. Die Weißen Barbaren wollten sie treffen. Kämpfen wollten sie. An den vier Ecken des Reiches wollten sie ihnen ein Ende bereiten. Ihrer mächtigen Waffen nicht fürchtend, wollten sie Rache nehmen für ihre Verbrechen. Denn weder Macht noch Reichtum hatte die Auserwählten Diener jemals so verblendet wie die Weißen Barbaren.*

## DER KRIEG AM GROSSEN FLUSS

Die wilden Stämme am Unterlauf des Großen Flusses sind träge und friedfertig wie seine Wasser, bevor sie das Meer erreichen. Als Lhasa das Imperium bis zu seiner Mündung ausdehnte, kamen sie ihm mit Geschenken entgegen. Sie begrüßten seine Krieger mit Gaben der Freundschaft. Willig schlossen sie sich dem mächtigsten Volk der Erde an. Nichts wollten sie besitzen als ihr Land, um in Ruhe und Frieden zu leben. Erst nach der Ankunft der Weißen Barbaren begannen die wilden Stämme, ihr Leben zu ändern. Hatten sie die Ugha Mongulala zuvor unterstützt, so dienten sie jetzt den Weißen Priestern, die ihnen Reichtum und Macht versprachen. Aber die Weißen Barbaren wissen nicht um den Wert von Versprechen. Kalt sind ihre Herzen, und höchst sonderbar und verschlungen ist ihre Art zu denken. Sie bekämpfen einander nicht um der Mannesehre halber oder um ihre wirkliche Kraft zu messen. Allein um der Dinge willen führen sie Krieg. Das mußten auch die wilden Stämme am Unterlauf des Großen Flusses erfahren. Die Greueltaten der Weißen Barbaren waren so gewaltig, daß selbst diese friedfertigen Völker die Waffen ergriffen. Sie taten sich zusammen und erklärten ihren Unterdrückern den Krieg.

Einzelheiten über diesen Aufstand, der sich bald zu einem Bruderkrieg unter den Weißen Barbaren ausweitete, erfuhr der Hohe Rat von Akakor durch seine zahlreichen Späher. Sie berichteten mit Grauen von den Kämpfen. Ohne Mitleid jagten die Weißen Barbaren die aufständischen Krieger. Im Schutze der Nacht überfielen sie ihre Städte und Dörfer. Das einfache Volk töteten sie mit ihren feuerspeienden Waffen. Die Häuptlinge banden sie mit dem Kopf nach unten an Bäume und schnitten ihnen das Herz aus dem Leib. Bald war der Große Wald von Wehklagen der sterbenden Menschen erfüllt. Wie Schatten zogen die Überlebenden durch das Land und baten die Götter um Gerechtigkeit, so wie es in der Chronik niedergeschrieben steht:

*Was sind das für Menschen, die selbst ihrer eigenen Götter nicht achten, die töten aus Freude an fremdem Blut. Elendiglich sind sie. Knochenbrecher sind sie. Selbst ihre eigenen Brüder schlagen sie blutig, zehren sie aus bis auf die Knochen, zerstreuen ihre Gebeine auf den Feldern. Das sind sie: Knochenbrecher, Schädelzertrümmerer, elendige Menschen.*

Der gnadenlose Bruderkrieg der Weißen Barbaren dauerte drei Jahre. Dreimal wanderte die Sonne von Osten nach Westen, bis der Krieg zu Ende war. Dann schien das Land am Großen Fluß wie leergefegt. Es glich der endlosen Wüste der Meere, auf der sich sogar die großen Schiffe der Weißen Barbaren verlieren. Die wilden Stämme waren ausgerottet. Kaum ein Drittel der Bevölkerung hatte überlebt. Aber auch die Kraft der siegreichen Weißen Barbaren war erschöpft. In den nächsten Jahrzehnten erhielten die Ugha Mongulala eine lebenswichtige Frist. Sie konnten sich in Ruhe zurückziehen und die Verteidigung der noch verbliebenen Gebiete neu ordnen. Mein Volk schöpfte wieder Mut. Die Menschen opferten Weihrauch und Bienenhonig und gedachten in Ehrfurcht der Toten.

*Die Stämme der Auserwählten Diener kamen zusammen. Vor dem goldenen Spiegel versammelten sie sich, um für das Licht zu danken und die Toten zu beweinen. Sie zündeten Harz an und Zauberkraut und Weihrauch. Und zum ersten Mal in der Geschichte sangen die Auserwählten Diener auch das Lied von der Schwarzen Sonne. Voller Schmerz und Leid:*

*Wehe uns,*
*Die Sonne scheint schwarz.*
*Ihr Licht bedeckt die Erde mit Kummer.*
*Ihre Strahlen verkünden den Tod.*
*Wehe uns,*
*Die Krieger kehrten nicht zurück,*
*Fielen am Großen Fluß in der Schlacht.*
*Die Bogenschützen und die Späher,*
*Die Schleuderer und die Speerwerfer.*
*Wehe uns,*
*Die Sonne scheint schwarz.*
*Finsternis liegt über der Erde.*

## DER VORMARSCH DER GUMMISUCHER

Der Friede an der Ostgrenze des Reiches dauerte nur kurze Zeit. Kaum fünfzig Jahre nach dem schrecklichen Krieg am Unterlauf des Großen Flusses hatten sich die Weißen Barbaren von ihren Verlusten erholt. Sie setzten zu einem neuen Ansturm auf die Großen Wälder an. Von Manaus, wie sie ihre größte Stadt nennen, drangen sie in einer breiten Front zum Oberlauf des Großen Stroms und des Roten und Schwarzen Flusses vor. Und wieder trieb sie ihre unersättliche Habgier. Die Weißen Barbaren hatten das Geheimnis des Gummis entdeckt.

Mein Volk kennt das Geheimnis des Gummibaums seit Tausenden von Jahren. Aus seinem Saft stellten unsere Priester Heilmittel und Gift her. Sie verwenden ihn für die Farben der Kriegsbemalung und zum Bau der Häuser. Aber mein Volk achtet die Gesetze der Natur. Nur in kleinen Mengen sammelt es den Gummi, wie die Weißen Barbaren den Baumsaft nennen. Mein Volk vermeidet alles, was das Leben des Waldes gefährden könnte.

Die Weißen Barbaren raubten den Wald rücksichtslos aus. Sie schickten Hunderttausende von Männern in die Lianenwildnis, getrieben von dem Versprechen schnellen Reichtums und den Waffen ihrer Aufseher. In kurzer Zeit verwandelte sich das einst fruchtbare Land in eine trostlose Wüste. Dieser erneute Vorstoß der Weißen Barbaren wurde für Akakor noch gefährlicher als ihre Kriegszüge hundert Jahre zuvor. Damals hatten sie sich mit der schnellen Beute begnügt. Jetzt blieben sie in den Wäldern. Sie siedelten sich an und bebauten das Land. Die wilden Stämme mußten fliehen. Die Zurückgebliebenen wurden von den Gummisuchern ermordet oder wie Tiere in großen Gehegen gefangengehalten. Eine große Verzweiflung breitete sich aus. Weil die Weißen Barbaren das Licht der Götter nicht kennen, verdunkelte sich das Antlitz der Erde.

Die Ugha Mongulala wurden von dem zweiten Vormarsch der Weißen Barbaren vor allem auf der Hochebene von Matto Grosso und an der Grenze Boliviens überrascht. Das waren die ältesten Stammesgebiete meines Volkes. Hier hatten seine Vorväter seit der Ankunft der Götter vor 15 000 Jahren gelebt. Unter dem Ansturm der Gummisucher und der Siedler mußten die Krieger zurückweichen. Selbst das ganze Hauptheer der Ugha Mongulala wäre nicht imstande gewesen, die Weißen Barbaren aufzuhalten. Sie kamen in einer ungeheuren Zahl. Ihre Anführer besaßen starke, weit überlegene Waffen. So beschloß der Hohe Rat, am Großen Wasserfall in den Vorbergen der Anden eine neue Reichsgrenze zu errichten. Hier stellten sich die Ugha Mongulala zum Kampf. Von hier aus verteidigten sie Akakor, begünstigt durch das schwierige Gelände und entschlossen, für das Vermächtnis der Früheren Herren zu sterben.

Im Verlauf der Kämpfe entwickelten die Feldherren eine neue Kriegstaktik. In den frühen Morgenstunden, während die Weißen Barbaren noch schliefen, schlichen sich unsere Krieger in ihre Siedlungen. Sie schlugen die Wachen nieder und trugen die auf Pfählen gebauten Hütten zum Fluß. Die schlafenden Weißen Barbaren ertranken. Oder sie wurden von den Fischen aufgefressen. Wenn ihre Posten aus der Betäubung erwachten, fanden sie nur noch einen weiten, leeren Platz vor. Schilderten sie das geheimnisvolle Geschehen in einem Nachbardorf, so schenkte man ihnen keinen Glauben. Die Gummisucher hielten sie für verrückt. Je öfter sich solche Vorfälle wiederholten, um so größer wurde ihr Mißtrauen und ihre Verwirrung. Sie begannen, sich gegenseitig zu bekämpfen. Aus Angst vor neuen Überfällen wichen sie aus den Wäldern zurück. Ein weiteres Ereignis beschleunigte noch den Rückzug der Weißen Barbaren. Auch die

unermeßlichen Wälder waren nicht groß genug für ihre Habgier. Da sie die Gesetze der Natur mißachteten, ging die Zahl
der Gummibäume zurück. Die Suche nach dem wertvollen Saft
wurde immer schwieriger. Die Mehrzahl der Gummisucher
kehrte an die Küste im Osten zurück. Nur wenige Siedlungen
am Oberlauf des Roten Flusses blieben bewohnt.

*Die Weißen Barbaren nahmen das Land. Sie bevölkerten die
Ufer am Großen Fluß. Söhne und Töchter hatten sie. Die Felder
bebauten sie. Dörfer aus Kalk und Mörtel legten sie an. Große
Taten vollbrachten sie. Aber sie hatten keine Seele und keinen
Verstand. Das Vermächtnis der Götter war ihnen fremd. Die
Weißen Barbaren glichen den Menschen. Sie sprachen wie
Menschen. Aber sie waren schlimmer als die wilden Tiere.*

## DER ÜBERFALL AUF DIE HAUPTSTADT
## DER WEISSEN BARBAREN

Seit ich die Weißen Barbaren in ihrem eigenen Land besucht und
kennengelernt habe, weiß ich, daß auch sie Wissen und Weisheit
besitzen. Vieles, was sie geschaffen haben, wäre auch der Ugha
Mongulala würdig. Aber mein Volk mißt die Menschen nach
ihrem Herzen. Und in den Herzen der Weißen Barbaren ist Verrat und Finsternis. Sie sind falsch gegen die Feinde und gegen
die eigenen Brüder. Trug und List sind ihre wichtigsten Waffen.
Doch wir haben aus ihren Taten gelernt. Mit unserem Mut und
unserer Weisheit können wir sie besiegen. Das hat Sinkaia, ein
würdiger Nachfolger aus dem Geschlecht des Erhabenen Göttersohns Lhasa, bewiesen. 384 Menschenalter waren seit seinem
geheimnisvollen Abgang vergangen. Die Chronik schrieb das
Jahr 12 401, 1920 in der Zeitrechnung der Weißen Barbaren, als
er zum Fürst der Ugha Mongualala ausgerufen wurde. Sinkaia
erwies sich schon bald als ganzer Mann. Er lenkte den Rückzug
der Auserwählten Diener zur neuen Wehrgrenze am Großen
Wasserfall. Er war es auch, der die Verteidigung des Reiches
neu ordnete und einen Kriegszug bis tief in das Land der Weißen
Barbaren befahl. Er ist bis heute ein Symbol der Tapferkeit der
Ugha Mongulala.

*Das ist die Geschichte vom Überfall auf die Hauptstadt der
Weißen Barbaren. Hier werden wir seinen Verlauf beschreiben.
Überdenkend alle Verbrechen, alles Leid und allen Schmerz, die
sie den Auserwählten Stämmen zugefügt hatten, beschloß Sinkaia den Krieg. Und so sprach er zu den mutigsten Kriegern:
Das ist der Auftrag, den wir euch geben. Vorwärts sollt ihr gehen, eindringen in das Reich unserer Feinde. Eure toten Brüder
sollt ihr rächen. Rache nehmen für das Blut, das seit der Ankunft
der weißen Barbaren geflossen ist. Nehmt die besten Waffen, die
schnellsten Bogen, die schärfsten Pfeile und öffnet ihnen die
Brust. Zündet ihre Häuser an, tötet ihre Männer. Frauen und
Kinder aber laßt am Leben. Denn auch in diesem Kampf wollen
wir das Vermächtnis der Altväter ehren. Zuvor aber geht in den
Tempel der Sonne. Verabschiedet euch von den Göttern, denn
Rückkehr wird euch kaum beschieden sein. Aber beeilt euch.
Der Bote mit dem Goldenen Pfeil ist schon auf dem Weg. Am
Tag gleich wie bei Nacht eilt er euch voraus. Krieg bringt er den
Weißen Barbaren.*

Ich weiß nicht, wie die Chronik der Weißen Barbaren den
Kriegszug Sinkaias beschreibt. Ich weiß auch nicht, welchen
Namen sie den Kriegern gaben, die am hellichten Tag in ihre
Hauptstadt eindrangen. Mir ist nur bekannt, was in der Chronik
von Akakor niedergeschrieben ist. Nach der Chronik meines
Volkes hatte der Hohe Rat der Weißen Barbaren fünfzehn der
angesehensten Männer der unterworfenen Inkas gefangengenommen. Sinkaia fühlte sich verantwortlich für ihr Schicksal. Er
schickte einen Boten in die Stadt, die man Lima nennt, und befahl ihre sofortige Freilassung. Als die Anführer der Weißen
Barbaren seine Forderung ablehnten, sandte er den Läufer mit
dem Goldenen Pfeil, zum Zeichen des Krieges. Dann machten
sich achtzig ausgesuchte Krieger auf den Weg in das Land ihrer
Feinde.

Nach unserer Chronik zogen die Krieger durch einen unterirdischen Gang aus der Zeit des Erhabenen Göttersohns Lhasa.
Er beginnt im Tempel der Sonne in Akakor und endet im Herzen
der Hauptstadt der Weißen Barbaren. Seine Wände sind hell. In
bestimmten Abständen eingelassene schwarze Steine, die wir

Stundensteine nennen, geben die Entfernung an. Die Eingänge und Ausgänge sind durch Zeichen unserer Götter und durch Fallen und vergiftete Pfeile geschützt. Der Verlauf der Tunnel ist nicht einmal den Inkas bekannt. Nach der Ankunft der Weißen Barbaren in Peru hatten sie einen eigenen unterirdischen Gang angelegt. Er führte von Cusco über Catamarca bis in den Innenhof einer Kathedrale von Lima. Eine Steinplatte schließt den Gang von der Außenwelt ab. Sie ist so geschickt in das Fundament eingelassen, daß sie sich nicht von den anderen Platten unterscheidet. Nur wer ihr Geheimnis kennt, vermag sie zu öffnen.

Die achtzig ausgesuchten Krieger zogen durch den Gang Lhasas. Drei Monde lang bewegten sie sich wie Schatten durch das Land der Feinde. Dann erreichten sie die Hauptstadt der Weißen Barbaren. Im Morgengrauen brachen sie aus dem unterirdischen Gang hervor und versuchten, die Ältesten der Inkas zu befreien. In dem nun folgenden Kampf wurden 120 Weiße Barbaren getötet. Aber die Übermacht der Feinde war zu groß. Keiner der Krieger Sinkaias kehrte nach Akakor zurück. Als treue Diener der Götter gaben sie ihr Leben für das Auserwählte Volk.

# IV. Kapitel
# Die Weisheit der Ugha Mongulala

*1921 bis 1932:* Die imperialistische Machtpolitik und die Über-
spannung nationalistischer Interessen haben in Europa zum Ersten Weltkrieg geführt. Er endet mit einer völligen Niederlage
des kaiserlichen Deutschland. Seine Folgeerscheinungen erneuern die politischen Gegensätze und bereiten den Zweiten Weltkrieg vor. In der Zwischenzeit ist Nordamerika zu einer Weltmacht aufgerückt. Die letzten Reste der Eingeborenenbevölkerung sind in Indianerreservaten untergebracht. In den
lateinamerikanischen Staaten bilden sich krasse soziale und politische Unterschiede heraus. Peru, die Heimat der Inkas, wird
von dreihundert Familien regiert. Achtzig Prozent der brasilianischen Bevölkerung leben in einer totalen Abhängigkeit von
den Großgrundbesitzern. In Amazonien kommt der Vormarsch
der weißen Zivilisation nach dem Ende des Gummibooms vorläufig zum Stillstand. Die Urwaldindianer weichen in die großen Wälder zurück und retten sich dadurch vor der völligen
Ausrottung. Im Jahre 1926 ruft Marschall Rondon den staatlichen brasilianischen Indianerschutzdienst ins Leben. Korrup-
tion und Verbrechen verwandeln ihn in ein Werkzeug der weißen Oberschicht.

## DIE NEUORDNUNG DES REICHES

Einst war die Stimme meines Volkes eine mächtige Stimme.
Jetzt ist sie eine schwache Stimme geworden, die das Herz der
Weißen Barbaren nicht zu erweichen vermag. Denn kalt sind sie
selbst gegenüber ihren Brüdern. Sie haben Häuser, groß genug
für alle Familien eines Dorfes in den Wäldern, und schicken

dennoch den Wanderer fort. Sie halten ein großes Bündel Bananen in der Hand und geben dem Bittenden und Hungernden nicht eine einzige Frucht. Aber so handeln die Weißen Barbaren zu jeder Stunde. Deshalb sind wir auch in das unwegsame Bergland geflüchtet, obwohl unsere Krieger den Kampf wollten, so wie es in der Chronik niedergeschrieben steht:

*Ein gewaltiges Heer haben wir nicht mehr. So sprachen die Feldherren vor dem Hohen Rat. Auch haben wir keine Verbündeten mehr und keine Festungen zum Schutz des Reiches. Vor dem übermächtigen Feind weichen unsere Krieger zurück. Über Berge und durch Täler werden sie gejagt. Aber noch können wir uns zusammentun. Noch können wir sie angreifen mit unseren Pfeilen und Bogen. Ihre Dörfer können wir überfallen, wo sie ihre Häuser errichtet haben und wo ihre Schiffe verankert sind. So sprachen die Feldherren vor dem Hohen Rat, und die Zuhörer waren ergriffen vor ihrem Mut.*

Der geplante Angriff auf die Siedlungen der Weißen Barbaren am Großen Fluß fand nicht statt. Der Hohe Rat lehnte einen neuen Krieg ab. Es wäre ein aussichtsloser Kampf gewesen. Die Krieger der Ugha Mongulala waren den feindlichen Waffen hoffnungslos unterlegen. So begnügte sich der Hohe Rat mit der Neuordnung des verbliebenen Kerngebiets. Um es vor überraschenden Überfällen der Weißen Barbaren zu schützen, befahl er die Aufstellung von Wachtposten an den vier Ecken des Reiches, am Großen Wasserfall an der Grenze zwischen Brasilien und Bolivien, im Quellgebiet des Großen Flusses, auf den Bergen um Machu Picchu und an den Nordhängen des Akai. Jeder Fremde, der es wagte, über diese Grenze hinauszustoßen, wurde von den Kriegern der Ugha Mongulala mitleidlos getötet. Gleichzeitig erneuerte der Hohe Rat die Freundschaft mit den noch treugebliebenen Verbündeten Stämmen. Vertraute waren in dieser Zeit nur noch der Stamm der Schwarzen Herzen und der Stamm der Großen Stimme am Großen Wasserfall, der Stamm der Dämonen-Schrecken am Oberlauf des Roten Flusses und wenige kleine Stämme in den Wäldern im Osten. Nur sie hatten das Vermächtnis der Früheren Herren bewahrt.

*Eingeweihte waren ihre Häuptlinge. Alles wußten sie über das Auserwählte Volk. Aber ihr Schweigen brachen sie nicht. Ehrfurcht erfüllte ihre Herzen. Ihr Haupt verneigten sie, wenn sie der Götter gedachten.*

Der Hohe Rat ordnete auch die innere Sicherheit des Reiches neu. Mit ihrem freiwilligen Rückzug hatten die Ugha Mongulala mehr als drei Viertel ihres Landes verloren. Sie waren gezwungen, das Leben in der Gemeinschaft den veränderten Verhältnissen anzupassen. Die Feldarbeit übernahmen ausschließlich die Frauen. Ihnen wurden auch die Verwaltung und Überwachung der Vorratslager übertragen. Aufgaben der Männer waren der Bau von Befestigungen und die Bewachung der Grenze. Sie gingen auf die Jagd und hielten die Verbindung zu den letzten Verbündeten Stämmen aufrecht.

Und so vergingen die Jahre, ohne daß sich entscheidende Dinge ereignet hätten. Die Weißen Barbaren bauten ihre neu entstandenen Reiche immer weiter aus. Die Ugha Mongulala lebten zurückgezogen nach dem Vermächtnis der Götter. Nur die Krieger standen Wache an den Flüssen, wie es in der Chronik niedergeschrieben steht:

*So zogen sie nun los, die Krieger der Auserwählten Stämme, mit Pfeil und Bogen bewaffnet. Bis zu den Hohen Bergen gingen sie und hinunter zum Großen Fluß. Zwischen Tieren und Vogelscharen gingen sie hindurch, mit wurfbereitem Messer und spitzen Bambusspeeren. Und auch über den Großen Wasserfall gingen sie, dorthin, wo sie Wache stehen sollten. Als Kundschafter standen sie an den vier Wegen, am Blauen und am Schwarzen, am Roten und am Gelben Weg. Da standen sie und stachen die Weißen Barbaren tot, die es wagten, nach Akakor vorzudringen.*

## DAS HÖHERE WISSEN DER PRIESTER

Die Götter ließen auf sich warten. Obwohl nach den Berechnungen der Priester ihre Rückkehr nahe bevorstehen mußte, kehrten die goldglänzenden Schiffe nicht zurück. Mein Volk war auf sich alleingestellt im Kampf gegen die Weißen Barbaren, die langsam und unerbittlich, wie die Ameisen, den Großen Wald in ihr Reich eingliederten. Aber noch waren die Ugha Mongulala nicht besiegt. Die Menschen lebten nach den Gesetzen Lhasas, beschützt von dem Wissen und der Weisheit unserer Früheren Herren.

Um verständlich zu machen, was ich jetzt berichte, muß ich noch einmal von der Goldenen Zeit sprechen, als die Götter noch auf der Erde über ein gewaltiges Reich herrschten. Bei ihrem Aufbruch im Jahre Null übergaben sie den Ugha Mongulala ihr Vermächtnis. Die Priester haben es über Jahrtausende erhalten und bewahrt. Nichts ist verlorengegangen, weder das Wissen der Altväter noch die geheimen Dokumente, die im Tempel der Sonne der unterirdischen Wohnstätten aufbewahrt sind. Es sind geheimnisvolle Abbildungen, Karten und Zeichnungen. Sie wurden noch von den Göttern angefertigt und berichten von der räselhaften, dunklen Vorgeschichte der Erde.

Eine der Karten zeigt, daß unser Mond nicht der erste und auch nicht der einzige in der Geschichte der Erde ist. Der Mond, den wir kennen, begann sich vor Tausenden von Jahren ihr zu nähern und sie zu umkreisen. Zu jener Zeit hatte die Welt noch ein anderes Gesicht. Im Westen, wo auf den Karten der Weißen Barbaren nur Wasser eingezeichnet ist, gab es eine große Insel. Auch in dem nördlichen Teil des Weltmeeres befand sich ein riesiges Land.

Nach unseren Priestern wurden sie bei der ersten Großen Katastrophe, dem Krieg zwischen den beiden Götterrassen, unter einer gewaltigen Flutwelle begraben. Und sie fügen hinzu, daß dieser Krieg nicht nur die Erde verwüstete, sondern auch die Welten Mars und Venus, wie sie von den Weißen Barbaren genannt werden.

Gestützt auf die Dokumente der Götter, wissen unsere Priester vieles, was den Weißen Barbaren verborgen ist. Sie besitzen Erkenntnisse in allen Bereichen. Sie kennen die kleinsten und die größten Dinge auf Erden und die Stoffe, aus denen alles besteht. Sie studierten den Lauf der Sterne und die Zusammenhänge der Natur. Sie erforschten die geistigen Kräfte des Menschen und ihre Beherrschung und Anwendung. So haben unsere Priester gelernt, Gegenstände durch den Raum zu bewegen und den

Körper der Kranken zu öffnen, ohne ihn zu berühren. Sie haben gelernt, Gedanken weiterzugeben, ohne sie in Worte umzuformen. Auf diese Weise können sie sich auf weiteste Entfernungen einander mitteilen, zwar nicht in Einzelheiten, aber doch, ob Sorge oder Freude ihr Herz erfüllt. Für diese Art der Verständigung ist jedoch die Kenntnis des Vermächtnisses der Götter und die absolute Beherrschung der geistigen Kräfte notwendig.

Käme es zwischen meinem Volk und dem Volk der Weißen Barbaren zu einer geistigen Auseinandersetzung, so hätten wir nichts zu befürchten. Zwar bauen unsere Feinde starke Geräte und mächtige Waffen. Sie bohren in die Erde, unter Bergen und Felsen hindurch. In dem Bauch eines riesigen Vogels steigen sie in den Himmel. Wie der Adler fliegen sie von Wolke zu Wolke, und ihre Schiffe sind groß und mächtig und überqueren ohne Gefahr die weiten Meere. Doch ihre Künste können uns nicht erschrecken. Noch haben sie nichts gebaut, was sie vor dem Tod bewahrt oder ihr Leben verlängert. Noch haben sie nichts getan oder gemacht, was größer ist als das, was die Götter zu ihrer Zeit taten. Alle ihre Künste und Zaubereien haben sie dennoch nicht froher und glücklicher gemacht. Das Leben der Ugha Mongulala aber ist einfach und richtet sich nach dem Vermächtnis der Götter. Mit Verachtung sehen wir auf die Weißen Barbaren, wenn sie Gott spielen.

*Deshalb hatten die Auserwählten Stämme ein glückliches Leben. Aus einer einzigen Quelle stammten ihre Gesetze. Nur eine Ordnung gab es. Danach verfuhren die Auserwählten Diener. In allem, was sie taten, folgten sie dem Vermächtnis der Götter. Denn sie lehrten uns die Frucht vom Baum brechen und die Knolle aus der Erde heben. Sie gaben uns Pfeil und Bogen, um unseren Leib zu schützen gegen alle Feinde. Sie gaben uns die Freude beim Tanz und beim Spiel. Sie lehrten uns das Geheimnis des Menschen, der Tiere und der Pflanzen.*

Getreu dem Wunsch unserer Früheren Herren haben die Priester alle Erkenntnisse, alles Wissen gesammelt und in den unterirdischen Wohnstätten aufbewahrt. In einem in den Felsen geschlagenen Raum befinden sich die Gegenstände und Dokumente aus der 12 000jährigen Geschichte meines Volkes. Hier liegen auch die geheimnisvollen Zeichnungen unserer Altväter. Sie sind in grüner und blauer Farbe in einen uns unbekannten Stoff graviert. Weder Wasser noch Feuer können ihn zerstören. Aus der Zeit Lhasas sind noch sein goldglänzendes Gewand, seine starken Waffen und sein Herrscherstab aus rötlichem Stein vorhanden. Von den Goten haben wir die Drachenköpfe ihrer vierzig Schiffe, ihre Flügelhelme, ihre Rüstungen und ihre Eisenschwerter aufbewahrt. Auch die erste geschriebene Chronik der Weißen Barbaren, die man Bibel nennt, befindet sich hier.

Mehr als die Hälfte des unterirdischen Raumes ist mit Schmuck und Zierat aus den Tempeln unserer geräumten Städte gefüllt. Einen Sonderplatz nehmen die Geräte und Schriften der Deutschen Soldaten ein, die im Jahre 12 422, 1941 in der Zeitrechnung der Weißen Barbaren, zu uns gekommen sind. Sie übergaben uns ihre Kleider, ihre Waffen und das Zeichen ihres Volkes, ein schwarzes Kreuz auf einem weißen Stoff. Es gleicht unseren Feuerrädern, die die Kinder zur Zeit der Sonnenwende von den Bergen in die Täler rollen. Unser Zeichen stammt noch von den Altvätern. Aus einem tiefblauen Meer erhebt sich eine rotglühende Sonne.

Das wichtigste Zeugnis des Bündnisses zwischen den Deutschen Soldaten und den Ugha Mongulala ist der Vertrag zwischen den beiden Völkern. Er ist in den Schriftzeichen der Weißen Barbaren und der Altväter abgefaßt und von dem Fürsten und den Anführern der Deutschen Soldaten unterschrieben.

Außer den Dokumenten aus der Vergangenheit enthalten die unterirdischen Wohnstätten auch Dinge des täglichen Lebens, wie Tonkrüge, Schmuck und Musikinstrumente. Es gibt viele Arten von Flöten aus Jaguarknochen oder gebranntem Ton. Die Holzrasseln und Trommeln sind aus hohlen Baumstämmen hergestellt und mit dem Fell des Tapirs bespannt. Als Schlegel dient ein Stock mit gummiüberzogenem Ende. Bei den Trauerfeiern im Tempel der Sonne verwenden wir große Muschelhörner, die einen dunklen, klagenden Ton erzeugen. Ihre Laute begleiten das Kernhafte Ich auf seinem Weg in das Zweite Leben.

Das höchste Gut meines Volkes, die Chronik von Akakor, befindet sich in einem mit Gold ausgeschlagenen Gang. Er verbin-

Ackerbau
der
peruanischen
Hochlandindianer.

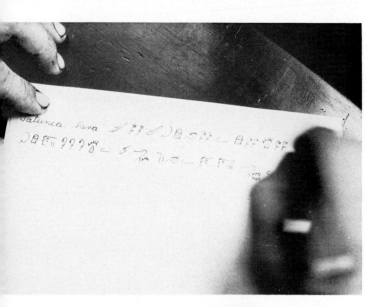

Oben:
Tatunca Nara
bei der
Niederschrift von
»Schriftzeichen
der Altväter«.

Unten:
In einem Hochtal
der Anden.

Rechte Seite:

Oben:
Felseninschriften
im Ceará

Unten:
Inka-Ruinen bei
Cusco.

Oben:
Indianer aus dem
Xingu-Gebiet.

Links:
Eintätowiertes
Stammeszeichen
auf der Brust
Tatunca Naras.

Rechte Seite:

Oben:
Urwaldfriedhof für
Kautschuksucher.

Unten:
Künstlicher See
in der Provinz
Madre de Dios.

Oben und rechts:
Szenen aus
der Festa del Sol
(Sonnenfest)
in Cusco.

Links:
Steinskulptur
unbekannter
Herkunft
in der Provinz
Madre de Dios.

Die Ruinenstadt Machu-Picchu.

det den Tempel der Sonne mit dem Raum in den unterirdischen Wohnstätten. Der erste Teil vom Aufbruch der Götter bis zum Ende der Blutzeit ist auf Tierfellen niedergeschrieben. Seit Lhasa verwenden die Priester Pergament. Der Eingang zu dem Raum, in dem sich die Chronik befindet, wird von ausgesuchten Kriegern bewacht. Sie sind verantwortlich für die Zeugnisse aus der Geschichte meines Volkes, damit wir den Göttern Rechenschaft geben können, wenn sie zurückkehren, wie sie es bei ihrem Aufbruch versprochen haben.

## EIN ANFÜHRER DER WEISSEN BARBAREN IN AKAKOR

Mein Volk hat das Geheimnis von Akakor zu wahren gewußt. In der 12 000jährigen Geschichte der Auserwählten Stämme kamen nur wenige Menschen fremder Völker in unsere Hauptstadt. Während der Herrschaft des Erhabenen Göttersohns Lhasa besuchten die Gesandten Samons unser Reich. Dreitausend Jahre später verhandelten die Inkas mit dem Hohen Rat über Krieg und Frieden. Im zwölften Jahrtausend erreichten die Goten die Ostküste des Imperiums. Sie nahmen Kontakt mit unseren Kriegern auf und schlossen sich unserem Volk an. Dann kamen die Weißen Barbaren. Um eine Entdeckung Akakors zu verhindern, gaben die Ugha Mongulala den größten Teil ihres einst mächtigen Reiches auf. Die wenigen Feinde, die bis in die Stadt der Götter gelangten, wurden für immer in die Gold- und Silberminen verbannt. Nur eine Gruppe Weißer Gummisucher ließ der Hohe Rat töten. Sie war im Jahre 12 408, 1927 in der Zeitrechnung der Weißen Barbaren, bis nach Akakor vorgedrungen. Ihr Anführer nannte sich Jakob. Er huldigte dem Zeichen des Kreuzes. Da unsere Priester wissen wollten, welcher Gott sich hinter diesem Zeichen verbirgt, beriefen sie eine Versammlung des ganzen Volkes ein. Vor den Augen der Auserwählten Diener fand ein Streitgespräch statt, so wie es in der Chronik niedergeschrieben steht, in guter Sprache, in deutlicher Schrift:

*Und Jakob trat vor den Hohen Rat. Um mit seiner Verteidigung zu beginnen, hob er die Stimme. Aber ein seltsames Gefühl er-*

griff ihn. Menschen sah er vor sich, die er befohlen hatte zu töten, Menschen wie er, mit weißer Hautfarbe und gerechtem Blick. Und Jakob fühlte, wie ihm der Schweiß ausbrach. Das Blut stieg ihm zu Kopf. Sein Mund war ausgedörrt. Und die mächtige Waffe entfiel seinen Händen. In seiner irren Not flehte er zu seinem Gott. Von den Gesetzen seines Volkes begann Jakob zu sprechen. Es ist besser, die Wilden zu töten, als sie leben zu lassen. Denn sie sind wie die Tiere im Wald. So hat man mir befohlen. Danach ist mein Handeln. Jetzt ergriff Magus das Wort, der Hohepriester der Auserwählten Stämme: Du hast über dein Volk gesprochen wie ein Mann, der sich für einen Gott hält und über Leben und Tod bestimmt. Aber weißt du auch, daß das wahre Leben über den Tod hinausreicht? Ich, du, alle, wir hatten schon ein Dasein vor diesem Leben. Und wir werden auch nach dem Tode weiterleben. Deshalb kümmert uns weder Geburt noch Tod. Die vergänglichen Empfindungen sind uns fremd. Glück und Leid, Hitze und Kälte bedeuten uns nichts. Frei sind wir, frei von diesen vergänglichen Empfindungen, wirklich frei. Und nur der geht in das Zweite Leben ein, der diese Wahrheit erkannt hat, den wahren Sinn von Leben und Tod. Denn das eigentliche Ich, das in unserem Körper wohnt, ist weder Zeit noch Raum unterworfen. Niemand kann es zerstören. Unzerstörbar ist es. Es kennt weder Geburt noch Tod. Keine Waffe kann es verletzen, kein Feuer kann es verbrennen, kein Wasser kann es ertränken, keine Hitze kann es ausdörren. Für dich aber endet alles mit dem Tod. – Sage mir, Priester, fragte da Jakob, welches ist der Weg deines Volkes? Wie erfüllt ihr die Gesetze eurer Götter? Und Magus antwortete: Zwei Wege führen zu diesem Ziel, Tätigkeit und Wissen. Durch rechtes Handeln kann man Wissen erlangen. Ohne Weisheit kommt man nicht zum Ziel. Die höchste Aufgabe meines Volkes ist der Dienst an der Gemeinschaft. Seine schlimmsten Feinde sind Gier und Zorn. Jetzt wurde Jakob zornig. Böse waren seine Worte. Hartherzig drohte er. Wenn ihr mich auch tötet, so werdet ihr doch nicht leben. Denn mein Volk ist wie die Ameise. Unermüdlich ist sein Schaffen. Keinen Widerstand kennt es. Da ging ein Raunen durch die Anwesenden. Bitterkeit erfüllte die Herzen der Menschen. Und der Hohepriester erhob sich. Die letzte volle Wahrheit sagte er: Ein Mensch, *der sich an nichts bindet, sich nicht als ein Werkzeug der Götter sieht, ist kein Mensch. Verrufen ist er. Verloren ist er, wie das waidwunde Tier im Wald. Ihr Weißen Barbaren habt keinen Glauben. Den Willen der Götter verleugnet ihr. Auch die eigenen Gesetze achtet ihr nicht. Deshalb wirst du sterben, wie auch alle deine Freunde.*

Mit dieser Eintragung endet das Streitgespräch zwischen Jakob und dem Hohenpriester Magus. Die Weißen Gummisucher wurden getötet. Akakor ließ die Wachen an den Flüssen verdoppeln. Die Ugha Mongulala warteten auf die Rückkehr der Götter. Diese Zeit, in die auch die Ankunft der Deutschen Soldaten fällt, ist im vierten Teil der Chronik niedergeschrieben. Sie erlegte meinem Volk die schwersten Prüfungen auf. Die letzten Verbündeten Stämme sagten sich von ihm los. Die Auserwählten Diener mußten in die unterirdischen Wohnstätten flüchten. Das einzige, was ihnen blieb, ist das Vermächtnis der Götter. Das können uns auch die Weißen Barbaren nicht nehmen. Denn es spiegelt sich in jedem Baum, jeder Blume, jedem Gras, dem Meer, dem Himmel, den Wolken. Die Götter reichen allen Menschen die Hände und wollen nicht, daß einer ungleich ist und mehr hat als der andere. Oder daß einer sagt – ich stehe in der Sonne, du gehörst in den Schatten. Nach ihrem Vermächtnis gehören alle in die Sonne, obwohl wir uns jetzt im Schatten der Berge verstecken müssen.

*Alles ist Wiederholung. Nichts vergeht, das nicht wieder begonnen werden kann. Alles ist schon einmal dagewesen. Sieg und Niederlage. Macht und Schwäche. Seit ewigen Zeiten wiederholt sich die Natur. Nur das Vermächtnis der Götter bleibt bestehen. Ewig. Für alle Zeiten.*

# DAS BUCH DER WASSERSCHLANGE

Das ist die Wasserschlange: Stark ist sie. Lautlos bewegt sie sich durch den Großen Fluß und sucht ihren Feind. Mit Macht kämpft sie gegen die tausend Hände ihrer Jäger. Die Fesseln zerreißt sie. Denn sie ist frei, unbesiegbar in ihrem Reich.

# I. Kapitel
## Die Deutschen Soldaten

*1932 bis 1945:* Die im Friedensvertrag von Versailles festgelegten Bestimmungen führen zu erheblichen Veränderungen in Europa. Unter dem Druck wirtschaftlicher Not erhalten neue Ideologien von autoritärem Gepräge Auftrieb. Im Jahre 1933 übernimmt Hitler mit seiner nationalsozialistischen Partei in Deutschland die Macht. Seine rücksichtslose Expansionspolitik mündet in den Zweiten Weltkrieg, dessen Folgen auch auf andere Kontinente übergreifen. In Lateinamerika stehen die Staaten dem Nationalsozialismus zunächst abwartend gegenüber. Nach Beginn der Feindseligkeiten im Jahre 1939 versucht Hitler, den brasilianischen Präsidenten Vargas zu einem Bündnis zu bewegen, und bietet ihm als Gegenleistung mehrere Stahlwerke an. Unter dem Druck der USA erklärt Brasilien im Jahre 1942 Deutschland den Krieg. Die Feindseligkeiten auf dem südamerikanischen Kontinent beschränken sich auf die Aktionen von Geheimkommandos der Wehrmacht, die von den starken deutschen Kolonien unterstützt werden. Das Schicksal der Indianer erfährt in diesem Zeitraum keine nennenswerte Änderung. Zum zweiten Mal rückt ein Heer von Gummisuchern in das Amazonasgebiet ein, um die Lieferung des wertvollen Rohstoffs für die Alliierten sicherzustellen. Die Eingeborenenbevölkerung zieht sich immer tiefer in die unwegsamen Urwaldgebiete zurück.

### Der Überfall auf die Siedlung Santa Maria

Die Chronik von Akakor ist die Kunde von den Ugha Mongulala, wie die Früheren Herren mein Volk genannt haben. Hier steht alles geschrieben, der Anfang und der Ursprung von allem, was im Stamm der Auserwählten Diener geschah. Hier wird enthüllt, erklärt und berichtet, was den Weißen Barbaren verborgen ist: die Zeit der Götter auf Erden, ihre unterirdischen Wohnstätten, die Taten des Ina, des ersten Fürsten der Ugha Mongulala, und das Reich Lhasas, des Erhabenen Göttersohns; die Großen Katastrophen, die Ankunft der Goten mit ihren Drachenschiffen, der Niedergang des Imperiums und das Bündnis mit den Deutschen Soldaten, die kamen und für immer bei uns geblieben sind.

All das steht in der Chronik niedergeschrieben:

*Schon waren die Weißen Barbaren zahlreich geworden. Manche hatten sich zu Gemeinden niedergelassen. Andere kamen und gingen auf den Pfaden dahin. Und sie kreischten wie der Große Waldvogel und brüllten wie der Jaguar. Angst wollten sie den Auserwählten Dienern einjagen. Vertreiben wollten sie ihre Krieger, vernichten die letzten der Auserwählten Stämme. Und so sprach der Hohe Rat: Wir müssen die Fremden bekämpfen. Töten müssen wir die Weißen Barbaren. Sie morden unsere Frauen, rauben unser Land und verehren die falschen Götter. Wir wollen ihre Ohren und Ellenbogen durchstechen und ihnen ihre Manneskraft rauben. Töten wollen wir sie, einen nach dem anderen. Und wenn einer oder zwei gehen, legt ihnen einen Hinterhalt. Versprengt ihr Blut auf den Wegen und legt ihren Kopf am Flußufer nieder, wo viele unserer Krieger den Tod gefunden haben.*

Mit dem Rückzug der Gummisucher endete der Eroberungskrieg der Weißen Barbaren. Nur noch kleine Gruppen von Abenteurern und Goldsuchern wagten sich über die Grenze am Großen Wasserfall. Sie drangen bis in das Kerngebiet von Akakor vor und führten einen heftigen Kleinkrieg mit unseren Spähern. Er wurde auf beiden Seiten mit furchtbarer Grausamkeit ausgefochten. Die Weißen Barbaren überfielen die Dörfer der Verbündeten Stämme und töteten die Männer, Frauen und Kinder. Die Ugha Mongulala nahmen ihre Vorposten gefangen, ritzten ihnen die Füße auf und warfen sie in den Fluß. Ihr Blut zog die fleischfressenden Fische an, die sie bei lebendigem Leibe abnagten. Oder unsere Krieger setzten sie mit gebundenen Gliedern den wilden Tieren in der Lianenwildnis aus.

Zu größeren Kämpfen kam es nur selten, wie im Jahre 12 412, 1936 in der Zeitrechnung der Weißen Barbaren. Eine von Weißen Priestern angeführte Expedition war bis in das Gebiet des Verbündeten Stammes der Schwarzen Herzen vorgestoßen. Sie hatte ihre Hütten angezündet und ihre Gräber nach Gold durchwühlt. Das war ein Verbrechen am Vermächtnis der Götter, das Sühne verlangte. Fürst Sinkaia, der auch den Befehl zum Angriff auf Lima gegeben hatte, setzte sich an die Spitze der Ugha Mongulala. Mit ausgesuchten Kriegern überfiel er eine Siedlung der Weißen Barbaren am Oberlauf des Schwarzen Flusses, die man Santa Maria nennt. Er befahl, alle Männer zu töten und die Häuser niederzubrennen. Nur die vier Frauen des Dorfes überlebten den Angriff. Sie wurden gefangengenommen. Drei ertranken auf dem Rückweg nach Akakor bei einem Fluchtversuch im Roten Fluß. Die vierte Frau erreichte die Hauptstadt des Reiches der Ugha Mongulala. Mit ihrer Ankunft im Jahre 12 413 begann ein neuer Abschnitt in der Geschichte meines Volkes. Zum ersten Mal brachte eine Angehörige des Volkes der Weißen Barbaren den Ugha Mongulala weder Verderben noch Leid. Und zum ersten Mal verband sich der Fürst der Auserwählten Stämme durch Blutsbande mit der Frau eines fremden Volkes, gegen den Wunsch des Hohen Rates, aber mit Zustimmung der Priester.

Reinha, so war der Name der gefangenen Frau, kam aus einem fernen Land, das man Deutschland nennt. Weiße Priester hatten sie nach Brasilien geschickt, um die Entarteten Stämme zum Zeichen des Kreuzes zu bekehren. Durch ihre Arbeit kannte sie das Leben der alten Völker am Großen Fluß. Sie hatte ihre Not mit eigenen Augen gesehen und wußte um ihren verzweifelten Überlebenskampf. Nach ihrer Gefangennahme gewann Reinha schnell das Vertrauen meines Volkes. Sie half den Kranken und verband die Wunden der verletzten Krieger. Mit den Priestern tauschte sie ihr Wissen aus und sprach über das Vermächtnis ihres Volkes. Bald wurde sie von den Ugha Mongulala geachtet und geehrt. Fürst Sinkaia aber, der sie sorgfältig beobachtet hatte, faßte eine tiefe Zuneigung zu Reinha. Als sie seine

Gefühle erwiderte und auch bereit war, dem Zeichen des Kreuzes zu entsagen, machte er sie zu der neuen Fürstin der Ugha Mongulala.

*Wir werden jetzt die Namen und Titel aufzählen. Von allen Anwesenden werden wir berichten, die nach Akakor kamen, um den Bund zwischen Reinha und dem Fürsten zu feiern. Der Fürst der Auserwählten Stämme war Sinkaia, der erstgeborene Sohn des Uma, der ehrwürdige Nachfolger des Göttersohns Lhasa. Ihm zur Seite standen der Hohepriester Magus und der Oberste Feldherr Ina. Das waren die ersten des Volkes, die der neuen Fürstin huldigten. Dann folgten der Hohe Rat, die Herren des Hauses Hama, des Hauses Magus und des Hauses Maid. Und auch die Krieger kamen zusammen. Selbst das einfache Volk eilte herbei. Alle grüßten die neue Herrin mit der gebührenden Ehrfurcht.*

## REINHA IN AKAKOR

Der Bund zwischen Reinha und Sinkaia veränderte das Leben meines Volkes. Die neue Herrin der Ugha Mongulala war die erste Frau, die an der Seite des Fürsten mitregierte. Sie nahm an den Sitzungen des Hohen Rates teil und führte wichtige Entscheidungen herbei. Auf ihren Rat befahl Sinkaia die Gleichstellung der Verbündeten Stämme. Bis zur Ankunft Reinhas in Akakor waren sie verpflichtet gewesen, hohe Tribute zu zahlen und Kriegsdienst zu leisten. Jetzt hob Sinkaia eines der ältesten Gesetze der Altväter auf. Er gab ihnen die gleichen Rechte, wie sie die Ugha Mongulala haben, so wie es in der Chronik niedergeschrieben steht:

*So wurde die Gleichheit aller Stämme eingeführt. Die Bogenschützen und die Speerwerfer, die Schleuderer und die Späher, die Ältesten und die Feldherren, alle Titel und Würdezeichen standen jetzt allen offen.*

*Nur das Amt des Fürsten und die Ränge der Priester, das blieb dem Auserwählten Volk vorbehalten, den rechtmäßigen Nachkommen der Früheren Herren.*

Von jetzt an waren die Verbündeten Stämme gleichberechtigt. Um sie von einem möglichen Verrat abzuhalten, führte der Hohe Rat die Todesstrafe ein. Auch das war ein Verstoß gegen die Ordnung der Altväter. Nach ihrem Vermächtnis wurden die schwersten Verbrechen mit der Verbannung geahndet. Aber die Goldene Zeit gehörte der Vergangenheit an. Statt weiser und weitsichtiger Götter bestimmten die Weißen Barbaren die Geschicke des Kontinents. Sie herrschten nach eigenen Gesetzen und stifteten mit Trug und List Unruhe unter den Verbündeten Stämmen. Mit ihren scheinheiligen Versprechen hatten sie schon fünfzehn der vertrautesten Völker verblendet und zum Zeichen des Kreuzes bekehrt. Durch die Einführung der Todesstrafe hoffte der Hohe Rat, die Gefahr von Verrat wenigstens vorläufig zu bannen. Am Ende der Regenzeit des Jahres 12416, 1937 in der Zeitrechnung der Weißen Barbaren, trat in Akakor ein lang ersehntes Ereignis ein. Reinha gebar Sinkaia einen Sohn. Sinkaias erstgeborener Sohn bin ich, Tatunca Nara, der letzte rechtmäßige Fürst der Ugha Mongulala, so wie es in der Chronik niedergeschrieben steht:

*Das ist der Bericht von der Geburt des erstgeborenen Sohnes des Fürsten Sinkaia. Wie die Sonnenstrahlen am frühen Morgen verbreitete sich die Kunde im ganzen Land, und groß war die Freude der Auserwählten Diener. Voller Wärme waren ihre Herzen. Plötzlich schwand ihre Trauer. Leichtmütig wurden ihre Gedanken. Denn hoch geachtet war Sinkaia, angesehen seine Familie. Die Fortsetzung des Hauses Lhasa war gesichert. Jetzt konnte es nicht mehr verlöschen. Es konnte nicht mehr vergehen das Geschlecht des Fürsten, des obersten Dieners der Früheren Herren. So sprach das Volk, so sprachen die Krieger. Nur der Hohepriester saß in Schweigen gehüllt. Und er vollführte die vorgeschriebenen Beschwörungen. Um die Zukunft zu deuten, öffnete er den Baum. Aber roter Saft rann aus dem Baum, fiel in die Schale. Zu etwas Rundem wurde er, wie ein Herz geformt. Saft wie Blut rann heraus, wie wirkliches Blut. Dann gerann das Blut. Der Saft bedeckte sich mit einer glänzenden Kruste, die ein furchtbares Geheimnis umschloß. Der letzte Fürst war geboren, der letzte aus dem Geschlecht Lhasas.*

Vier Jahre nach ihrer Vermählung mit Sinkaia kehrte Reinha zu ihrem Volk zurück. Nicht als Flüchtende, sondern als Botschafterin der Ugha Mongulala machte sie sich auf den Weg. Auf geheimen Pfaden erreichte sie die Siedlungen der Weißen Barbaren am Ufer des Weltmeeres im Osten. Ein großes Schiff brachte sie in ihre Heimat. Reinha blieb 22 Monde bei ihrem Volk. Dann kündigten die Späher ihre baldige Ankunft in Akakor an. Aber die Fürstin der Auserwählten Stämme kam nicht allein. Sie wurde von drei hohen Anführern ihres Volkes begleitet. Um sie zu begrüßen, rief Sinkaia die Ältesten, die Feldherren und die Priester zusammen. Auch das einfache Volk und die Krieger versammelten sich und bestaunten die fremden Besucher. In der folgenden Zeit führten der Hohe Rat und die Anführer der Deutschen mit Hilfe Reinhas zahlreiche Gespräche. Sie tauschten ihr Wissen aus und berieten über eine gemeinsame Zukunft. Dann hatten sie sich geeinigt. Die Ugha Mongulala und die Deutschen schlossen einen Vertrag, der dem Schicksal des Auserwählten Volkes noch einmal eine vollständige Wendung geben konnte.

Bevor ich von den Einzelheiten dieses Vertrages berichte, muß ich noch einmal das Elend und die Verzweiflung meines Volkes in jenen Jahren beschreiben. An allen vier Ecken des Reiches ging der Kampf weiter. In großer Zahl wurden unsere Krieger von den schrecklichen Waffen der Weißen Barbaren getötet. Unsere Feinde drangen mit einer solchen Verbissenheit vor, daß mein Volk die Toten nicht einmal mehr nach den uralten Regeln bestatten konnte. Wie abgeschlagene Blüten verfaulten ihre Körper auf der Erde. Die Mauern von Akakor waren von den Klageliedern und Schmerzensschreien der Frauen erfüllt. Im Tempel der Sonne flehten die Priester zu den Altvätern und baten um ihre Hilfe. Doch der Himmel blieb leer. Die Auserwählten Stämme litten Hunger. Aus Verzweiflung nagten sie die Rinde der Bäume ab, oder sie aßen die Flechten von den Felsen. Zank und Streit kamen auf. Es war nur noch eine Frage der Zeit, bis die Ugha Mongulala den Krieg gegen die Weißen Barbaren aufgeben mußten. Wie der Jaguar, der in eine Fallgrube geraten ist, wehrten sie sich verzweifelt gegen den drohenden Untergang.

So war das Leben meines Volkes, als der Hohe Rat das Bündnis mit den Deutschen Anführern schloß. Sie versprachen den Ugha Mongulala die gleichen mächtigen Waffen, wie sie die Weißen Barbaren besaßen. 2000 Soldaten sollten ihnen die Anwendung des Kriegsgeräts zeigen. Ihre Aufgabe war es auch, starke Festungen anzulegen und neues Ackerland zu gewinnen. Der entscheidende Teil des Vertrags bezog sich jedoch auf einen für das Jahr 12 415, 1944 in der Zeitrechnung der Weißen Barbaren, geplanten Krieg. Unsere Verbündeten wollten an der Küste Brasiliens landen und alle größeren Städte besetzen. Die Krieger der Ugha Mongulala würden den Feldzug durch Überfälle auf die Siedlungen der Weißen Barbaren im Landesinnern unterstützen. Nach einem erwarteten Sieg war die Aufteilung Brasiliens in zwei Gebiete geplant: Die Deutschen Soldaten beanspruchten die Provinzen an der Küste. Die Ugha Mongulala begnügten sich mit dem Land am Großen Fluß, das ihnen die Götter vor 12 000 Jahren übergeben hatten. Das war der Vertrag zwischen dem Hohen Rat von Akakor und den Anführern aus Deutschland.

*Weise waren die Deutschen Anführer und von Urteil ihre Gedanken. Ihre Worte entsprachen ihren Herzen. Und sie sagten: Aufbrechen müssen wir. Dorthin zurückkehren wollen wir, wo unser Volk die mächtigen Waffen schmiedet. Aber wir werden euch nicht vergessen. Eure Worte bewahren wir. Wir kehren bald zurück. Um eure Feinde zu vernichten, kommen wir wieder. So sprachen sie beim Weggang. Und dann gingen sie dorthin, wo die Heimat ihres mächtigen Volkes ist.*

Das Bündnis mit Deutschland gab den Ugha Mongulala das alte Selbstvertrauen zurück. In einem Augenblick größter Not fanden sie einen starken Bundesgenossen zum Wiederaufbau des Reiches. Sie schöpften neuen Mut. Vergessen war die Trauer der Frauen. Zu Ende die Zeit des Hungers. Die Sonne strahlte wieder in ihrem alten Glanz. Die Priester berichten, daß Sinkaia das ganze Volk zu einem großen Fest nach Akakor rief.

Er ließ die letzten Reste aus den Vorratskammern verteilen. Den Schreibern befahl er, aus der Chronik vorzulesen, von der Neuentstehung des Reiches durch den Erhabenen Göttersohn Lhasa, von der Ankunft der Goten und von der Goldenen Zeit der Götter zu berichten. Zum ersten Mal seit vielen Jahren sah man wieder Freude auf den Gesichtern der Auserwählten Diener. Männer und Frauen schmückten sich mit bunten Steinen und Fäden. Ausgelassen tanzten sie zum Klang der Knochenflöten und Trommeln. Nach den Erzählungen der Priester währte das Fest drei Tage lang. Dann verließen die Deutschen Anführer Akakor und kehrten in ihre Heimat zurück.

## DIE 2000 DEUTSCHEN SOLDATEN IN AKAKOR

Die ersten Deutschen Soldaten überschritten die Grenzen von Akakor in der Trockenzeit des Jahres 12 422, 1941 in der Zeitrechnung der Weißen Barbaren. In den folgenden Jahren kamen immer neue Gruppen, bis die vereinbarte Zahl von 2000 erreicht war. Im Jahre 12 426, 1945 in der Zeitrechnung der Weißen Barbaren, erreichten die letzten Deutschen Soldaten die Hauptstadt der Ugha Mongulala. Dann brachen die Verbindungen ab.

Der Weg der Deutschen Soldaten von ihrer Heimat bis nach Akakor ist mir aus ihren eigenen Erzählungen bekannt. Ihr

Vereinfachte Schriftzeichen der Altväter nach der Ankunft der deutschen Soldaten (Beispiel)

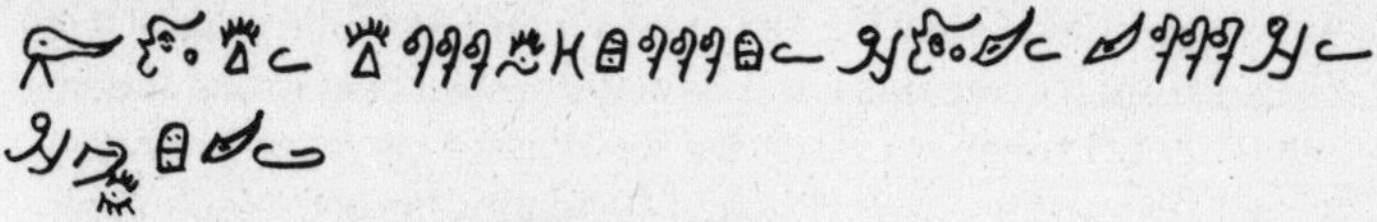

BUCHSTABENGETREUE ÜBERSETZUNG:

WIR – RECHNEN – MIT – DEM – MOND.

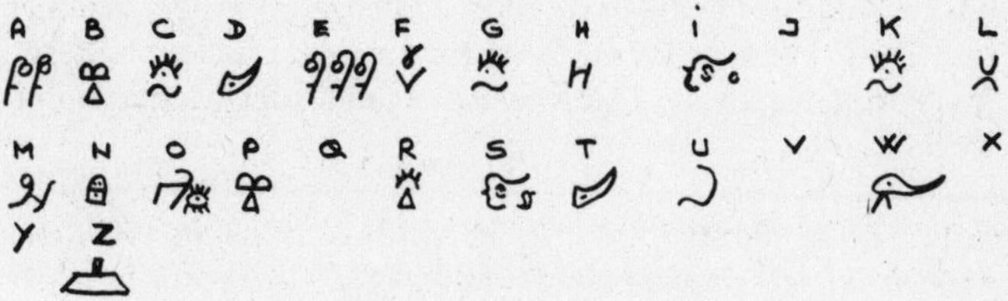
A B C D E F G H i J K L
M N O P Q R S T U V W X
Y Z

Schriftzeichen der Altväter

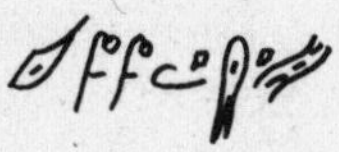

ÜBERSETZUNG VON TATUNCA NARA:

DURCH DIE VERHEIRATUNG DES FÜRSTEN VON ACAKOR WURDE KONTACT MIT DEM DEUTSCHEN VOLK AUFGENOMMEN. 1938 BIS 1945 IN DIESER ZEIT KAMMEN AN DIE 2000 SOLTATEN ZU UNSEREN VOLK VERMISCHTEN SICH UND BLIEBEN.

TATUNCA NARA

Ausgangspunkt war eine Stadt, die man Marseille nennt. Als Ziel hatte man ihnen das Land England angegeben. Erst auf dem Schiff, das sich wie ein Fisch tief im Wasser bewegen kann, erfuhren sie von ihrem wirklichen Bestimmungsort. Nach einer dreiwöchigen Fahrt auf dem östlichen Weltmeer gelangten sie zur Mündung des Großen Flusses. Hier erwartete sie ein kleineres Schiff, das sie bis zum Oberlauf des Schwarzen Flusses brachte. Auf dem letzten Teil ihrer Reise wurden sie von Spähtrupps der Ugha Mongulala begleitet. Auf Kanus gelangten sie bis zum Großen Wasserfall an der Grenze zwischen Brasilien und Peru, kaum zwanzig Wegstunden von Akakor entfernt. Insgesamt waren die Deutschen Soldaten fünf Monde unterwegs.

*So erreichten die Deutschen Soldaten Akakor. Und so richteten sie sich ein. Mit offenen Herzen kamen sie. Geschenke brachten sie und tausenderlei mächtige Waffen zum Kampf gegen die Weißen Barbaren. Und so sprach der Hohe Rat: Das ist der Anfang von der Neuentstehung des Reiches. Nicht mehr fliehen müssen die Auserwählten Diener. In Ehren kehren die Krieger in den Kampf zurück. Rächen wollen sie die Verbrechen der Weißen Barbaren. Denn kriegssüchtige Eulendiener sind sie, Verführer und Lästerer. Falsch sind ihre Herzen, schwarz und weiß zugleich. Aber das Vermächtnis der Götter geht in Erfüllung. Tod steht ihnen bevor.*

Mit dem Eintreffen der Deutschen Soldaten in Akakor begann eine Zeit der fieberhaften Tätigkeit. Die neuen Verbündeten bildeten tausend Krieger der Ugha Mongulala an den neuen Waffen aus, für die wir bis heute keine Namen haben. In der Sprache unserer Verbündeten sind es Gewehre, Maschinenpistolen, Revolver, Handgranaten, zweischneidige Messer, Schlauchboote, Zelte, Gasmasken, Fernrohre und zahlreiches anderes geheimnisvolles Kriegsgerät. Ausgesuchte Späher brachten den Verbündeten Stämmen die Kunde von dem bevorstehenden Krieg. Die Jäger legten große Fleischlager an. Die Frauen webten Stoffe und stellten Schuhe für die Männer her. Unter Anleitung der Deutschen Soldaten nähten sie große Säcke aus Leder. Sie waren mit einer leicht brennbaren, braunen Flüssigkeit gefüllt, die aus geheimen, nur den Priestern bekannten Quellen in den Bergen aus der Erde kam. Bei einem Überraschungsangriff der Feinde sollten die Krieger die Flüssigkeit in die Flüsse leiten und entzünden. Eine einzige Fackel genügte, um ihre Wasser in ein riesiges Flammenmeer zu verwandeln. Während dieser Kriegsvorbereitungen in Akakor versammelte sich ein Heer von 12000 Kriegern an der Ostgrenze des Reiches am Oberlauf des Roten und Schwarzen Flusses. Angeführt von den Deutschen Soldaten, wartete es auf das vereinbarte Zeichen zum Angriff. Einen gerechten Krieg wollte es führen. Er konnte nur mit dem Sieg enden.

*Jetzt nun sei von Akakor die Rede, von den Feiern im Tempel der Sonne und von den Gebeten der Priester. Ihr Antlitz hoben sie zum Himmel. Um den Beistand der Götter flehten sie. So war der Ruf ihres Herzens: Oh du schönes Licht, du Herz des Himmels, Herz der Erde, du Spender des Überflusses. Gib uns deine Kraft, verleih uns deine Macht. Laß unsere Krieger den Sieg erringen, auf Weg und Steg und in der Schlucht, auf den Wassern, im Wald und in der Lianenwildnis.*

Der Krieg fand nicht statt. Ausgerechnet dort, wo die Deutschen Anführer den Kampf schon für gewonnen hielten, verloren sie ihn. Die letzte Gruppe Deutscher Soldaten, die auch von Frauen und Kindern begleitet war, berichtete von der gänzlichen Niederlage ihres Volkes. Der übermächtige Feind hatte ihr Reich zerstört und das Land in eine Wüste verwandelt. Nur durch rasche Flucht waren sie der Gefangennahme entgangen. Von jetzt an war keine Hilfe mehr aus Deutschland zu erwarten.

Die Ankunft der letzten Deutschen Soldaten löste bei meinem Volk Bestürzung und Verzweiflung aus. Ohne die Landung der Verbündeten an der Ostküste Brasiliens war ein Krieg gegen die Weißen Barbaren unmöglich geworden. Die Hoffnung auf die Neuentstehung des Reiches zerbrach. Der Hohe Rat befahl den Kriegern den Rückzug nach Akakor. Hier sollten sie gemeinsam mit dem übrigen Volk der Ugha Mongulala über das Schicksal der 2000 Deutschen Soldaten entscheiden. Denn ihre Anwesen-

heit in der Hauptstadt war mit fast unlösbaren Problemen verbunden. Sie gehörten einer fremden Welt an, der das Vermächtnis der Götter unbekannt war. Sie lebten nach anderen Gesetzen
und verstanden weder unsere Sprache noch unsere Schrift. Aber
mein Volk konnte sie auch nicht in ihre Heimat zurückschicken.
Die Verbündeten würden in Gefangenschaft fallen und das Geheimnis von Akakor verraten. Widerstrebend entschloß sich der
Hohe Rat, einer flehenden Bitte Reinhas nachzukommen. Die
Auserwählten Diener nahmen die Deutschen Soldaten für immer bei sich auf. Wie vor 1500 Jahren die Goten wurden sie zu
einem Teil meines Volkes, mit ihm verbunden nach dem Vermächtnis der Götter.

# II. Kapitel
# Das Neue Volk

*1945 bis 1968:* Das Ergebnis des Zweiten Weltkrieges sind Millionenverluste an Toten, Vermißten und Verwundeten. In vielen Staaten der Welt werden schwerste finanzielle und wirtschaftliche Zerrüttungen sichtbar. Mißtrauen und Angst schaffen zwei Machtblöcke, die durch einander feindliche Ideologien gespalten sind. Dieser Konflikt hat vorläufig nur geringe Auswirkungen auf dem lateinamerikanischen Kontinent. Die Vernichtung der Urwaldindianer erreicht einen neuen Höhepunkt. Der brasilianische Indianerschutzdienst entpuppt sich als ein Instrument wirtschaftlicher Interessengruppen, um die Eingeborenenbevölkerung auszurotten. Innerhalb von zwanzig Jahren fallen 80 Indianerstämme den Machtintrigen und den Zivilisationskrankheiten der Weißen zum Opfer. Die Überlebenden ziehen sich in die unwegsamen Gebiete der Quellgebiete der Flüsse zurück.

### Das Leben der Deutschen Soldaten in Akakor

Ich bin nur ein einzelner Mann. Aber ich spreche mit der Stimme meines Volkes. Mein Herz ist das Herz eines Ugha Mongulala. Was immer mein Volk auf dem Herzen hat, das sage ich. Die Auserwählten Stämme wollen keinen Krieg mehr. Sie wollen Frieden. Aber sie haben auch keine Angst zu sterben. Sie verbergen sich nicht hinter dem Felsen. Sie fürchten den Tod nicht, denn er ist ein Teil unseres Lebens. Die Weißen Barbaren haben Angst vor dem Tod. Erst wenn sie ein Sturm packt oder ihre Lebensflamme erlöschen will, denken sie daran, daß es Mächte gibt, die ihnen überlegen sind, und höhere Götter als sie selber.

Am Tag stört sie der Gedanke an den Tod und hält sie nur von ihren seltsamen Genüssen und Freuden ab. Die Weißen Barbaren wissen, daß sie ihrem Gott nicht gefallen und daß sie sich vor Scham in den Sand werfen müßten. Denn nichts als Haß und Gier und Feindschaft erfüllt sie. Ihre Herzen sind ein großer spitzer Haken, statt ein Licht zu sein, das die Dunkelheit forttut und alles erleuchtet und erwärmt. Deshalb müssen wir kämpfen, so wie es in der Chronik niedergeschrieben steht:

*Alle waren sie beisammen, die Stämme der Auserwählten Diener und die Verbündeten Völker, alle kleinen und alle großen Stämme. Am gleichen Ort befanden sie sich. Am gleichen Platz warteten sie auf den Beschluß des Hohen Rates. Demütig standen sie da, nachdem sie unter Leiden hierher gelangt waren. Und der Hohepriester sprach: Was haben wir getan, daß uns die Weißen Barbaren wie Tiere verfolgen und in unser Land einbrechen wie der Jaguar auf der Jagd. Zu einem traurigen Ziel sind wir gelangt. Wenn doch die Sonne scheinen wollte, die uns den Frieden bringt. So sprach der Hohepriester. In Trübsal und Not, unter Seufzern und Tränen sprach er. Denn der Hohe Rat wollte den Krieg beschließen, den letzten in der Geschichte des Auserwählten Volkes.*

Mit dem Abbruch der Verbindung zu Deutschland im Jahre 12 426, 1945 in der Zeitrechnung der Weißen Barbaren, zerbrach der Traum von der Wiederaufrichtung des alten Imperiums. Die Ugha Mongulala waren wieder auf sich allein gestellt. Zwar verfügten sie zum ersten Mal über starke Waffen. 2000 kriegsgewohnte Deutsche Soldaten waren bereit, mit ihnen zu kämpfen. Aber der Hohe Rat hatte auf die Ankunft neuer, stärkerer Truppen an der Ostküste Brasiliens gehofft, um die Weißen Barbaren von zwei Seiten gleichzeitig anzugreifen. Diesen Plan mußte Akakor nach der Niederlage des Verbündeten Volkes aufgeben. Sinkaia rief das an der Ostgrenze versammelte Heer in die Hauptstadt zurück.

Zu dieser Zeit begann auch die Eingliederung der 2000 Deutschen Soldaten in das Auserwählte Volk. Das war eine schwere Aufgabe. Die Verbündeten kannten weder das Vermächtnis der

Götter noch unsere Sprache und unsere Schrift. Um den Zusammenschluß zu erleichtern, vereinfachten die Priester die Schriftsymbole der Altväter. Für jeden Buchstaben in der Schrift der Deutschen Soldaten setzten sie ein einzelnes Zeichen. In diesen für beide Völker verständlichen Zeichen schrieben sie von jetzt an die Chronik von Akakor. In ihre Sprache übernahmen die Ugha Mongulala die Wörter der Deutschen Soldaten für die uns unbekannten Geräte. Außerdem lernten sie auch Wörter, die eine Tätigkeit ausdrücken, wie machen, laufen oder bauen. Bald verständigten sich die Deutschen Soldaten und die Ugha Mongulala in einer aus Deutsch und Chechua zusammengesetzten Mischsprache. Ein großes Hindernis für die Aufnahme der Deutschen Soldaten in mein Volk war überwunden. Jetzt konnten sie die Priesterschulen besuchen und das Vermächtnis der Götter erlernen. Da die Deutschen Soldaten kampferprobte Krieger waren, übertrug ihnen der Hohe Rat wichtige Aufgaben in der Verwaltung des Reiches. Zwei ihrer höchsten Anführer übernahmen das Amt des Feldherrn. Fünf weitere wurden in die Versammlung der Ältesten des Volkes berufen. Sie waren stimmberechtigt und konnten die Entscheidungen mit beeinflussen. Nur das Amt des Fürsten und des Hohepriesters blieben ausdrücklich den Ugha Mongulala vorbehalten.

*So sprach der Hohepriester zu den Verbündeten: Seid nicht betrübt, daß ihre eure Brüder nicht mehr seht. Jene habt ihr für immer verloren. Auf ewig haben euch die Götter von ihnen getrennt. Aber seid nicht mutlos. Seid stark. Laßt uns das Schicksal gemeinsam versuchen. Hier sind wir, eure neuen Brüder. Gemeinsam wollen wir den Altvätern dienen. – Und die Deutschen Soldaten gingen an die Arbeit. Um vor dem Angesicht der Götter zu bestehen, nahmen sie ihr Werkzeug auf. Die gleiche Arbeit verrichteten sie wie das Auserwählte Volk.*

Die Gegenwart der Deutschen Soldaten in Akakor veränderte das Leben der Ugha Mongulala. Mit ihren geheimnisvollen Geräten errichteten sie feste Häuser aus Holz. Sie fertigten Tische, Stühle und Betten an und verbesserten den Webstuhl der Goten. Die Frauen lehrten sie die Herstellung neuer Gewänder, die den ganzen Körper umschließen. Den Männern zeigten sie den Gebrauch ihrer Waffen und die Aushebung von Schutzräumen unter der Erde. Um auch in Notzeiten genügend Nahrungsmittel zu haben, rodeten sie das Dickicht in den Tälern und pflanzten Mais und Kartoffeln. Im Hochgebirge hielten sie große Herden von Berglämmern gefangen. So war die Versorgung von Fleisch und Wolle gesichert. Die größte Neuerung der Verbündeten war jedoch die Herstellung eines geheimnisvollen Pulvers aus Stein und grünem Sand. Schon eine kleine Menge davon genügte zur Zerstörung eines ganzen Hauses. Die Deutschen Soldaten verwendeten das Schwarzpulver, wie sie das Gemisch nannten, für ihre Waffen. Die unsichtbaren Pfeile gewannen sie aus glühendem Eisen. Sie gossen es über ein Sieb in einen Trog mit kaltem Wasser. Beim Eintauchen bildeten sich runde Kugeln, die unsichtbaren Pfeile ihrer Gewehre.

Je länger die Deutschen Soldaten in Akakor lebten, um so mehr gliederten sie sich in die Gemeinschaft meines Volkes ein. Sie gründeten eigene Familien und gaben ihren Söhnen die Namen wilder Tiere, starker Bäume, reißender Flüsse und hoher Berge, nach dem Beispiel der Auserwählten Stämme. Sie leisteten Kriegsdienst, verrichteten die Feldarbeit und lebten nach der Ordnung Lhasas. Es schien, als würden sie ihre Heimat bald vergessen. Aber wie der Jaguar, der immer wieder in seine Jagdgebiete zurückkehrt, kamen sie von der Erinnerung an Deutschland nicht los. Am Ende jedes Mondes trafen sie sich am Akai zu einem Fest, sangen sie Lieder ihres Volkes und tranken gegorenen Maissaft. Ihre Anführer spielten Schach. So nannten die Deutschen Soldaten ein Spiel auf einem bemalten Brett mit Figuren aus Holz. Dann kehrten sie nach Akakor zurück und lebten wieder mit ihren Familien.

## KRIEGE IN PERU

Im Jahre 12 444, 1963 in der Zeitrechnung der Weißen Barbaren, setzte im Westen ein neuer Vorstoß Weißer Siedler ein. Sie hatten die Zugänge zu den versteckten Goldminen der Inkas entdeckt und begannen, sie auszurauben. Die Nachricht von den Goldfunden lockte immer größere Horden Weißer Barbaren in das Gebiet des Akai. Die Späher mußten fliehen. Der Hohe Rat sah sich vor eine schwere Entscheidung gestellt. Er konnte die letzten Gebiete an den Osthängen der Anden aufgeben oder den Kriegern der Ugha Mongulala den Kampf befehlen. Auf Drängen der Deutschen Soldaten entschloß er sich zum Kampf.

Über die jetzt einsetzende Auseinandersetzung mit den Weißen Barbaren weiß ich ausführlich zu berichten. Als dem Sohn des Fürsten Sinkaia übertrug mir der Hohe Rat den Oberbefehl über die Truppen der Ugha Mongulala. Ein Deutscher Feldherr begleitete mich auf dem Feldzug. In schnellen Märschen drangen meine Krieger über den Roten Fluß tief in die Grenzprovinz von Peru ein. Sie trieben die Weißen Barbaren zurück und zerstörten die Goldminen der Inkas. In panischem Schrecken flohen unsere Feinde aus den eroberten Gebieten. Aber der anfängliche Erfolg meiner Krieger war jäh zu Ende, als ein Heer Weißer Soldaten zum Gegenangriff überging. Nur ein rascher Rückzug rettete uns vor der vollständigen Vernichtung. Die nachstoßenden Weißen Barbaren überfielen die Siedlungen des Verbündeten Stammes der Großen Stimme. Sie töteten Frauen und Kinder und versklavten die gefangenen Männer. Die Entdeckung Akakors schien unvermeidlich. In höchster Not beschloß der Hohe Rat den Einsatz der Waffen der Deutschen Soldaten.

Und zum ersten Mal trafen die Weißen Barbaren auf einen ebenbürtigen Gegner. In einem raschen Gegenstoß vernichteten meine Krieger die Vorhut der Weißen Soldaten und schlossen ihre Hauptmacht in der Grenzfestung ein, die man Maldonado nennt. Dann begann die Belagerung. Drei Tage lang verwirrten unsere großen Kriegstrommeln den Feind. Drei Tage lang versetzten sie ihn in Angst und Schrecken. Am frühen Morgen des vierten Tages gab ich den Befehl zum Angriff. Wir brachen aus unseren Verstecken hervor, überkletterten die Mauern und drangen unter lautem Kriegsgeschrei in die Festung ein. Ein erbitterter Kampf begann, der mit der völligen Niederlage unserer Feinde endete. Als die Hilfstruppen der Weißen Barbaren eintrafen, befanden sich meine Krieger schon längst auf dem Rückzug. Mit diesem glänzenden Sieg begann an der Westgrenze des Reiches ein blutiger Kleinkrieg, der bis heute andauert. Obwohl die Weißen Barbaren ein gewaltiges Heer aufgestellt haben, ist ihnen ein Vorstoß nach Akakor nicht gelungen. Ihre Soldaten wurden von unseren Kriegern immer wieder zurückgetrieben oder getötet. Aber auch mein Volk hat in diesen Kämpfen schwere Verluste erlitten. Zahllose Männer verloren ihr Leben. Mehr als die Hälfte des fruchtbaren Gebiets an den Osthängen der Anden ist zerstört. Unsere letzten Verbündeten Stämme haben das Vertrauen in die Stärke des Auserwählten Volkes verloren und wenden sich von uns ab.

*Was wird sein? Hungrig waren die Auserwählten Stämme. Das Gras der Felder aßen sie. Die Rinde der Bäume diente ihnen als Nahrung. Arm waren sie. Nichts mehr besaßen sie. Nur Felle der Tiere waren ihre Bekleidung. Aber die Weißen Barbaren ließen ihnen keine Ruhe. Ohne Erbarmen drangen sie vor. Blutig schlugen sie die Krieger. Von der Erde vertilgen wollten sie das Auserwählte Volk.*

## DIE ZWÖLF FELDHERREN DER WEISSEN BARBAREN

Während der Kämpfe gegen die Goldsucher und die Weißen Siedler blieb es an der Grenze im Osten ruhig. Seit dem Rückzug der Gummisucher beschränkten sich die Weißen Barbaren auf gelegentliche Vorstöße entlang des Roten Flusses. Weiter vorzudringen wagten sie nicht, da sie in der Lianenwildnis der Anden böse Geister vermuteten. So blieben die Ugha Mongulala unbehelligt, geschützt durch den Aberglauben der Weißen Barbaren.

Erst im Jahre 12 449, 1968 in der Zeitrechnung der Weißen Barbaren, wurde der Friede gestört. Ein Flugzeug – in der Sprache der Deutschen Soldaten – war am Oberlauf des Roten Flusses abgestürzt. Der in diesem Gebiet lebende Verbündete Stamm der Schwarzen Herzen nahm die Überlebenden gefangen und benachrichtigte Akakor. Sinkaia, der Fürst der Ugha Mongulala, befahl mir, die Weißen Barbaren zu töten. Aber ich führte seinen Befehl nicht aus. Um den Frieden an der Ostgrenze nicht zu gefährden, gab ich ihnen die Freiheit und geleitete sie bis zu ihrer Stadt am Großen Fluß, die man Manaus nennt. Damit verstieß ich gegen die ausdrückliche Anordnung meines Vaters und hätte den Tod verdient. Doch wer sollte mich bestrafen? Die Ugha Mongulala waren des ewigen Krieges müde. Sie sehnten sich nach Frieden.

Die Zeit in Manaus werde ich niemals vergessen. Zum ersten Mal sah ich, was die Städte der Weißen Barbaren von den Siedlungen meines Volkes unterscheidet. Auf den Straßen herrscht ein Eilen, Hasten und Rennen von unzähligen Menschen. Mit seltsamen Gefährten, die sie Autos nennen, jagen sie durch die Stadt, als hätte sie der Böse Geist gepackt. Die Autos machen einen schrecklichen Lärm und verbreiten üble Gerüche. Die Wohnstätten der Weißen Barbaren sind zehnmal, zwanzigmal höher als die Häuser, die mein Volk baut. Trotzdem besitzt jede Familie nur einen kleinen Teil, wo sie ihre Habe und ihren Reichtum anhäuft. Alle diese Sachen und Dinge bekommt man an bestimmten, dafür vorgesehenen Plätzen. Aber man kann sich nicht einfach nehmen, wonach man ein Bedürfnis hat. Nein, für alles das muß man ein kleines Blatt Papier hingeben, dem die Weißen Barbaren einen großen Wert beimessen. Sie nennen es Geld. Je mehr Geld einer hat, desto angesehener ist er. Das Geld macht ihn mächtig und erhebt ihn wie einen Gott über den anderen. Das führt dazu, daß einer den anderen betrügen und ausnützen möchte. So ist das Herz der Weißen Barbaren von ständiger Niedertracht erfüllt, selbst gegenüber dem eigenen Bruder.

Die Stadt der Weißen Barbaren ist für den Ugha Mongulala etwas Unbegreifliches. Sie ist wie der Hügel der Ameisen, geschäftig den ganzen Tag und die ganze Nacht. Sobald die Sonne ihren Weg beendet hat und hinter den Hügeln im Westen verschwunden ist, erleuchten die Weißen Barbaren die Straßen und Häuser mit Lampen, so daß sie so hell sind wie am Tage. Angezogen von den glitzernden Lichtern, gehen sie in große Säle, wo sie die seltsamsten Getränke zu sich nehmen. Nur auf diese Weise können sie froh, heiter und ausgelassen sein.

Andere sitzen in dunklen Räumen vor einer weißen Wand und starren mit weit aufgerissenen Augen auf lebende Bilder. Wieder andere von den Weißen Barbaren stehen vor Kästen, die in die Häuser eingelassen sind, und bewundern die Dinge und Sachen, die vor ihnen liegen.

Ich verstehe die Weißen Barbaren nicht. Sie leben in einer Welt des Scheins und des Trugs. Um die Zeit des Tages zu verlängern, töten sie mit ihren Lampen die Nacht, so daß kein Baum, keine Pflanze, kein Tier und kein Stein zu seiner verdienten Ruhe kommt. Sie arbeiten unermüdlich wie die Ameise an ihrer Festung, und doch seufzen und stöhnen sie, als erdrücke sie eine Bürde. Sie denken wohl fröhlich, aber lachen nicht dabei. Sie denken wohl traurig, aber weinen auch nicht. Es sind Menschen, deren Sinne in Feindschaft leben mit dem Geist und die in zwei Teile zerfallen.

In Manaus erfuhr ich auch, daß meine ehemaligen Gefangenen hohe Feldherren waren. Sie zeigten sich dankbar für ihre Rettung und gaben mir als besondere Auszeichnung meinen zweiten Namen: Nara. Tatunca, mein erster Name, bedeutet Große Wasserschlange. Diesen Namen trage ich seit meinem Sieg über das gefährlichste Tier am Großen Fluß. Nara heißt in der Sprache meines Volkes: Ich weiß nicht. Das war meine Antwort auf die Frage der Weißen Feldherren nach dem Namen meiner Familie. So entstand Tatunca Nara – Große Wasserschlange Ich Weiß Nicht.

Ich blieb nur kurze Zeit in der Stadt der Weißen Barbaren. Kaum einen Mond nach meiner Ankunft überbrachte mir ein Späher der Schwarzen Herzen eine Nachricht aus Akakor. Im Kampf mit Soldaten der Weißen Barbaren war mein Vater, Fürst Sinkaia, schwer verwundet worden. Er befahl meine sofortige Rückkehr. Ich trennte mich von den Weißen Feldherren und erreichte zu Beginn der Regenzeit des Jahres 12 449 das Stammesgebiet meines Volkes. Wenige Tage später erlag mein Vater seinen Verletzungen. Die Ugha Mongulala waren ohne Anführer, so wie es in der Chronik niedergeschrieben steht:

*Gestorben war Sinkaia, der rechtmäßige Nachfolger des Erhabenen Göttersohns Lhasa. Und bitterlich beweinten ihn die Auserwählten Krieger. Die Lichtklage stimmten sie an, denn verlassen hatte sie Sinkaia, der Fürst aller Fürsten. Kein Verbrechen hatte er begangen und nicht Unrecht gesetzt an die Stelle von Recht. Ein würdiger Nachfolger war er gewesen, wie er hatte geherrscht, wenn der Wind vom Süden kam, wenn der Wind* vom Norden kam, wenn der Wind kam vom Westen und vom Osten. Und so ging Sinkaia in das Zweite Leben ein. Begleitet von Klageliedern stieg er am östlichen Himmel auf.

## DER NEUE FÜRST

Drei Tage nach seinem Tod wurde Sinkaia, der rechtmäßige Fürst der Auserwählten Diener, im Großen Tempel der Sonne in Unterakakor beigesetzt. Die Priester trugen seinen mit Gold und Juwelen geschmückten Leichnam zu der Grabnische, die er mit eigenen Händen in den Felsen geschlagen hatte, und mauerten ihn ein. Dann sprach der Hohepriester in Anwesenheit der engsten Vertrauten des Fürsten die vorgeschriebenen Worte:

*Götter des Himmels und der Erde, die ihr des Menschen Schicksal bestimmt und regiert. Götter der Dauer und der Ewigkeit. Der Ewigkeit Fürsten. Hört denn mein Flehen: Nehmt ihn auf in euer Reich. Seine Taten vergesset nicht, die Taten des großen Fürsten Sinkaia. Denn sein Leben kehrt zu euch Göttern zurück. Euren Befehlen gehorcht es jetzt. Niemals wird es euch verlassen. Mit euch wird es weiterbestehen, in den Reichen der Ewigkeit, in den Reichen des Lichts.*

Während der Beisetzung Sinkaias standen unheilvolle Zeichen am Himmel. Die Krieger der Ugha Mongulala erlitten schwere Niederlagen. Der Verbündete Stamm der Schlangenesser sagte sich von Akakor los und lief zu den Weißen Barbaren über. Die Regenzeit brach mit einer Gewalt herein, die selbst den Ältesten des Volkes unbekannt war. Bei den Auserwählten Stämmen verbreiteten sich Verzweiflung und Furcht. Unter diesen Vorzeichen trat der Hohe Rat zusammen, um den neuen Fürsten und rechtmäßigen Herrscher über die Ugha Mongulala zu bestimmen. Gemäß dem Vermächtnis der Götter rief er mich in den Thronsaal der unterirdischen Wohnstätten und befragte mich drei Tage und drei Nächte lang über die Geschichte der Auserwählten Stämme. Dann geleitete mich der Hohepriester in die geheimen Bezirke von Unterakakor. Jetzt lag mein Schicksal in den Händen der Götter.

Ich betrat die geheimen Tempelbezirke am frühen Morgen kurz nach Sonnenaufgang. In das goldglänzende Gewand Lhasas gehüllt, stieg ich eine breite Steintreppe hinab. Sie führte mich in einen Raum, von dem ich nicht sagen kann, ob er groß oder klein war. Die Decken und Wände waren von einer bläulichen, unendlichen Farbe. Sie hatten weder Anfang noch Ende. Auf einem behauenen Steinquader lagen Brot und eine Schale mit Wasser, die Zeichen von Leben und Tod. Nach den Weisungen des Hohepriesters kniete ich nieder, aß von dem Brot und trank von dem Wasser. Eine tiefe Ruhe lag über dem Raum. Plötzlich befahl mir eine Stimme, die von überall herzukommen schien, mich zu erheben und in den nächsten Raum zu gehen. Er glich dem Tempel der Sonne. Seine Wände waren mit vielerlei seltsamen Geräten bedeckt. Sie blitzten und leuchteten in allen Farben. Drei große, in den Boden eingelassene Platten glühten wie Eisen. Lange Zeit betrachtete ich mit großem Erstaunen die fremden Geräte. Dann vernahm ich erneut die geheimnisvolle Stimme. Sie führte mich noch weiter und noch tiefer in einen dritten Raum. Sein gleißendes Licht blendete meine Augen so sehr, daß ich erst nach langer Zeit erkannte, was ich niemals vergessen werde. In der Mitte des Raumes, aus dessen Wänden das geheimnisvolle Licht kam, standen vier Blöcke aus einem durchsichtigen Stein. Als ich mich ihnen in aller Ehrfurcht näherte, erkannte ich in ihnen vier geheimnisvolle Wesen. Vier lebende Tote. Vier schlafende Menschen. Es waren drei Männer und eine Frau. Sie lagen in einer Flüssigkeit, die sie bis zur Brust bedeckte. In allem glichen sie den Menschen. Nur hatten sie sechs Finger und sechs Fußzehen.

Ich kann mich nicht mehr erinnern, wie lange ich bei den schlafenden Göttern geblieben bin. Ich weiß nur, daß mich die gleiche Stimme in den ersten Raum zurückrief. Sie gab mir weise Ratschläge und enthüllte mir die Zukunft der Auserwählten Stämme. Aber die Stimme verbot mir, jemals darüber zu sprechen. Bei meiner Rückkehr aus den geheimen Tempelbezirken nach dreizehn Tagen begrüßte mich der Hohepriester als neuen rechtmäßigen Fürst der Ugha Mongulala. Das Volk brach in Jubel aus. Ich hatte die Prüfung der Götter bestanden. Dennoch vermochte mich die Begeisterung der Auserwählten

Diener kaum zu berühren. Zu tief war ich von den geheimnisvollen Lebewesen beeindruckt. Lebten sie, oder waren sie tot? Waren es die Götter? Wer hatte sie hier niedergelegt? Auch der Hohepriester wußte keine Antwort. Die geheimen Tempelbezirke von Unterakakor enthalten das Wissen und die Weisheit der Altväter. Sie haben uns nur einen Teil ihres Vermächtnisses übergeben. Die letzte Wahrheit, das eigentliche Geheimnis ihres Lebens, haben sie bewahrt.

*Das waren die Götter. Vernunft besaßen sie, Wissen und Weitblick zugleich. Wenn sie schauten, sahen sie alles. Jedes Staubkorn auf der Erde und am Himmel, selbst die fernverborgenen Dinge sahen sie. Die Zukunft war ihnen bekannt. Und nach diesem Wissen planten sie. Vorausblickend in Nacht und Dunkelheit, behüteten sie das Schicksal der Menschen.*

# III. Kapitel
## Tatunca Nara

*1968 bis 1970:* Mit der Entdeckung großer Ölvorkommen in den Dschungelgebieten Perus beginnt die dritte Phase der wirtschaftlichen Erschließung Amazoniens durch die weiße Zivilisation. Peru kolonisiert das bisher völlig unerschlossene Gebiet der Provinz Madre de Dios, während Brasilien den Bau der Transamazonica beschließt. Dadurch wird die Vernichtung der Indianerstämme weiter beschleunigt. Sie erliegen den Zivilisationskrankheiten der vordringenden Siedler und verlieren ihre letzten Gebiete. 500 Jahre nach der Entdeckung Amerikas leben von den ehemals acht Millionen der Urwaldbevölkerung Amazoniens nur noch 150000.

### DER PLAN DER FELDHERREN

Als mein Vater noch lebte, zeigte er mir das Land im Osten und im Westen, und ich sah keine anderen Menschen als die Ugha Mongulala und ihre Verbündeten Stämme. Nach vielen Jahren ging ich wieder und sah, daß fremde Völker gekommen waren, um es den rechtmäßigen Besitzern zu nehmen. Warum? Warum mußten die Ugha Mongulala ihr Land aufgeben und durch die Berge streifen und wünschen, der Himmel möge über ihnen einstürzen. Die Ugha Mongulala waren einst ein großes Volk. Heute sind es nur noch wenige, und sie haben nichts mehr als das kleine Land in den Bergen. Und sie haben noch die Chronik von Akakor, die geschriebene Geschichte meines Volkes, des ältesten Volkes der Welt. Sie war den Weißen Barbaren bis heute nicht bekannt. Jetzt gebe ich sie preis, um die Wahrheit zu verbreiten, so wie es meine Aufgabe ist als Häuptling der Verbündeten Stämme, als Fürst des Auserwählten Volkes.

*Drei Jahre waren vergangen seit dem Tod Sinkaias, des unver-*
*gleichlichen Fürsten. Da kamen die Auserwählten Diener zu-*
*sammen, die Deutschen Soldaten und die Verbündeten Stämme.*
*Alle Stände und Rassen kamen zusammen, um zu beratschlagen*
*und nach einem Weg zu suchen für die Rettung der Menschen.*
*Und selbst jene, die keine Häuser haben und einzeln durch den*
*Wald gehen, kamen nach Akakor. Denn groß war ihre Not.*
*Trübe schien die Sonne. Der Himmel war mit Wolken bedeckt.*
*Die Menschen lebten in Armut. In den Wäldern gingen sie um-*
*her, auf der Flucht vor ihren Feinden. Ihr Angesicht hoben sie*
*zum Himmel. Zu den Göttern flehten sie. Um Hilfe baten sie für*
*den Kampf gegen die Weißen Barbaren.*

Wenige Monde nach meiner Übernahme der Herrschaft in Akakor im Jahr 12 449, 1968 in der Zeitrechnung der Weißen Barbaren, flammten die Kämpfe an der Westgrenze mit neuer Heftigkeit auf.

Die Anführer unserer Feinde überfielen den Verbündeten
Stamm der Schwarzen Herzen und nahmen den Häuptling gefangen. Auf diese Weise wollten sie seine Krieger entmutigen
und zum Abfall von Akakor zwingen. Aber noch einmal hatten
die Weißen Barbaren keinen Erfolg. Selbst mit grausamen Foltern konnten sie die Krieger der letzten und treu gebliebenen
Verbündeten nicht unterwerfen. Gelang es ihnen, einen Ugha
Mongulala gefangenzunehmen, so befolgte er die Gesetze der
Feldherren. Sieben Tage nahm er weder Speise noch Trank zu
sich. Dann befahl er sein Leben den Göttern und starb.

Um eine Entdeckung Akakors auch aus der Luft unmöglich
zu machen, befahl ich, alle Tempel, Paläste und Häuser mit
Matten aus Bambus und Schilf zu tarnen. Die Wachttürme
außerhalb Akakors ließ ich zerstören und durch Fallgruben er-
setzen. Nach wenigen Monden war die Hauptstadt mit den
unendlichen Wäldern so verwachsen, daß selbst Verbündete
Stämme Mühe hatten, sie in der Lianenwildnis zu finden. Für
die Weißen Jäger und Goldsucher war der Zugang nach Akakor
jetzt vollends verschlossen. Auf ihren Streifzügen fanden sie nur
verlassene Ruinen vor. Sie vermuteten das Werk böser Geister
und zogen sich hinter die Grenze am Großen Wasserfall zurück.

Aber die »bösen Geister« lebten nicht in den Wäldern. Sie lebten in Akakor. Die Feldherren der Ugha Mongulala und die Anführer der Deutschen Soldaten beobachteten mit Schrecken die wachsende Macht der Weißen Barbaren. Um ihnen zuvorzukommen, planten sie einen Kriegszug bis nach Cusco, tief hinein in das Land unserer Feinde. Die notwendigen Vorbereitungen hatten sie schon getroffen. Auch die Verbündeten Stämme standen in Bereitschaft. Nur der Fürst mußte noch seine Zustimmung geben, gemäß dem Vermächtnis der Götter. Trotz des wiederholten Drängens der Feldherren und der Deutschen Soldaten lehnte ich einen Krieg ab. Meine Erfahrungen in Manaus hatten mich von der Sinnlosigkeit eines solchen Angriffs überzeugt. Unsere Feinde waren zu zahlreich. Mein Volk war ihrer Falschheit und ihrer List nicht gewachsen. Außerdem befürchtete ich eine Ausdehnung des Kampfes. Das Geheimnis von Akakor stand auf dem Spiel. Deshalb schickte ich die ungeduldigen Feldherren und Anführer der Deutschen Soldaten als Späher an die gefährlichen Grenzen.

Um meine Stellung als Fürst zu stärken, suchte ich engeren Kontakt zu den Priestern. Auch sie glaubten nicht an den Erfolg eines großen Krieges und rieten zu einem langsamen Rückzug in die unterirdischen Wohnstätten der Götter. Aber noch hatte ich nicht alle Hoffnung verloren. Waren alle Taten meiner Krieger erfolglos geblieben, so wollte ich es jetzt mit dem Frieden versuchen.


## DER HOHEPRIESTER DER WEISSEN BARBAREN

So steht es in der Chronik von Akakor niedergeschrieben:

*Groß war die Not der Auserwählten Diener. Die Sonne verbrannte die Erde. Die Früchte verdorrten auf den Feldern. Eine schreckliche Trockenheit breitete sich aus. Auf den Bergen und in den Tälern, auf den Ebenen und in den Wäldern hungerten die Menschen. Das schien das Schicksal der Auserwählten Diener zu sein. Ausgelöscht zu werden, vertilgt von der Erde. So schien der Wille der Götter, die ihrer Brüder nicht mehr gedachten, die vom gleichen Blut sind und den gleichen Vater haben.*

Im Jahre 12 450, 1969 in der Zeitrechnung der Weißen Barbaren, setzte eine schreckliche Dürre ein. Die Regenzeit verschob sich um mehrere Monde. Das Wild zog sich in die Quellgebiete der Flüsse zurück. Die Saat vertrocknete auf den Feldern. Um mein Volk vor einer drohenden Hungersnot zu bewahren, faßte ich einen verzweifelten Entschluß. Im Einverständnis mit den Priestern, aber ohne das Wissen des Hohen Rates und der Feldherren wollte ich mit den Weißen Barbaren Kontakt aufnehmen. Eingehüllt in die Kleidung der Deutschen Soldaten, verließ ich Akakor und erreichte nach einem beschwerlichen Marsch Rio Branco, eine ihrer großen Städte an der Grenze zwischen Brasilien und Bolivien. Hier wandte ich mich an den Hohepriester der Weißen Barbaren, den mir die zwölf Weißen Feldherren vorgestellt hatten. Ich eröffnete ihm das Geheimnis von Akakor und berichtete von der Not meines Volkes. Zum Beweis meiner Angaben übergab ich ihm zwei Dokumente der Götter. Sie waren es auch, die den Weißen Hohepriester überzeugten. Er folgte meiner Bitte und kehrte mit mir nach Akakor zurück.

Die Ankunft des Weißen Hohepriesters in Akakor führte zu heftigen Auseinandersetzungen mit dem Hohen Rat. Die Ältesten des Volkes und die Feldherren lehnten jeden Kontakt ab. Um einen möglichen Verrat zu verhindern, forderten sie sogar seine Gefangennahme. Nur die Priester waren bereit, über einen gerechten Frieden zu sprechen. Nach endlosen Streitgesprächen gewährte der Hohe Rat dem Hohepriester der Weißen Barbaren eine Frist von sechs Monden. In dieser Zeit sollte er seinem Volk von der verzweifelten Lage der Ugha Mongulala berichten. Zum Beweis seiner Angaben erhielt er mehrere Schriften der Altväter. Konnte er die Weißen Barbaren jedoch nicht überzeugen, war er verpflichtet, die Dokumente nach Akakor zurückzubringen.

Sechs Monde lang warteten unsere Kriegsspäher vergeblich an dem vereinbarten Treffpunkt am Oberlauf des Roten Flusses. Der Weiße Hohepriester kam nicht zurück. Erst später erfuhr ich, daß er bei einem Flugzeugabsturz ums Leben gekommen war. Die Dokumente aber hatte er in eine ferne Stadt geschickt, die man Rom nennt. Das jedenfalls sagten mir seine Diener. Nach dem Ablauf der Frist rief ich den Hohen Rat zusammen, um über das Schicksal meines Volkes zu beraten. Die Ältesten und die Priester waren enttäuscht und forderten den Krieg. Und wieder lehnte ich ab. Gestützt auf mein dreimaliges Einspruchsrecht als Fürst der Ugha Mongulala, verwarf ich ihren Entschluß. Das, was der Weiße Hohepriester nicht erreicht hatte, wollte ich jetzt selbst versuchen.

*Das ist der Abschied Tatuncas, des rechtmäßigen Fürsten der Auserwählten Stämme. Stark war er. Sein Volk verließ er. Wie die Große Wasserschlange näherte er sich lautlos dem Feind. Allein machte er sich auf. Beschützt von den Gebeten der Priester im Großen Tempel der Sonne: O ihr Götter. Verteidigt ihn gegen die Feinde in dieser Zeit der Finsternis, in dieser Nacht der Bösen Schatten. Möge er nicht stürzen. Möge er den Haß der Weißen Barbaren besiegen und ihre Falschheit und List überwinden. Denn Frieden ersehnt das Auserwählte Volk. Und so machte sich Tatunca auf den beschwerlichen Weg. Begleitet von dem Auge der Götter ging er abwärts die Schlucht, kreuzte den reißenden Fluß und überschritt ihn, ohne zu fallen. An das andere Ufer gelangte er. Weiter wanderte er, bis zu dem Ort, wo die Weißen Barbaren ihre Häuser errichtet hatten, aus Mörtel und Kalk.*

## TATUNCA NARA IM LAND DER WEISSEN BARBAREN

Im Jahre 12 451, 1970 in der Zeitrechnung der Weißen Barbaren, verbrachte ich acht Monde in dem Land unserer ärgsten Feinde. Diese Zeit werde ich niemals vergessen. Sie gehört zu den bittersten Erfahrungen meines Lebens und hat mir für immer deutlich gemacht, wie verschieden die Herzen der beiden Völker sind. Für die Weißen Barbaren zählen nur Reichtum, Macht und Gewalt. Ihre Gedanken sind verworren wie das Gestrüpp in den Großen Sümpfen, in denen nichts Grünes und Fruchtbares wächst. Die Ugha Mongulala aber leben nach dem Vermächtnis der Götter.

Und sie haben allen Stämmen und Völkern ihren Platz zugewiesen und das notwendige Land, um zu leben. Sie haben den Menschen das Licht gebracht, um anderen zu leuchten und ihre Weisheit und ihr Wissen zu verbreiten.

Die Einsicht von der Unerbittlichkeit der Weißen Barbaren traf mich um so schwerer, als meine ersten Kontakte erfolgreich schienen. In der Stadt Rio Branco wurde ich auf Fürsprache der von mir befreiten Feldherren einem hohen Beamten Brasiliens vorgestellt. Ich erzählte ihm von der Not meines Volkes und bat ihn um Hilfe. Der Weiße Anführer hörte mir erstaunt zu und versprach, meinen Bericht weiterzuleiten. In der Zwischenzeit schickte er mich nach Manaus. Dort sollte ich die Entscheidung des Hohen Rates von Brasilien erwarten.

Drei Monde lang lebte ich in einem Lager der Soldaten der Weißen Barbaren. Sie waren gut ausgebildet und kannten das Leben an den Flüssen und in der Lianenwildnis. Regelmäßig unternahmen sie große Feldzüge in die entferntesten Gebiete ihres Reiches. Von ihnen mußte ich zu meiner Bestürzung erfahren, daß die Weißen Barbaren fast an allen Grenzen Krieg führten. Im Matto Grosso kämpften sie gegen das Volk der Umherziehenden. Im Quellgebiet des Großen Flusses brannten sie die Siedlungen der Bösen Geister nieder. In dem Land der Akahim überfielen sie die wilden Stämme und trieben sie in die Berge zurück.

Ich hatte die grausamen Schilderungen der Weißen Soldaten noch nicht überwunden, als man mich in die Hauptstadt Brasiliens rief. Hier berichtete ich ein zweites Mal von der Verzweiflung und dem Elend meines Volkes. Ich offenbarte den höchsten Anführern der Weißen Barbaren die Geschichte der Ugha Mongulala. Meine Zuhörer waren erstaunt. Sie erklärten sich bereit, meinen Bericht nachzuprüfen, und brachten mich auch mit einem Vertreter Deutschlands zusammen. Er empfing mich freundlich und hörte mir aufmerksam zu. Dann erklärte er mir jedoch, daß er meinem Bericht keinen Glauben schenken könne. Einen Einfall von 2000 Deutschen Soldaten in Brasilien habe es niemals gegeben. Auch die Namen, die ich ihm nannte, vermochten ihn nicht zu überzeugen. Ungeduldig forderte er mich auf, das Schicksal meines Volkes in die Hände der Weißen Barbaren zu legen.

Seit dieser Unterredung sind kaum zwei Jahre vergangen. Allein an der Grenze zwischen Bolivien und Brasilien wurden sieben Verbündete Stämme von den Weißen Soldaten ausgerottet, darunter auch die stolzen Krieger der Schwarzen Herzen und der Großen Stimmen. Vier wilde Stämme sind in das Quellgebiet des Roten Flusses geflohen, um sich vor der Vernichtung zu retten. Ein Drittel meines Volkes fiel den Waffen der Weißen Barbaren zum Opfer. Ist es das, was der Vertreter der Deutschen meinte, als er mir den Rat gab, das Schicksal meines Volkes in die Hände der Weißen Barbaren zu legen?

*Das sind die Weißen Barbaren. Voller Haß sind ihre Herzen. Grausam sind ihre Taten. Einsicht zeigen sie nicht. Neidgesichter haben sie. Zwei Herzen, schwarz und weiß zugleich. Nach Reichtum und Macht trachten sie. Böses sinnen sie gegen die Auserwählten Stämme, die ihnen kein Leid getan haben. Doch die Götter sind gerecht. Sie bestrafen den, der gegen ihr Vermächtnis verstößt. Teuer werden die Weißen Barbaren ihre Verbrechen bezahlen. Sühne werden sie leisten. Denn der Kreis schließt sich. Unheilvolle Zeichen stehen am Himmel. Nicht mehr weit ist die dritte Große Katastrophe, die sie vernichten wird, wie das Wasser das Feuer und das Licht die Dunkelheit.*

Sieben Monde verbrachte ich schon im Land der Weißen Barbaren. Dann erklärte sich einer ihrer Anführer bereit, mich bis zum Großen Wasserfall zu begleiten, zwanzig Wegstunden von Akakor entfernt. Hier wollte er einen ersten Kontakt mit meinem Volk aufnehmen. Erst nach einem Jahr war der Besuch einer größeren Gruppe von Weißen Soldaten in die Hauptstadt der Ugha Mongulala geplant. So hatte ich Zeit, mein Volk auf ihre Ankunft vorzubereiten. Ich war glücklich. Meine Aufgabe schien erfüllt. Aber einmal mehr bewiesen die Weißen Barbaren ihre bösen Herzen. Sie brachen die Abmachungen, die sie selbst vorgeschlagen hatten, und nahmen mich in Rio Branco fest. Wie ein wildes Tier banden sie den Fürsten der Auserwählten Stämme, den obersten Diener der Götter, und hielten mich in einem großen Steinhaus gefangen. Daß mir die Flucht gelang, habe ich den Göttern zu verdanken. Sie lenkten die Aufmerksamkeit der Wächter ab und gaben mir die Kraft, die Fesseln zu zerreißen. Ich schlug meine sorglosen Bewacher nieder und entkam. Acht Monde nach meinem Aufbruch kehrte ich nach Akakor zurück, mit leeren Händen und enttäuscht über die Lügen der Weißen Barbaren.

*Und die Priester versammelten sich. Dreizehn Tage fasteten sie im Großen Tempel der Sonne. Ihr Leben wollten sie opfern. Ihre Herzen wollten sie hingeben für ihre Kinder, für ihre Frauen und ihre Nachkommen. Für ihr Volk wollten sie sterben. Das war der Preis, den sie bereit waren zu zahlen. Das war die Bürde, die sie übernehmen wollten, um die Auserwählten Stämme zu retten.*

Die Ugha Mongulala nahmen das freiwillige Opfer der Priester nicht an. Zwölftausend Jahre lang hatten sie Menschenopfer verweigert und sich an die Gesetze der Früheren Herren gehalten. Und nie würden sie davon abweichen. Denn es sind ewige Gesetze, und sie bestimmen das Leben des ganzen Volkes der Auserwählten Diener. Jedem einzelnen sprechen sie seine Aufgaben in der Gemeinschaft zu, so wie es in der Chronik von Akakor niedergeschrieben steht, in guter Sprache, in deutlicher Schrift:

*Es war vor unendlich vielen Jahren. Da lag ein Pflasterstein auf der Straße zum Großen Tempel der Sonne. Er sah die Menschen über sich hinwegschreiten, um den Göttern zu opfern. Menschen aus allen vier Ecken der Welt sah er. Da erfaßte den Pflasterstein Sehnsucht. Und als der Hohepriester über ihn hinwegschritt, bat er ihn um Beine. Das verwunderte den Hohepriester sehr. Doch der weise Mann, der Zauberer, der Herr aller Dinge, gab dem Pflasterstein Beine. Vier Beine gab er ihm, die niemals anhalten würden. Und der Pflasterstein machte sich auf den Weg. Über Berge und durch Täler, über Ebenen und durch Wälder, hierhin und dorthin gelangte er. Bis er alles gesehen hatte und müde wurde vom Schauen. So kehrte er zum Großen Tempel der Sonne zurück. Aber als er zu seinem alten Platz in der Straße kam, war er schon besetzt. Da wurde sein Herz traurig und er weinte bittere Tränen. Und der Pflasterstein erkannte die Wahrheit: Nur wer seine Aufgabe in der Gemeinschaft erfüllt, erfüllt die Gesetze der Götter.*

# IV. Kapitel
# Die Rückkehr der Götter

*1970 bis 1972:* Die Kennzeichen der Gegenwart sind Skepsis und Unsicherheit. Auf allen Wissensgebieten zeichnet sich ein Umwandlungsprozeß ab, der die bisher gültigen wirtschaftlichen und politischen Ordnungen zerrüttet. Die Vorräte an Atom- und Wasserstoffbomben reichen aus, um das Leben auf der Erde völlig zu vernichten. Mit dem zunehmenden Mangel an Rohstoffen beginnt der Ansturm auf die letzten noch unerforschten Gebiete der Erde. In Amazonien schaffen Fernstraßen und Flugplätze die notwendigen Voraussetzungen zur Erschließung der riesigen Urwälder. Dadurch verringert sich der Lebensraum der letzten Reste der Eingeborenenbevölkerung radikal. Nach Schätzungen der FUNAI, der staatlichen brasilianischen Indianerschutzbehörde, werden kaum 10000 Urwaldindianer das Jahr 1985 erleben.

### DER TOD DES HOHEPRIESTERS

Wenn ein Mann nichts mehr zu verlieren hat und alle Wege in die Zukunft verschlossen sind, dann sucht er in der Vergangenheit. Das habe ich getan, indem ich das Geheimnis des ältesten Volkes der Welt erzählt habe. Aber die Weißen Barbaren haben meinen Worten keinen Glauben geschenkt. Wie die Ameise, die alles zerstört, nehmen sie uns das wenige Land, das uns noch geblieben ist, das letzte. Und so bereiten sich die Ugha Mongulala auf den Untergang vor. Denn das Ende ist nahe. Der Kreis schließt sich. Die dritte Große Katastrophe steht bevor. Dann kommen die Götter zurück, so wie es in der Chronik niedergeschrieben steht:

*Wehe uns. Das Ende ist nahe. Zu einem traurigen Ziel sind wir*
*gelangt. Was haben die Auserwählten Diener getan, um so tief*
*zu fallen? Wenn doch die Früheren Herren zurückkehrten. So*
*sprachen die Männer im Hohen Rat. In Trübsal und Not, unter*
*Seufzern und Tränen sprachen sie. Denn die Zeit neigte sich ih-*
*rem Ende zu. Schwarze Wolken verdeckten die Sonne. Verhüllt*
*war der Morgenstern. Und der Hohepriester verneigte sich vor*
*der Goldenen Scheibe. Im Großen Tempel der Sonne sprach er:*
*Wer sind diese? Wer hat sie geboren? Woher sind sie gekom-*
*men? Wahrlich, unsere Herzen sind schwer, denn das, was sie*
*tun, ist vom Übel. Grausam sind ihre Gedanken. Unheilvoll ist*
*ihr Wesen. Aber wenn sie uns zum Kampf zwingen, dann wollen*
*wir auch kämpfen. Mit dem Speer in der Hand, auf Pfeil und Bo-*
*gen vertrauend, wollen wir sterben als Diener der Früheren Her-*
*ren, die bald zurückkehren, um uns zu rächen.*

Im Jahre 12 452, 1971 in der Zeitrechnung der Weißen Barbaren,
wenige Monde nach meiner Rückkehr nach Akakor, wurden die
Ugha Mongulala von einem neuen Unheil heimgesucht. Magus,
der Hohepriester, war gestorben. Nach einer Versammlung des
Hohen Rates war er zusammengebrochen, überwältigt von
Gram und Wissen um das bevorstehende Unheil. Sein Tod
wirkte auf die Auserwählten Stämme wie ein drohendes Zeichen, wie ein Hinweis auf den kommenden Untergang. Be-
drängt von den vordringenden Weißen Barbaren, verloren sie
den Mut und den Glauben an das Vermächtnis der Früheren
Herren.

Die Trauerfeiern für Magus, den Hohepriester der Auserwählten Stämme, dauerten drei Tage. Die Priester versammelten sich im Tempel der Sonne und bereiteten seinen Leichnam
für die Wanderung in das Zweite Leben vor. Sie hüllten ihn in
feinste Tücher und trugen ihn zu dem Weihestein vor dem
Goldenen Spiegel, dem Auge der Götter. Zu seinen Füßen legten
sie einen Laib Brot und eine Schale Wasser, die Zeichen von Leben und Tod. Die Ältesten des Volkes opferten Weihrauch, Bienenhonig und erlesene Früchte. Die Feldherren gedachten der
Weisheit des Toten und seiner Taten. Dann brachten die Priester
den Leichnam von Magus in die vorbereitete Grabkammer an

der Stirnseite im Tempel der Sonne. Drei Tage lang zog das Volk an der Grabkammer vorbei und verabschiedete sich voller Kummer und Leid von Magus. Am folgenden Morgen, noch bevor die ersten Strahlen der aufgehenden Sonne die Erde berührten, schlossen die Priester das Grab. Magus, der weise Hohepriester, der alle Kriege vorauswußte und dem alles offenbart war, war zu den Göttern zurückgekehrt.

*Jetzt nun sei von Magus die Rede. Ewig trägt ihn das Auserwählte Volk im Herzen. Denn er hatte nur das Wahre getan und das Gerechte. Seinem Herzen war unbekannt, was falsch und verworren ist. Den Göttern hatte er sein Leben geweiht. Ein Meister des Wissens war Magus. Jedes Glied seines Körpers war mit Weisheit durchdrungen und mit Wahrheit gesättigt. Das Gleichgewicht aller Dinge kannte er. Die Herzen der Menschen durchschaute er und die Gesetze der Natur. Nicht dem Einfluß der Stunde folgten seine Taten. Fremd waren ihm Ehrgeiz und Neid. Den Befehlen der Götter gehorchend, durchlief er den Kreis. Und ihnen überließ er sich in der Stunde des Todes, die unwiderruflich kommt, wie bei Tagesanbruch die Sonne, die das Leben der Menschen bestimmt.*

## DER RÜCKZUG IN DIE UNTERIRDISCHEN WOHNSTÄTTEN

Magus, der Hohepriester der Ugha Mongulala, war gestorben. Nach dem Vermächtnis der Götter ging sein Amt auf seinen erstgeborenen Sohn über. Wie der Fürst mußte auch er sich einer strengen Prüfung durch den Hohen Rat unterziehen und mit den Göttern Zwiesprache halten. Uno, der erstgeborene Sohn des Magus, kehrte nach dreizehn Tagen in den Tempel der Sonne zurück. Die Ältesten bestimmten ihn zum neuen Hohenpriester. Die Gesetze Lhasas waren erfüllt.

Jetzt rief ich den Hohen Rat zusammen, um über die Zukunft der Auserwählten Stämme zu beschließen. Die Beratung dauerte nur kurze Zeit. Einmütig beschlossen die Ältesten des Volkes, in die unterirdischen Wohnstätten der Götter zu ziehen. Und so gingen die Ugha Mongulala dorthin zurück, wo ihre Vorväter schon zwei Große Katastrophen überlebt hatten. Wehklagend gaben sie ihre Häuser auf und brachen alle Beziehungen zur Außenwelt ab. Die Deutschen Soldaten zerstörten mit ihrem Schwarzpulver die Tempel, Paläste und Gebäude von Akakor. Die Krieger brannten die letzten Dörfer und Siedlungen nieder. Kein Zeichen, keine Spur ließen sie zurück, die auf Akakor weisen konnte. Selbst die wenigen noch verbliebenen Stützpunkte im Quellgebiet des Großen Flusses gaben sie auf. Den Verbündeten Stämmen wurde es freigestellt, sich den Ugha Mongulala anzuschließen oder die Beziehungen abzubrechen. Von den sieben Stämmen entschlossen sich sechs für das Verbleiben in ihren alten Stammesgebieten. Nur der Stamm der Schlangenesser begleitete mein Volk in die unterirdischen Wohnstätten. Er wurde in allen Ehren aufgenommen, und sein Häuptling erhielt einen Sitz im Hohen Rat als Dank für die Treue zu den Ugha Mongulala und zum Vermächtnis der Götter.

*Der Rückzug ist vollzogen. Um die Götter zu erwarten, kehrten die Auserwählten Diener in die unterirdischen Wohnstätten zurück. Danach ruhten ihre Herzen aus. Und ihren Söhnen erzählten sie von den vergangenen Tagen und dem Glanz der Götter, von den mächtigen Zauberern, die Berge und Täler geschaffen haben und die Wasser und das Land. Von den Herren des Himmels sprachen sie, die vom gleichen Blut sind und den gleichen Vater haben.*

Seit dem Rückzug der Auserwählten Diener in die unterirdischen Wohnstätten im Jahre 12 452, 1971 in der Zeitrechnung der Weißen Barbaren, leben nur noch 5000 Krieger an der Erdoberfläche. Sie bestellen die Felder und bringen die Ernte ein und berichten dem Hohen Rat von dem Herannahen der Weißen Barbaren. Kampf ist ihnen jedoch verboten. Beim Auftauchen der Feinde müssen sie sich zurückziehen, um das Geheimnis der unterirdischen Wohnstätten zu wahren.

In Unterakakor, Bodo und Kisch leben noch 30 000 Menschen. Die übrigen Städte stehen leer oder sind wie Mu mit Kriegsgerät und Vorräten angefüllt. Noch heute erhellt das künstliche Licht die dreizehn Städte der Götter. Die Atemluft kommt aus den Wänden. Die großen Steintore lassen sich noch so leicht bewegen wie vor zehntausend Jahren. In der ersten Zeit nach dem Rückzug in die unterirdischen Wohnstätten versuchten die Deutschen Soldaten, ihr Geheimnis zu lösen. Sie vermaßen die Tunnel und fertigten genaue Lagepläne an. Auf Wunsch ihrer Anführer öffnete ich ihnen sogar die geheimen Bezirke unter dem Tempel der Sonne. Hier entdeckten die Deutschen Soldaten seltsame Geräte und Werkzeuge der Götter, die ihrem eigenen Kriegsgerät glichen. Sie hatten den Eindruck, als hätten die Altväter die unterirdischen Wohnstätten fluchtartig verlassen. Aber auch unsere Verbündeten konnten das Geheimnis von Unterakakor nicht erklären. Denn die Götter haben die Städte nach ihren eigenen, uns unbekannten Plänen erbaut. Erst wenn sie zurückkehren, werden die Menschen ihre Werke und Handlungen verstehen.

Heute haben die Deutschen Soldaten resigniert. Sie sind alt geworden oder gestorben. Ihre Kinder denken und fühlen wie die Ugha Mongulala und leben nach dem Vermächtnis der Götter. Die Priester halten Weihedienste im Tempel der Sonne ab. Das einfache Volk stellt Gegenstände für den täglichen Gebrauch her. Die Beamten des Fürsten halten die Verbindung zu Bodo und Kisch. Es ist eine Zeit des Lernens und der Beschauung. Alle Menschen leben in der Erinnerung, und ihre Herzen sind schwer, wenn sie an die glänzenden Tage Lhasas denken. Jetzt haben sie nichts mehr als die Hoffnung, in den unterirdischen Wohnstätten den Ansturm der Weißen Barbaren zu überleben. Und sie haben die Gewißheit, daß die Götter bald zurückkehren werden, wie sie es bei ihrem Aufbruch versprochen haben.

## DIE RÜCKKEHR DER GÖTTER

Wären die Ugha Mongulala nur ein Volk wie die anderen Völker, hätte sich ihr Schicksal längst erfüllt. Aber sie sind die Auserwählten Diener der Götter und vertrauen ihrem uralten Vermächtnis. Auch in den Augenblicken höchster Not leben sie nach den Gesetzen der Altväter. Das gibt ihnen das Recht, über die Weißen Barbaren zu urteilen und die Menschen vor ihnen zu warnen, so wie es in der Chronik niedergeschrieben steht:

*Menschen der Wälder, der Ebenen und der Berge. Laßt euch folgendes sagen: Die Weißen Barbaren sind rasend geworden. Einer tötet den anderen. Alles ist Blut, Schrecken und Verderben. Das Licht der Erde ist am Erlöschen. Finsternis liegt auf dem Weg. Man hört nur das Flügelschlagen der Eulen und die Schreie des Großen Waldvogels. Wir müssen stark bleiben gegen sie. Wenn sich einer von ihnen nähert, streckt ihm eure Hände vor. Weist ihn ab und ruft ihm zu: Schweige, du mit deiner lauten Stimme. Deine Worte sind nur Donnergrollen. Nicht mehr sind sie. Bleibe uns fern mit deinen Freuden und Lüsten, deinem wilden Raffen nach Reichtum, deiner Gier, mehr zu sein als der andere, deinem vielen sinnlosen Tun, dem wirren Machen deiner Hände, deinem neugierigen Denken und Wissen, das doch nichts weiß. Wir brauchen das alles nicht. Wir begnügen uns mit dem Vermächtnis der Götter, dessen Licht uns nicht blendet und uns nicht in die Irre führt, sondern alle Wege klarmacht, damit wir seine große Weisheit in uns aufnehmen und als Menschen leben.*

Ich erinnere mich. Es war im Jahre 12 449 bei meinem ersten Besuch im Land der Weißen Barbaren. Immer wieder stellten mir die Weißen Soldaten dieselben Fragen. Sie sprachen über das Leben der Völker am Großen Fluß, über ihre angebliche Faulheit und angeblichen Laster. Die Wilden, so sagten sie zu mir, sind von Geburt an dumm, hinterlistig und falsch. Sie besitzen wenig Geist und überhaupt keine Ausdauer. Aus Lust am Kampf töten sie sich gegenseitig. So sprachen die Weißen Barbaren über Völker, die schon geschriebene Gesetze besaßen, als sie selbst noch auf allen vieren durch die Wälder liefen, so wie es unsere Chronik berichtet. Aber ich habe ihre schlechten Reden hingenommen, ich habe ihre Worte bewahrt wie der Späher, der sich die Spuren der Feinde einprägt. Doch in den acht Monden, die ich im Land der Weißen Barbaren verbrachte, habe ich nichts gefunden, was meinem Volk hätte nützen können. Es ist wahr, auch sie haben Felder bestellt und Städte gebaut. Sie haben Straßen angelegt und gewaltige Geräte erfunden, die kein Ugha Mongulala verstehen kann. Aber das Vermächtnis der Götter ist ihnen verborgen geblieben. In ihrem Irrglauben zerstören die

Weißen Barbaren ihre eigene Welt. Sie sind so verblendet, daß sie nicht einmal ihre Herkunft erkennen, obwohl nur der, der um seine Vergangenheit weiß, auch den Weg in die Zukunft findet.

Die Ugha Mongulala wissen um ihre Vergangenheit, niedergeschrieben in der Chronik von Akakor. Deshalb wissen sie auch um ihre Zukunft. Nach den Prophezeiungen der Priester wird im Jahre 12 462, 1981 in der Zeitrechnung der Weißen Barbaren, eine dritte Große Katastrophe die Erde zerstören. Die Katastrophe wird dort beginnen, wo einst Samon sein großes Reich errichtet hatte. In diesem Land wird ein Krieg ausbrechen, der langsam auf die ganze Erde übergreift. Mit Waffen, die heller sind als tausend Sonnen, werden sich die Weißen Barbaren vernichten. Nur wenige werden die Feuerstürme überleben, unter ihnen auch die Menschen der Ugha Mongulala, die in den unterirdischen Wohnstätten ausgeharrt haben. Das jedenfalls sagen die Priester, und so haben sie es in der Chronik niedergeschrieben:

*Den Menschen steht ein furchtbares Schicksal bevor. Ein Sturm wird sich erheben, und die Berge und die Täler werden erzittern. Vom Himmel wird es Blut regnen, und das Fleisch der Menschen wird dahinschwinden. Es wird weich werden. Die Menschen werden ohne Kraft sein und ohne Bewegung. Sie werden die Vernunft verlieren. Sie können nicht mehr rückwärts blicken. Ihre Körper werden zerfallen. So ernten die Weißen Barbaren die Früchte ihres Tuns. Der Wald wird erfüllt sein von ihren Schatten, die sich im Schmerz krümmen und hilflos sind. Dann werden die Götter zurückkehren, voller Gram über die Menschen, die ihr Vermächtnis vergessen haben. Und eine neue Welt wird entstehen, in der die Menschen, die Tiere und die Pflanzen in einem heiligen Bund zusammen leben. Dann kehrt die Goldene Zeit zurück.*

*Das ist die Chronik von Akakor.*

# Anhang
## Zusätzliche Erklärungen, Erläuterungen und Hinweise

### Die Herkunft des lateinamerikanischen Menschen

Es begann mit Christoph Kolumbus. Als der spanische Seefahrer Ende des fünfzehnten Jahrhunderts die Neue Welt entdeckte, nahm er mit völlig unbekannten Menschen Kontakt auf. Da Kolumbus und seine Gefährten nach einem neuen Seeweg nach Indien suchten, waren sie davon überzeugt, daß die Eingeborenen INDIOS sein müßten. Dieser Ausdruck hat sich bis heute erhalten, obwohl er auf einem wenig später aufgeklärten Trugschluß beruht. In den folgenden fünfhundert Jahren haben archäologische Funde und ethnologische Forschungen zu den extravagantesten Theorien über die Herkunft des amerikanischen Menschen geführt. Der spanische Inquisitor Gregorio Garcia führte die Bewohner der Neuen Welt sogar auf biblische Ursprünge zurück. Ein Sohn des Noe, Isabel, habe Amerika bis nach Peru bevölkert, während ein zweites Mitglied seiner Familie, Jobal, sich in Brasilien niedergelassen habe. »Die Eingeborenen« – so schrieb Garcia im 17. Jahrhundert – »erkennen Jesus Christus nicht an. Sie sind uns nicht dankbar für das Gute, das wir ihnen antun. Es können also nur Juden sein.«

Nicht weniger einfallsreich sind die Erklärungen zahlreicher populärwissenschaftlicher Autoren. Sie bringen die Herkunft der Urbevölkerung Amerikas mit dem legendären Kontinent Atlantis in Verbindung, der nach dem griechischen Philosophen Platon im Jahre 9500 v. Chr. untergegangen sein soll. In die gleiche Gruppe gehören auch die Verfechter verschiedener Einwanderungswellen aus Ägypten, Kleinasien und Europa.

Der englische Schriftsteller Walter Raleigh verwandelte den Inkafürsten Manco Capac in einen *Englishman Capac*. Dagegen glauben die Anhänger des deutschen Wissenschaftlers Wegener eher an einen afrikanischen Ursprung der amerikanischen Eingeborenenbevölkerung. Zu einer Zeit, als Afrika und Amerika noch verbunden waren, sollen die Indianer zu Fuß nach Amazonien gewandert sein.

Historisch besser belegbar ist die Theorie des deutschbolivianischen Wissenschaftlers Posnansky. Nach zwanzigjährigen Forschungen in der bolivianischen Ruinenstätte Tiahuanaco kam er zu dem Schluß, daß sich der amerikanische Mensch – der erste Amerikaner – auf dem Kontinent selbst herausentwickelt hatte, also unabhängig von europäischen oder asiatischen Völkern. Später wurde Posnansky von dem englischen Forscher Fawcett unterstützt, der Tiahuanaco nur als eine von vielen Städten eines gewaltigen Urwaldreiches ansah.

Heute sind die Wissenschaftler in zwei klar getrennte Lager gespalten: die Anhänger einer Einwanderung asiatischer Stämme über die Beringstraße und die Vertreter der Entwicklung eines autonomen amerikanischen Menschen. Beide Gruppen legen eine Unzahl wissenschaftlicher Beweismittel vor, die allerdings zwei Grundfragen nicht zu klären vermögen: Wo entstanden die ersten amerikanischen Völker? Und wie verlief die unterschiedliche Entwicklung der Eingeborenenbevölkerung, die mit den Imperien der Azteken, der Mayas und der Inkas ihren kulturellen und politischen Höhepunkt erreichte?

Wissenschaftlich sind diese Fragen kaum zu klären, da jeweils wesentliche Glieder in der Beweiskette fehlen. Fest steht allenfalls, daß schon zu einem sehr frühen Zeitpunkt, möglicherweise vor mehr als zehntausend Jahren, verschiedene Stämme Amerika beherrschten. Sie müssen entweder denselben Ursprung gehabt oder in gegenseitiger Verbindung gestanden haben. Das beweisen die archäologischen Funde auf den rätselhaften Sambaquis, den Friedhöfen der Nord- und Südamerikanischen Indianer. Davon zeugen auch die uralten Totenzeremonien der Inka und der Maya. Für diese erstaunlichen Übereinstimmungen gibt es keine Erklärung, es sei denn, man zieht die Legenden und Sagen der Völker zu Hilfe.

In den Chilam Balam, den Büchern der Jaguarpriester der Mayas, beginnt die Geschichte mit dem Jahr 3113 v. Chr. Der deutsche Mayaforscher Wolfgang Cordan bringt das Datum mit einem geheimnisvollen historischen Ereignis von größter Bedeutung in Verbindung. Die herkömmliche Geschichtsschreibung erwähnt es allenfalls als Kuriosum der komplizierten Zeitrechnung der Mayas. Erstaunlicherweise stimmen die schriftlichen Überlieferungen der mittelamerikanischen Völker mit den Legenden der Urwaldindianer überein. Die Stämme der Tolteken und der Maya berichten über das Auftauchen von Göttern und Helden, die scheinbar mühelos gewaltige Taten verrichten. Auch die in Amazonien lebenden Aruak schildern die Ankunft und den Abgang von Fruchtbringern in seltsamen Masken. Ein historisches Geschehen scheint alle damals lebenden Völker beeindruckt zu haben. Sein Echo ist bis zur Gegenwart vorgedrungen, zwar versehen mit einem mythischen Mantel, aber deutlich gleichlautend und auf realen Ereignissen beruhend.

Einen direkten Bezug zur faßbaren Geschichte haben die lateinamerikanischen Göttersagen allerdings nur bei den Quiche-Maya und bei den Ugha Mongulala. Nur ihre Überlieferungen berichten in deutlicher Form von »Gottkönigen« und »Altvätern« mit gewaltigen physischen Fähigkeiten. Sie stammen von einem geheimnisvollen Sternengeschlecht ab, stehen hoch über den Menschen und gehen nach ihrem Tod in ein zweites Leben ein, das dem gewöhnlichen Sterblichen verschlossen ist. »Willst du selbst Gott werden«, so heißt es in den Chilam Balam der Quiche-Maya, »sei dessen würdig. Dein irdisches Leben und Benehmen soll im Einklang mit dem Willen der Götter sein. Du sollst den ethischen Gesetzmäßigkeiten des Kosmos folgen. Dann werden die Götter in deiner Gegenwart kein Schamgefühl empfinden und du wirst dich mit ihnen als Ebenbürtiger unterhalten können.«

In der Chronik von Akakor sind es die »Früheren Herren, die wir Götter nennen«, die um 13000 v. Chr. auf die Erde kamen und sie nach ihrem Bild formten. Sie gaben den Menschen die

Namen, die Sprache und die Schrift. Sie schenkten ihnen land-wirtschaftliche Grundkenntnisse und politische Gesetze, die in Teilbereichen bis zur Gegenwart gültig sind. Sie überließen ih-nen auch die unterirdischen Wohnstätten zum Schutz gegen eine bald bevorstehende Katastrophe. So jedenfalls weiß es die Chronik von Akakor zu berichten.

Ein Vergleich der mündlichen und schriftlichen Überlieferun-gen der ältesten Völker ergibt immer wieder die gleichen Ergeb-nisse. Zu einem Zeitpunkt von vor mehr als zehntausend Jahren lebten auf unserem Planeten ein oder mehrere hochstehende Völker. Sie führten die Eingeborenenbevölkerung an und voll-brachten erstaunliche technische Kunststücke. Nach dem To-tenbuch der Ägypter, der Vedda der Kelten und dem indischen Geheimbuch Mahabhárata verpflanzten sie sogar die Menschen von Gestirn zu Gestirn. Sie waren auch verantwortlich für die Entstehung der ersten Zivilisationszentren auf der Erde, aus denen sich später die Hochkulturen herausgebildet haben könn-ten.

## DIE DREIZEHN UNTERIRDISCHEN WOHNSTÄTTEN

Was immer man von mythischen Erinnerungen und Überliefe-rungen halten mag, sie lösen jedenfalls auf ihre Weise die Rätsel in der Vorgeschichte der Erde und der Menschen und erklären geheimnisvolle archäologische Zeugnisse. Die Küstenwüste bei Nasca in Peru ist mit riesigen, kilometerlangen Bildern mit kreuz und quer verlaufenden Linien und Strichen geometrischer Figuren durchsetzt. In der von Posnansky genau untersuchten alten Tempelstadt Tiahuanaco gibt es über die ganze Stadt ver-streute, merkwürdige unterirdische Gemächer mit dicken, fest-gefügten Mauern. In Sacsayhuaman, einer gewaltigen Bergfe-stung in der Umgebung von Cusco, sind tonnenschwere Steinquader millimetergenau zusammengefügt. Der spanische Chronist Montesinos schreibt das Bauwerk einem mächtigen Volk zu, das vor langer Zeit untergegangen sei. Für die Mehr-zahl der Amerikanisten ist die Festung im sogenannten »Inca-imperial«-Stil erbaut, etwa zwischen 1480 und 1530. Nach der Chronik von Akakor waren es die Altväter, die vor mehr als zehntausend Jahren gewaltige Steinstädte errichteten, darunter auch die dreizehn unterirdischen Wohnstätten und die trapezförmigen Tunnel quer durch das Amazonasgebiet.

Unterirdische Städte tauchen bis zu diesem Zeitpunkt nur in den Sagen und Legenden auf. Die tibetanische Überlieferung berichtet von dem unterirdischen Königreich Agarthie. Die nordamerikanischen Indianer wissen von weitläufigen Höhlen, in denen die Donnervögel der Götter abgestellt und repariert wurden. Dagegen sind die unterirdischen Tunnel auf der ganzen Welt entdeckt worden.

In Peru und Bolivien fanden Wissenschaftler und Forschungsreisende ausgedehnte Steingänge, deren Bau selbst mit den heutigen technischen Mitteln kaum möglich wäre. In der peruanischen »Seria Documental del Peru« wird sogar eine Expedition beschrieben, die Angehörige der Universität von Lima im Jahre 1923 durchführten. Begleitet von erfahrenen Höhlenforschern, drangen die Wissenschaftler von Cusco aus in einen der trapezförmigen Tunnel ein. Sie vermaßen die unterirdische Öffnung und stießen immer weiter in Richtung Küste vor. Dann brachen die Verbindungen zum Ausgangspunkt ab. Ein einziges Expeditionsmitglied kehrte nach zwölf Tagen völlig ausgehungert zur Erdoberfläche zurück. Aber sein Bericht von einem verwirrenden unterirdischen Labyrinth war so unglaublich, daß der unglückliche Forscher von seinen Kollegen für verrückt erklärt wurde. Um weitere Opfer zu vermeiden, verbot die Polizei, die geheimnisvollen Gänge zu betreten, und sprengte den Eingang mit Dynamit.

Erst mit dem großen Erdbeben von Lima im Jahre 1972 machten die unterirdischen Anlagen in Peru erneut Schlagzeilen. Bei den Aufräumungsarbeiten entdeckten die Techniker lange Gänge, deren Existenz bisher nicht bekannt gewesen war. Eine systematische Überprüfung des Fundaments von Lima führte zu einem überraschenden Ergebnis. Weite Teile der Stadt waren von Tunneln durchzogen, die alle in die Berge führten. Wo sie endeten, ließ sich nicht mehr feststellen. Im Laufe der Jahrhunderte waren sie eingestürzt.

Wer hat diese Gänge gebaut? Aus welcher Zeit stammen sie? Wohin führen sie? Von den zahlreichen Theorien liefern zwei eine logische Erklärung. Die erste spricht von Fluchtwegen der Inkas, die erst nach der Ankunft der spanischen Eroberer erbaut wurden. Die zweite stützt sich auf die Legenden der Inkas, die die Tunnel einem uralten Volk zuschreiben. Montesinos berichtet in seinen »Memorias antiguas, historales, politicas del Peru«: »Cusco und die Ruinenstadt Tiahuanaco sind durch einen gewaltigen unterirdischen Weg verbunden. Wer ihn gebaut hat, wissen die Inkas nicht. Auch über die Bewohner von Tiahuanaco ist ihnen nichts bekannt. Ihrer Meinung nach war es ein sehr altes Volk, das sich später in die Wälder Amazoniens zurückzog.«

## DIE GROSSE WELTKATASTROPHE

Die Mythen der lateinamerikanischen Urvölker zeichnen ein einheitliches Bild. In einer fernen Vergangenheit beherrschte eine mächtige Götterrasse die Erde, unterwarf die Eingeborenenbevölkerung und errichtete gewaltige Städte. Sie legte offensichtlich auch unterirdische Städte und Festungen an, in Erwartung eines offensichtlich für unvermeidlich gehaltenen Krieges. Daß später tatsächlich ein schreckliches Ereignis eintrat, wird nicht nur von den Überlieferungen bestätigt. Auch die Geologen und Archäologen halten die erste Große Katastrophe in der Chronik von Akakor, den Untergang der Welt im Vokabularium der Mayas sowie die Sintflut in der Bibel für erwiesen.

Die Wissenschaftler versuchen, das Geschehen, das in einer seltenen Einmütigkeit im Gedächtnis aller Völker vorhanden ist, als natürliches Ereignis zu deuten. Ursache könnte eine Verschiebung der Erdachse gewesen sein, hervorgerufen durch das Herannahen eines Sterns, eines Kometen oder den Sturz eines Mondes auf die Erde. Zahlreiche Geologen vermuten große Verschiebungen der Erdkruste und nachfolgende riesige Flutwellen.

Die Legenden und Sagen der Urvölker schreiben das Geschehen den Göttern zu. Der Popol Vuh der Quiche-Maya berichtet von einer Strafe der Götter, um die übermütigen Menschen zu vernichten. Das indische Geheimbuch Mahabhárata beschreibt einen Krieg zwischen Göttern.

Die Edda der Germanen schildert einen Aufstand der Unterwelt:

»Schwarz wird die Sonne. Die Sommer drauf. Wetter wüten. Yggdrasils Stamm steht erzitternd. Es rauscht der Baumgreis. Der Riese kommt los. Alles erbebt. In der Unterwelt brechen die Fesseln des Blutfreunds Surt... Der Himmel birst. Der Lande Gürtel gähnt zum Himmel. Gluten sprüht er, und Gift peitscht er. Entgegen geht der Gott dem Wurm. Die Sonne erlischt. Das Land sinkt ins Meer. Vom Himmel stürzen die heiteren Sterne.«

Die Chronik von Akakor ergänzt und rundet die Informationen der Mythen der anderen Völker ab. Sie berichtet von zwei sich feindselig gegenüberstehenden Götterrassen mit unterschiedlichen körperlichen Merkmalen. Als Zeitpunkt des Kriegsbeginns nennt sie das Jahr 13, 10 468 v. Chr. in der Zeitrechnung der weißen Zivilisation. Platon nennt in seiner »Critica« das Jahr 9500 v. Chr. für den Untergang des legendären Atlantis. Der Geschichtsschreiber Hemos berichtet von einer um 11 000 v. Chr. stattgefundenen gewaltigen Katastrophe. Posnansky vermutet um 12 000 v. Chr. die Zerstörung von Tiahuanaco.

Ein griechischer Philosoph, ein ägyptischer Geschichtsschreiber und ein deutscher Wissenschaftler bestätigen, was die mündlichen und schriftlichen Überlieferungen aller Völker der Erde längst wissen.

Nehmen wir Abschied von den »Göttern«.

Begann der Aufstieg der Menschheit mit der Ankunft fremder Astronauten? Hat sich der Mensch auf dieser Erde entwickelt, oder kam er von fernen Planeten? – Wer den Erinnerungen der alten Völker mehr vertraut als wissenschaftlichen Hypothesen und religiösen Behauptungen, findet unzählige Hinweise, um an die Existenz der Götter zu glauben. Doch die Legenden sind keine Beweise. Weder die riesigen Tempelstädte der Mayas noch die gewaltigen Pyramiden der Ägypter oder die grobflächigen Scharrmuster von Nasca sind notwendigerweise *nicht*menschliche Bauwerke. Sie zeugen allenfalls von der Hochblüte untergegangener Kulturen, die wir nicht mehr verstehen. Vielleicht ist es der verlorengegangene Maßstab, der ihre Erbauer in unseren Augen zu Göttern erhebt.

Die Geschichte des ersten amerikanischen Menschen ist ein Rätsel geblieben. Die Mehrzahl der Wissenschaftler sagt, er sei über die Eiswüste der Beringstraße gewandert und habe den Kontinent von Norden nach Süden bevölkert. Die Anhänger Posnanskys halten ihn für einen Nachkommen der Bewohner von Tiahuanaco. Zahlreiche populärwissenschaftliche Autoren vermuten in ihm die Überlebenden des legendären Atlantis. Aber bis heute vermochte niemand eindeutige Beweise zu erbringen.

Um so mehr Aufsehen erregte deshalb der nordamerikanische Professor Cyrus Gordon, der im Frühjahr 1971 mit einer verblüffenden Theorie an die Öffentlichkeit trat. Er behauptete, daß den antiken orientalischen Völkern Amerika seit Tausenden von Jahren bekannt gewesen sei. Zum Beweis seiner Angaben legte der Wissenschaftler die Abschrift einer aus dem brasilianischen Bundesstaat Ceará stammenden Steinplatte vor, auf der folgende Inschrift eingraviert ist: »Wir sind Söhne von Kanaan, kommen von Sidon, der Stadt des Königs. Der Handel hat uns bis zu diesem Land der Berge gebracht. Wir haben einen Jüngling geopfert, um den Unmut der Götter abzulenken, in dem 19. Jahr des Hiram, unseres mächtigen Königs. Wir begannen unsere Reise in Eziongeber und befuhren mit zehn Schiffen das Rote Meer. Zwei Jahre lang haben wir auf dem Meer verbracht und ein Land umfahren, das Ham genannt wird. Dann wurden wir durch einen Sturm von unseren Gefährten getrennt, schließlich sind wir hier angekommen, 12 Männer und 3 Frauen, an einem Strand, den ich, der Admiral, in Besitz genommen habe.«

Unter den brasilianischen Archäologen und Historikern rief die Behauptung von Cyrus Gordon einen Sturm der Entrüstung hervor. Erniedrigte er die spanischen Entdecker doch zu bloßen Nachfolgern der phönizischen Seefahrer und lieferte er auch eine völlig neue Erklärung für die Herkunft des Wortes BRASIL. Nach der gängigen Version ist der Begrif aus der Baumart »pau do Brasil« abgeleitet. Nach dem amerikanischen Professor entstammt das Wort dem jüdischen Sprachgebrauch. Um den Wahrheitsgehalt der »sensationellen« Entdeckung zu überprüfen, entsandten mehrere brasilianische Universitäten Forschungsgruppen in das von dem Professor als Fundstätte angegebene Gebiet.

Die größte und aufwendigste Expedition suchte im Sommer des Jahres 1971 systematisch die Umgebung von Quixeramobin im Herzen des Bundeslandes Ceará ab. In einer dreimonatigen, mühevollen Arbeit sammelten ihre Mitglieder mehr als tausend Kilogramm Keramik und Bodenproben. Sie gruben über hundert Urnen aus, entdeckten rätselhafte Steinfiguren und farbigen Schmuck aus Porzellan. Im Winter des gleichen Jahres veröffentlichte der Leiter der Expedition, der brasilianische Archäologe Milton Parnes, einen ersten Bericht. Dieser unterstützt die Behauptung des nordamerikanischen Wissenschaftlers und bestätigt die Aussagen der Chronik von Akakor über Kontakte zwischen den Ugha Mongulala und dem Reich Samons jenseits des östlichen Weltmeeres.

Die Hinweise auf eine uralte Verbindung zwischen dem Orient und der »Neuen Welt« beschränken sich nicht auf die überraschenden archäologischen Funde in Ceará. Schon die ägyptischen Totenbücher aus dem 2. Jahrtausend vor Christus berichten von dem Königreich des Osiris in einem fernen Land im Westen. In der Umgebung des Rio Mollar in Argentinien gefundene Felseninschriften sind deutlich linear nach ägyptischem Muster abgefaßt. In Cusco wurden Embleme und Keramikgegenstände gefunden, die mit dem ägyptischen Kunsthandwerk übereinstimmen. Nach dem amerikanischen Forscherpaar Verrill liefern sie den Beweis für Besuche des Königs Sargon von Akkad und seiner Söhne in den Jahren 2500 bis 2000 v. Chr. in Peru. Die Weihestätten und Tempel in Guatemala scheinen den ägyptischen Pyramiden nachgebildet zu sein. Ihre streng nach astronomischen Gesetzmäßigkeiten ausgerichtete Architektur läßt auf den gleichen Ursprung oder den gleichen Baumeister schließen.

Die deutlichsten Hiwneise finden sich jedoch in Amazonien und im brasilianischen Bundesland Matto Grosso. Meterhohe Inschriften auf schwer zugänglichen Felswänden tragen zweifellos die Merkmale ägyptischer Hieroglyphen. Der brasilianische Wissenschaftler Alfredo Brandão hat sie in seinem zweibändigen Werk »A escripta prehistorica do Brasil« gesammelt und zu deuten versucht. »Überall«, so schreibt er im Vorwort, »haben die ägyptischen Seefahrer sichtbare Spuren hinterlassen, von der Amazonasmündung bis zur Bucht von Guanabara. Ihr Alter beträgt zwischen vier- und fünftausend Jahre, was auf einen späteren Abbruch des Seeverkehrs zwischen den beiden Kontinenten schließen läßt.« Nach der Chronik von Akakor brachen die Beziehungen zwischen Ägypten und Südamerika im 4. Jahrtausend vor Christus ab, als wilde Stämme die von Lhasa erbaute Stadt Ofir zerstörten.

Wenn man der von Professor Gordon vorgelegten Theorie vertraut, wurde die Verbindung im 19. Jahr des Hiram, 1000 v. Chr., von den Phöniziern wiederaufgenommen. 500 n. Chr., so berichten die Ugha Mongulala, folgten ihnen die mit nordischen Seefahrern verbundenen Ostgoten. Und noch einmal tausend Jahre später kamen schließlich die Spanier und Portugiesen auf ihrer Suche nach einem kürzeren Weg nach Indien in die Neue Welt. Amerika war wiederentdeckt.

## DIE VORGESCHICHTE DER INKAS

Mit der historischen Fahrt des Christoph Kolumbus erhielt das Abendland zum ersten Mal Kunde von Kulturen auf dem amerikanischen Kontinent. Die Schreiber »Seiner Mayaestät des spanischen Königs« schilderten ihre Städte, verdammten die religiösen Traditionen der Menschen und stellten auch die ersten Zeittafeln auf. Der spanische Geschichtsschreiber Pedro de Cieza de León und der Inkaabkömmling Garcilaso de la Vega vermuten die Entstehung des Reiches der Inka in den ersten Jahrhunderten n. Chr. Nur der Chronist Fernando Montesinos führt eine genaue Stammtafel von Sonnenkönigen auf, die bis weit in die Zeit v. Chr. zurückreicht.

Lange Zeit hat die moderne Geschichtsschreibung die Angaben des Berichterstatters Pedro de Cieza de León als gültig übernommen und den Beginn des Imperiums der Inka um 500–800 n. Chr. festgesetzt. Zu diesem Zeitpunkt soll das herrische Kriegervolk mit der Eroberung Perus begonnen haben. 300 Jahre später hatte es sich bereits bis zur Küste des Pazifischen Ozeans ausgedehnt. Die neuen Herren Perus entwickelten eine stark sozialistisch orientierte Staatsform und errichteten das größte Reich in der Geschichte Lateinamerikas. Erst mit den neuesten archäologischen Funden im Hochland von Peru und Bolivien zeichnet sich unter den Historikern eine gegensätzliche Tendenz ab. Da der Aufstieg der Inkas zu einer Weltmacht in kaum 300 Jahren genausowenig zu erklären ist wie der Aufbau eines Staates, der viele Leitlinien des Sozialismus vorweggenommen hat, beginnen sie, den Ursprung der Inka um Hunderte, ja um Tausende von Jahren zurückzuverlegen. Der lange Zeit als Phantast abgewertete Geschichtsschreiber Montesinos kommt wieder zu Ehren: »Vor langer Zeit kam der göttliche Viracocha aus einer Berghöhle hervor. Er war weiser und mächtiger als die gewöhnlichen Menschen, sammelte Stämme um sich und gründete Cusco, die Stadt der vier Weltecken. Damit begann die Geschichte der Söhne der Sonne, wie sie sich selbst nennen.«

Montesinos ist der einzige spanische Geschichtsschreiber, der die Entstehung des Inkareiches in der Zeit v. Chr. vermutet. Um so mehr findet er jedoch Unterstützung bei seinen Kollegen, wenn es um die Beschreibung der Frauen der Herrscherfamilie geht. Pedro de Pizarro, der Eroberer Perus, schwärmt von der weißen Haut der Inkafrauen, von ihrem Haar von der »Farbe reifen Weizens« und von ihren feinen Gesichtszügen, die jeder Schönheit aus Madrid gewachsen seien. Wer die peruanischen Hochlandindianer kennt, kann sich über eine solche Begeisterung nur wundern. Die Nachfahren der stolzen Inkas sind klein gewachsen, von rötlicher Hautfarbe – das genaue Gegenteil des spanischen Schönheitsideals. Entweder sie haben sich im Laufe der Jahrhunderte vollkommen verändert, oder die Stammväter der Inkas gehörten einem anderen Volk an. Fernando Montesinos bringt sie mit dem legendären Viracocha in Verbindung. Pedro de Pizarro fügt hinzu, daß die Eingeborenen ihren Fürsten für »ein Kind des Himmelsgottes« hielten, genauso wie alle weißen und blonden Menschen. Die Chronik von Akakor zählt Viracocha zu dem Geschlecht des Götterfürsten Lhalsa. Legenden der peruanischen Hochlandindianer berichten von einem weißhäutigen Stamm, der spurlos im Dschungel verschwunden sei. Ganz ohne Spuren zu hinterlassen, ist das geheimnisvolle Volk jedoch nicht untergetaucht. Im Jahre 1911 entdeckte der amerikanische Forscher Hiram A. Bingham die Ruinenstadt Machu Picchu in dem in dreitausend Meter Höhe gelegenen Urubamba-Tal. Sie war noch relativ gut erhalten und wies viele Gemeinsamkeiten mit den Bergfesten der Inkas auf. Nur wußten weder die Zeitgenossen Pizarros noch die Nachkommen der Sonnenkönige von ihrer Existenz. Bingham entdeckte die Stadt nur, weil er den Spuren einer alten Legende gefolgt war. Das war auch der Grund, warum er Machu Picchu mit der bis heute unentdeckt gebliebenen Inkastadt PAITITI, der Fluchtburg des Inkafürsten Manca II., verwechselte.

Inzwischen haben archäologische Funde eindeutig bewiesen, daß Machu Picchu nicht mit Paititi identisch ist. Die Ruinenstadt stammt aus einer Zeit, über die wir nichts wissen, und zählt zu den archäologischen Wundern, die jeder Deutung getrotzt haben. Erklärt und historisch eingeordnet ist sie nur in der Chronik von Akakor. Nach der geschriebenen Geschichte der Ugha Mongulala war die »heilige Stadt« eine Schöpfung des Erhabenen Göttersohns Lhasa. Mit dem Zusammenbruch des Inkareiches bei der Ankunft der spanischen Eroberer gaben sie Machu Picchu auf und zogen sich in die tropischen Urwälder zurück.

## Die Goten in Lateinamerika

Die Vorgeschichte der Inka und der Maya wird von der herkömmlichen Geschichtsschreibung mangels Daten vorsichtig verschwiegen, während ihr Ende um so ausführlicher in den Berichten der spanischen Geschichtsschreiber niedergelegt ist. Genau umgekehrt verhält es sich mit den Ostgoten, jenem stolzen Kriegervolk, das in einer Zeitspanne von sechzig Jahren Italien eroberte und dann von dem oströmischen Feldherrn Narses in der Schlacht am Vesuv im Jahre 552 n. Chr. vernichtet wurde. Die letzten Überlebenden des einst mächtigen Volkes verschwanden, ohne konkrete Spuren zu hinterlassen. Sprachforscher wollen ihre Nachkommen in Südfrankreich entdeckt haben. Ethnologen und Historiker vermuten sie im Süden von Spanien. Aber eindeutige Beweise konnten beide nicht erbringen. Das Volk der Goten ist unauffindbar geblieben, sein Schicksal ungeklärt.

Nach der Chronik von Akakor verbündeten sich die Überlebenden der unglücklichen Goten mit kühnen Seefahrern aus dem Norden. Gemeinsam machten sich die beiden Völker auf die Suche nach den Säulen des Herkules, um sich bei den Göttern zu beschweren. Sie irrten dreißig Monde durch eine endlose Wasserwüste, bis sie im Mündungsgebiet des Großen Flusses auf Land stießen. Wenigstens in einem Punkt herrscht unter den Sprachforschern inzwischen Einigkeit. Die auch in griechischen Göttersagen erwähnten Säulen des Herkules sind identisch mit der Straße von Gibraltar, der Meeresenge zwischen Spanien und Nordafrika. Hier also suchten die Goten nach ihren Göttern, die sie so schmählich im Stich gelassen hatten. Aber ihre Hoffnungen wurden enttäuscht. Ein starker Sturm trieb die Schiffe ihrer Verbündeten aufs Meer hinaus. Die fünfzig Meter langen Holzboote der »kühnen Seefahrer« müssen sehr widerstandsfähig gewesen sein. Hatten die Wikinger doch als erstes europäisches Volk ihren Fuß auf Grönland gesetzt und nach Meinung vieler Forscher sogar Nordamerika entdeckt. Nachgewiesen sind ihre Raubzüge in das westliche Mittelmeer, so daß ein Kontakt mit den Goten grundsätzlich nicht auszuschließen ist.

Auf dem südamerikanischen Kontinent sind die Spuren weißer, nordischer Völker zahlreich und verwirrend zugleich. Sie reichen von der sprachlichen Verwandtschaft zwischen den amerikanischen und den nordischen Sprachen über den Glauben an eine göttliche Herkunft bis zu ähnlichen Gesellschaftsformen. Einen konkreten Hinweis für die Anwesenheit nordischer Völker in Amazonien liefern die Felsenzeichnungen der berühmten »Pedra Pintada« am Oberlauf des Rio Negro in Amazonien. Darunter gibt es Darstellungen von Handkarren und Schiffen der Wikinger. Das ist um so interessanter, als kein amerikanisches Volk bis zur Ankunft der spanischen Eroberer das Rad kannte. Für den Inkakönig Ataualpa war das Abtragen eines Berges weniger eine Frage der Technik als ein Mittel, um die Bevölkerung zu beschäftigen.

Wie bei den Inkas ist auch bei den Völkern der mittelamerikanischen Landbrücke die Vorgeschichte geheimnisvoll und dunkel. Die wenigen vor den Flammen der Inquisition geretteten Schriften und Dokumente haben selbst den Entschlüsselungsversuchen moderner Computer standgehalten. Die Zeitrechnung der Maya basiert auf dem mathematisch genauesten Kalender der Weltgeschichte. Mit den Ruinen der Tempel von Chichen Itza ist er der letzte Überrest einer Kultur, die den vergleichbaren europäischen Zivilisationen ebenbürtig, wenn nicht sogar überlegen war.

Das größte Rätsel im Land der Mayas sind die niemals fertiggestellten Städte im Dschungelgebiet von Guatemala. Bekannt ist nur, daß sie zwischen 300–900 n. Chr. erbaut wurden, nicht aber, wer ihre Bauherren waren. Als mögliches Motiv für den überraschenden Abbruch der Bauarbeiten vermutet der Mayaforscher Rafael Girard eine große Hungersnot, die die Menschen zur Flucht auf die Südspitze Mexikos getrieben hat. Die Chronik von Akakor erwähnt die halbfertigen Städte im Zusammenhang mit den Goten. Um einem möglichen Einfall der »federgeschmückten Völker im Norden« zuvorzukommen, ließ der Hohe Rat an der Meeresenge große Städte errichten. Aber sie wurden niemals fertiggestellt. Nach einer Katastrophe floh das ausgesandte Heer noch weiter nach Norden. Als Datum wird das Jahr 560 n. Chr. angegeben, was mit den Annahmen der Wissenschaftler übereinstimmt.

Bis heute ist das Problem einer möglichen Ankunft der Goten oder anderer verwandter nordischer Völker in der Neuen Welt noch nicht eindeutig erklärt. Es gibt verschiedene Theorien, die alle von gleich gut unterrichteten Wissenschaftlern verfochten werden. Außerdem hat die herkömmliche Geschichtsschreibung bewiesen, wie stark sie von Tagesdenken und Vorurteilen geprägt ist. Wie anders wäre es sonst möglich, daß uns Generationen von Historikern so groteske Irrtümer aufgetischt haben, wie die Entdeckung Amerikas durch Christoph Kolumbus oder die Entstehung von Tiahuanaco 900 n. Chr. Wie anders wäre es möglich, daß unter den heutigen Fachgelehrten zwei Vorstellungen geradezu zur fixen Idee geworden sind: Alles begann mit wilden Horden aus Asien und alles endete mit der Ankunft der spanischen Konquistadoren. Vor 70 Jahren wußte man noch nichts von der Bergfestung Machu Picchu. Vor 20 Jahren galt

Amazonien noch als archäologische Leerstelle. Vor 10 Jahren behaupteten Wissenschaftler noch allen Ernstes, die Zahl der Urwaldindianer hätte niemals eine Million überschritten. Und so mag es noch zahlreiche Geheimnisse geben, die unter den Felsen der Anden und in der Lianenwildnis des Dschungels begraben sind. Wir wissen noch längst nicht alles.

## ANKUNFT DER SPANISCHEN UND PORTUGIESISCHEN ENTDECKER

Mit der Entdeckung Amerikas durch Christoph Kolumbus im Jahre 1492 begann der Kontakt zwischen den europäischen Konquistadoren und den Menschen der Neuen Welt. Gemäß ihrem Brauch, Fremde freundlich zu empfangen, behandelten sie die bärtigen Weißen voller Ehrerbietung. Der König der Azteken überreichte Cortez reiche Geschenke. Ataualpa, der Herrscher der Inkas, schickte Pizarro eine Gesandtschaft entgegen. Der Häuptling der Tupis bot den an der brasilianischen Küste gelandeten Portugiesen sogar seine Tochter als Gastgeschenk an. »Die Eingeborenen«, so schrieb der portugiesische Seefahrer Cabral an seinen König, »scheinen so fügsam und friedlich, daß ich Eurer Mejestät versichern kann, daß es bei der Besiedlung des Landes keinerlei Probleme geben wird. Sie lieben ihren Nächsten wie sich selbst, und ihre Sprache ist stets freundlich, sanft und von einem Lächeln begleitet.«

Dieses für europäische Begriffe unübliche Verhalten wurde von den Spaniern und Portugiesen natürlich als Schwäche ausgelegt. Pizarro, den seine Gefährten als einen rechtschaffenen Untertan des Königs schildern, meinte, die Menschen müßten dazu gebracht werden, ihr Gold sofort auszuliefern, das in ungeheuren Mengen vorhanden sei. Und während der nächsten Jahre taten die europäischen Kolonisatoren alles, um seinen Vorsatz in die Tat umzusetzen. In wenigen Jahrzehnten zerstörten sie drei Großreiche, ermordeten Millionen von Menschen und vernichteten auch die schriftlichen Zeugnisse von Kulturen, die ihnen in vieler Hinsicht ebenbürtig, möglicherweise durchaus überlegen waren. Die Neue Welt sank in Rauch und Asche, verwüstet und geplündert von den wie Götter empfangenen Seefahrern. »Sie verehren uns wie göttliche Wesen«, berichtete der Jesuitenpater Dom José seiner Majestät dem spanischen König. »Sie schenken uns alles, was wir wollen. Ja, sie kennen sogar die Geschichte des Erlösers. Ich kann es mir nur so vorstellen, daß einer der zwölf Apostel schon einmal auf diesem Kontinent gewesen ist.«

Nach den mündlichen und schriftlichen Überlieferungen der altamerikanischen Völker verdankten die Spanier und Portugiesen ihre freundliche Aufnahme nicht den Taten eines weitgereisten Apostels, sondern den Göttern. Sie hatten den Menschen nur Gutes getan und ihnen versprochen, eines Tages zurückzukehren. Da nach den »Priestern die Zeit gekommen war und die Fremden auf mächtigen Schiffen, die lautlos über das Meer gleiten und deren Masten bis in den Himmel reichen«, an der Küste landeten, schien jeder Irrtum ausgeschlossen. Die Prophezeiung ging in Erfüllung. Das Geschlecht des Sonnenvaters bei den Inkas, die Altväter bei den Ugha Mongulala kehrten zurück.

Sehr schnell mußten die Eingeborenen erkennen, daß sie einer grausamen Täuschung zum Opfer gefallen waren. Die angeblichen Götter benahmen sich wie Teufel. »Knochenbrecher waren es, schlimmer als Tiere«, wie es in der Chronik von Akakor heißt. Die Reiche der Azteken, der Inka und der Maya gingen zugrunde; und mit ihnen starb auch die Legende von der Rückkehr der göttlichen Vorfahren. Nur die in unzugänglichen Urwaldgebieten lebenden Indianerstämme haben den Glauben an ihre Rückkehr bis heute bewahrt. »Die Eingeborenen«, so schreibt der brasilianische Ethnologe Orlando Vilas Boas in einem Expeditionsbericht über die Kontaktierung eines Stammes der Aruak im Jahre 1961, »kamen uns entgegen, als hätten sie uns erwartet. Sie geleiteten die Expedition zur Mitte des Dorfes und überreichten Geschenke. Das Verhalten der Indianer muß mit einer uralten Erinnerung zusammenhängen, die sie über Generationen weitergegeben haben.«

## DAS URWALDREICH AM AMAZONAS, DIE WEISSEN STÄDTE

Mit der Unterwerfung von Peru und der Zerschlagung der Indianerstämme an der brasilianischen Küste veränderte sich der geschichtliche Verlauf der Eroberung des südamerikanischen

Halbkontinents. Für die Eingeborenen haftete jetzt dem Charakter der Fremden kein Geheimnis mehr an. Sie waren inzwischen im Bilde über die Ziele und die Glaubwürdigkeit ihrer Reden und leisteten erbitterten Widerstand.

Das mußte als erster der spanische Abenteurer und Kampfgefährte Pizarros, Francisco Orellana, erfahren, der nach größten Stapazen den Amazonas bis zu seiner Mündung durchfuhr. Die erste Überquerung des lateinamerikanischen Kontinents war gelungen, dokumentiert und beschrieben in dem Reisetagebuch seines Begleiters Gaspar de Carvajal. Nach seinem Bericht fand Orellana zu beiden Seiten des Flusses stark strukturierte Gemeinschaften vor.

Carvajal beschreibt Markthäuser, Fischereien und groß angelegte Siedlungen, welche die Spanier am Anlegen hinderten, zahlreiche Straßen, Befestigungsanlagen und öffentliche Gebäude. Die Dörfer folgten einander mit solcher Häufigkeit, daß der Amazonas Carvajal wie ein Teil seines Mutterlandes Spanien erschien: »Wir gelangten immer weiter in bewohnte Gebiete, und eines Morgens sahen wir um acht Uhr, nachdem wir eine Flußbiegung durchfahren hatten, eine schöne Stadt, die ihrem Ausmaß nach die Hauptstadt eines Reiches sein muß. Auch später folgten zahlreiche weiße Städte, kaum zwei Meilen vom Fluß entfernt.«

Carvajals Bericht liefert einen Beweis für die Existenz eines großen, ausgebauten Reiches im Innern Amazoniens im 17. Jahrhundert mit einer hochstehenden Kultur. Denn die Befestigungsanlagen und die weißen Städte konnten nicht von den Urwaldindianern erbaut worden sein. Nur die Inka, die Maya oder die Azteken wären zu einer solchen architektonischen Leistung fähig gewesen. Da sich ihre Imperien nachweislich auf den Westteil des Kontinents beschränkten, kommt nur ein anderes Volk in Frage – nach der Chronik von Akakor das Volk der Ugha Mongulala.

Hundert Jahre später bestätigt der Jesuit Christobal Acuna seinen Vorgänger Carvajal. Auch er beschreibt die Anzeichen eines städtischen Lebens: eine dichte Bevölkerung, Verteidigungsvorrichtungen und öffentliche Gebäude, »in denen es viele Kleider aus Federn in den verschiedensten Farben gab«. In einer abschließenden Erklärung faßt Acuna den Eindruck von der Kultur des Landes zusammen, an dem er mehrere Monate entlanggefahren ist: »Alle Völker an diesem Fluß sind überaus vernünftig, lebhaft und erfinderisch. Das ist an allen ihren Werken abzusehen, die sie hervorbringen, seien es Plastiken, Zeichnungen oder vielfarbige Gemälde. Die Niederlassungen sind sorgfältig gebaut und geordnet, obwohl sie allem Anschein nach von weiter im Innern gelegenen Städten abhängig sind.«

Nach der Chronik von Akakor geboten die Ugha Mongulala über ein ausgedehntes Reich, das fast den ganzen Amazonas umfaßte. Dann kamen die »Weißen Barbaren« mit dem neuen Symbol des Kreuzes und verleiteten die verbündeten Stämme zum Abfall. Die Tragödie des Inkareiches wiederholte sich, wenn auch langsam und in Etappen. Zwar kannten auch die portugiesischen Kolonisatoren keinerlei Erbarmen, wenn es darum ging, die Eingeborenen zum christlichen Glauben zu bekehren und sie von ihren unnützen Luxusartikeln zu befreien. Aber sie lebten in einem Land ohne sichtbaren politischen Mittelpunkt. Die Portugiesen kämpften gegen eine Natur, die selbst den modernsten Maschinen gewachsen scheint. Die im Jahre 1971 erbaute Teilstrecke der Transamazonica zwischen Manaus und Barcellos am Unterlauf des Rio Negro wurde schon nach kaum einem Jahr von der tropischen Vegetation überwachsen. Selbst die Techniker hatten Mühe, auch nur den ungefähren Verlauf der Strecke wiederzufinden. Deshalb ist es wenig verwunderlich, daß es von den »weißen Städten« keine Anzeichen mehr gibt.

## DIE AMAZONEN

Das Diensttagebuch des Paters Gaspar de Carvajal ist von der herkömmlichen Geschichtsschreibung fast unbeachtet geblieben; vielleicht deshalb, weil die Chronik jener acht Monate, verbracht in Gegenden, die noch bis heute ihr Geheimnis bewahrten, sich fast ausschließlich mit der Nahrungssuche befaßt. Die Siedlungen existierten lediglich als Objekt möglicher Plünderungen. Angesichts der weißen Städte schlich man sich fort, und man frohlockte, wenn man auf kleine, schwach verteidigte Dörfer traf. Die Zeitgenossen Carvajals schenkten wenigstens eïnem winzigen Abschnitt ihre Aufmerksamkeit – dem Hinweis auf einen Stamm kriegerischer Frauen mit einer märchenhaften Hauptstadt aus Gold. Dieser Teil des Tagebuchs entzündete die Phantasie der beutegierigen Eroberer. Aus allen Richtungen drangen sie in das angegebene Gebiet am Oberlauf des Orinoco ein, um den Stamm der Amazonen und seine sagenhafte Hauptstadt El Dorado zu finden.

Die kriegerischen Expeditionen, die im 16. und 17. Jahrhundert ausgeschickt wurden, nahmen immer den gleichen Verlauf. Spanische und portugiesische Truppen, deutsche und französische Söldnerscharen irrten im Gefolge obskurer Befehlshaber monatelang durch unzugängliches Gebiet. Sie stießen auf die Attacken einer kriegsgeübten Bevölkerung, auf widrige Naturkräfte in einem ständig überschwemmten Land. Der Hunger zermürbte die Männer. Sie verschlangen ihre Tragetiere und wurden schließlich zu Kannibalen. »Wir griffen den gefesselten Indianer, und beim Bach angekommen, töteten wir ihn und teilten ihn unter uns auf. Wir zündeten ein Feuer an und aßen von seinem Fleisch. Dann legten wir uns zur Nachtruhe, nicht ohne zuvor den Rest des Fleisches gebraten zu haben.« So berichtet Christobal Martin, ein Soldat im Expeditionsheer des Feldherrn von Hutten.

Die tapferen Amazonen und das geheimnisvolle El Dorado aber blieben unentdeckt. Nach der Chronik von Akakor kämpften sie sieben Jahre lang gegen die fremden Eroberer. Dan war ihre Kraft erschöpft. Sie zerstörten Akahim und zogen sich in die unterirdischen Wohnstätten zurück.

In den folgenden Jahrhunderten bekam El Dorado seine besondere Gestalt. Die märchenhafte Goldstadt wanderte mit der Faszination und der Unbeständigkeit einer Fata Morgana von einem Punkt des brasilianischen Urwalds zum anderen. Unermeßliche Gebiete wurden auf der Suche nach ihr durchforscht, zahllose Legenden wieder ausgegraben oder erfunden. Aber die Stadt blieb verschwunden. Zu Beginn des 20. Jahrhunderts verlagerte sich der angebliche Standort vom Orinoco an der Grenze zwischen Brasilien und Venezuela in die Wälder des Matto Grosso. In diesem Gebiet wollte der englische Forscher Fawcett riesige Pyramiden entdeckt haben. Er war von ihrer Existenz so überzeugt, daß er mehrere gefahrvolle Expeditionen unternahm. In einem Brief an seinen Sohn begründete er seinen Glauben: »Eines ist sicher. Über der Vorgeschichte Lateinamerikas liegt ein dichter Schleier. Der Forscher, dem es gelingt, die Ruinen zu finden, wird imstande sein, unsere historischen Kenntnisse in unfaßbarer Weise zu erweitern.«

Wie viele andere vor ihm, scheiterte auch Fawcett an den geographischen und klimatischen Bedingungen des tropischen Regenwaldes. Von seiner letzten Reise im Sommer 1943 kehrte er nicht mehr zurück. Aber sein Schicksal hielt andere wagemutige Forscher nicht davon ab, weiter nach den Spuren einer fernen Vergangenheit zu suchen. Im Jahre 1944 entdeckte der brasilianische Ethnologe Pedro E. Lima im Verlauf einer dreimonatigen Expedition zum Quellgebiet des Xingu einen ausgebauten Indianerweg nach Bolivien. Der deutsche Indianerforscher Egon Schaden sammelte die Legenden der brasilianischen Indianer und stellte sie zu einem großartigen Gemälde ihrer geschichtlichen Vergangenheit zusammen.

Entscheidende Fortschritte in der archäologischen Erschließung Brasiliens wurden jedoch erst in den letzten zehn Jahren gemacht. Mit dem Bau der Transamazonica und der Perimetral Norte, zweier Fernstraßen quer durch das Urwaldgebiet, stießen Bulldozer und Bautrupps auf immer neue Ruinenfelder. Im Gebiet von Altamira entdeckte der brasilianische Indianerschutzdienst weißhäutige Indianer mit blauen Augen. In Acre wurden weiße Siedler von Indianern angegriffen, die »groß, gut gebaut und sehr schön, von vollkommener weißer Haut waren«. Die aufsehenerregendste Entdeckung machte jedoch ein Vermessungstrupp eines brasilianischen Grenzkommandos im Bereich des Pico da Neblina. Bei seinen Arbeiten nahm er Kontakt mit einem Indianerstamm auf, in dem die Frauen eine beherrschende Rolle spielten. Nach der Chronik von Akakor liegt aber Akahim an einem Osthang des Pico da Neblina, des höchsten brasilianischen Berges.

Die Existenz der geheimnisvollen Amazonen ist vorläufig noch eine Legende. Um so wirklicher ist der Untergang der Urwaldindianer, verursacht durch Krankheiten und eine einmalige Form der Gewalt der weißen Kolonisatoren. Sofort nach ihrer Ankunft verbannten sie die Eingeborenen auf eine Stufe unterhalb der Sklaverei. Die Ureinwohner wurden so vollkommen ausgeraubt und unterdrückt, daß ihnen keine Wahl blieb, als sich von Raupen, Kräutern und Wurzeln zu ernähren. Ihre Anführer ließen die Europäer nach grausamen Foltern ermorden, um, wie der spanische Geschichtsschreiber Oviedo erklärt, den Widerstand der Wilden endgültig zu brechen: »Auf jeden der 16 Häuptlinge wurden fünf oder sechs junge Hunde losgelassen, um sie an diese Art der Jagd zu gewöhnen. Da sie noch klein waren, liefen sie nur um die Indios herum und bellten. Wenn die Indios jedoch glaubten, sie mit dem Stock besiegt zu haben, schickte man zwei erfahrene Bulldoggen los, die sie im Handumdrehen häuteten, ausweideten und von ihnen fraßen, wozu sie Lust hatten.«

Auch die Ausrufung der südamerikanischen Nationalstaaten nach dem Siege der Patrioten Simon Bolivars über die spanischen Söldnertruppen in der Schlacht von Ayacucho brachte für die Ureinwohner des südlichen Halbkontinents nur wenige Erleichterung. Eine kleine weiße Oberschicht dirigierte die Länder wie einen Familienbesitz. Aufstände der versklavten Indianerbevölkerung wurden grausam niedergeschlagen. Angelim, der Brasiliens bedeutendste sozialrevolutionäre Bewegung geleitet hat, endete im Kerker. Seine Bewegung, die »Cabanagem«, brach unter dem Feuer portugiesischer und englischer Kriegsschiffe zusammen. Zwei Drittel der Bevölkerung Amazoniens waren niedergemetzelt.

In der Chronik von Akakor sind diese Volkserhebungen nur am Rande erwähnt. Die Späher der Ugha Mongulala beobachteten mit Schrecken die Taten der »Weißen Barbaren« und benutzten im übrigen die Kriegspause zum Rückzug in das Kerngebiet von Akakor. Aber die unverhoffte Frist war schnell zu Ende. In der Folgezeit begann der letzte Akt einer Tragödie,

die mit dem Entdecker Christoph Kolumbus begonnen hatte. Ihr Inhalt ist ein einziges Hoheslied von Gewalt und Verbrechen. In ihrem Mittelpunkt stehen Abenteurer und Goldsucher und das berüchtigte Winchestergewehr. Auch Gegner des Völkermords spielen eine Rolle, wie Marschall Rondon, der Gründer des brasilianischen Indianerschutzdienstes. Aber selbst diese von der weißen Zivilisation zum Schutz der Eingeborenen gegründete Organisation entwickelt sich zu ihrem Verhängnis. Denn der Machtanspruch der weißen Eroberer ändert sich in den 500 Jahren seit der Entdeckung der Neuen Welt allenfalls in der Form. Die Londoner Zeitschrift »Economist para Amerika Latina« schreibt in ihrer Ausgabe vom 15. Mai 1968 in einem Bericht über die Situation der brasilianischen Indianer: »Die Liste der Verbrechen ist endlos. In ihrer ursprünglichen Form wiegt die Übersicht über die Ergebnisse der vom Innenminister Albuquerque Lima angeordneten Untersuchung mehr als 100 Kilogramm. Die gekürzte Fassung beläuft sich auf 21 Bände mit 55115 Seiten. Es sind dort die Verbrechen gegen Personen und Eigentum der Indios verzeichnet, von Mord und Prostitution, Sklaverei bis zu den Problemen, die mit dem Verkauf von Land und handwerklichen Erzeugnissen verbunden sind. Wie der Berichterstatter der Regierung Jader Figueira anmerkt, befindet sich darunter die Ausrottung zweier Pataxi-Stämme im Staat Bahia durch Pocken, die durch Bonbons übertragen wurden. Im Matto Grosso wurden die Cintas Largas vernichtet, indem man sie zunächst systematisch von Tieffliegern aus mit Dynamit bombardierte und die Überlebenden von den Angestellten der Indianerschutzbehörde mit Maschinengewehren niederschießen ließ. Ferner hat man unter die Nahrungsmittel der Indianer Arsenik und Typhusviren gemischt.«

So unmenschlich eine Klasse handeln mag, wenn es um die Durchsetzung ihrer wirtschaftlichen Interessen geht, es steht doch außer Zweifel, daß die europäischen Kolonisatoren mehr waren als bloße Vertreter einer kleinen Herrenschicht. Sie konnten die Eingeborenen nur deshalb ungestraft vernichten, weil sie »die Wilden« als minderwertig betrachteten. Umgekehrt sahen die Menschen der Neuen Welt in den »bärtigen Fremden« höher gestellte Wesen, die schon auf Grund ihrer Hautfarbe zum

Herrschen geboren waren. Nur ein einziges Volk scheint diesen Irrtum rechtzeitig erkannt zu haben. Gestützt auf das Vermächtnis der Altväter, waren die Ankömmlinge für die Ugha Mongulala »Weiße Barbaren«. Ein objektiver Beobachter kann nicht umhin, dieser Charakterisierung zuzustimmen. Die Vertreter der weißen Zivilisation erwiesen sich dort als elende Räuber, wo sie wahrhaft »Götter« hätten sein können.

## BRASILIEN UND DAS DRITTE REICH

Die Geschichte des Dritten Reiches läßt bis heute viele Fragen offen. Bekannt sind die politischen Überlegungen Hitlers und die strategischen Planspiele seiner Generäle. Weitgehend ungeklärt bleiben der Hang des »Führers« zu den okkulten Wissenschaften und seine rassischen und religiösen Wahnvorstellungen. Bekannt sind der Verlauf der Schlachten und die furchtbaren Resultate des Zweiten Weltkriegs. Undurchschaubar bleiben Hitlers einsame militärische Entscheidungen, seine Welteroberungspläne und die Aktionen von Geheimkommandos in den entferntesten Teilen der Welt. Was die Geschichte des Dritten Reiches mehr beeinflußt hat, läßt sich nachträglich kaum mehr feststellen. Das mag übertrieben scheinen. Aber eines ist sicher: Hitlers mystisches Weltbild fand bisher viel zuwenig Beachtung. Bleiben wir zunächst bei den historischen Fakten.

Bis Mitte 1939 stand Lateinamerika den politischen Ereignissen in Europa gleichgültig gegenüber. Erst als die Truppen des Dritten Reiches in Polen einmarschierten und Hitlers Expansionspläne offensichtlich wurden, gerieten die südamerikanischen Staaten zunehmend in den Sog des sich abzeichnenden Weltkriegs. Die Vorgeschichte des Kriegseintritts von Brasilien an der Seite der Alliierten begann mit einem Besuch des Oberkommandierenden der nordamerikanischen Streitkräfte George C. Marshall in Rio de Janeiro im Juni 1939. »In der Verteidigung Nordamerikas«, so erklärte der General, »spielt Brasilien eine lebenswichtige Rolle. Die Gegenwart feindlicher Kräfte auf brasilianischem Boden und die Beherrschung der Verbindung nach Europa und Afrika würden die USA gefährlich bedrohen. Folglich muß die Küste zwischen Salvador und Belém gegen eine mögliche Invasion abgesichert und verteidigt werden.«

Die Überlegungen George C. Marshalls fanden bei seinen brasilianischen Kollegen ein bereitwilliges Gehör. Auch sie befürchteten eine Landung deutscher Truppen und forderten den Aufbau starker Verteidigungsstellungen entlang der Ostküste. Auf der Konferenz von Panama 1939 erklärte sich Brasilien bereit, den USA Nachschubbasen und strategische Flugplätze zur Verteidigung zu überlassen. Schon wenige Monate später landeten die ersten nordamerikanischen Bomberstaffeln in João Pessoa und Recife. Im Januar 1940 erließ Präsident Vargas einschneidende Gesetze zur Überwachung der nazifreundlichen deutschen Kolonie. Am 7. Dezember 1941, dem Tag des japanischen Angriffs auf Pearl Harbour, fiel die Entscheidung. Brasilien brach die Beziehungen zu Berlin ab und bereitete sich auf den effektiven Kriegseintritt vor.

Von deutscher Seite wurden die Bemühungen der USA um Brasilien mit großer Sorgfalt registriert. Für Admiral Canaris war eine strikte Neutralität des Landes die Voraussetzung für eine beherrschende Rolle seiner U-Boote im Südatlantik. General Keitel sah eine spätere Invasion Südamerikas als natürliche Fortsetzung der Ausdehnung des Dritten Reiches an. Rosenberg, der Leiter der Auslandsabteilung der NSDAP, träumte von einer Besetzung Brasiliens durch deutsche Truppen und von der Machtübernahme durch Mitglieder der deutschen Kolonie.

Im Frühjahr 1942, als Feldmarschall Rommel in einem glänzenden Siegeszug ganz Nordafrika zu erobern schien, war Brasilien Hauptthema einer Generalstabsbesprechung in Berlin. Das Auswärtige Amt, vertreten durch Botschafter Ritter, riet mit dem Hinweis auf eine mögliche lateinamerikanische Solidarität von militärischen Aktionen ab. Keitel und Rosenberg schlugen eine Großoffensive gegen Brasilien vor. Nach heftigen Auseinandersetzungen beschloß Hitler einen Vergeltungsschlag, um »Brasilien für seine Hinwendung zu den USA zu bestrafen und das Land vor zukünftigen feindseligen Aktionen zu warnen.«

Die Geheimaktion begann in den ersten Julitagen 1942 in Bordeaux. Eine von einem Korvettenkapitän angeführte U-Boot-

Flottille lief in den Südatlantik aus, um »in freien Manövern« möglichst viele brasilianische Schiffe zu versenken.

Am 15. August 1942 versenkte U 507 vor Salvador den brasilianischen Frachter »Baendepi«, 24 Stunden später den Frachter »Araquara«. Sieben Tage danach, am 22. August 1942, erklärte Brasilien dem Dritten Reich den Krieg.

Für den Ausgang des Zweiten Weltkriegs waren die Kämpfe auf dem brasilianischen Kriegsschauplatz ohne Bedeutung. Sie beschränkten sich auf die Nordküste, ausgehend von Salvador über Recife bis nach Belém an der Mündung des Amazonas. In diesem Bereich operierten die deutschen U-Boote, um den Nachschub der Alliierten nach Afrika und Europa zu unterbrechen und den Aufbau starker alliierter Verteidigungsstellungen an der Küste zu stören. Hier hatten Brasilianer und Amerikaner verschiedene Bombergeschwader und ein Heer von 55 000 Mann aufgestellt. Ihre Aufgabe war nach einer Erklärung der »Historia do Exercito Brasileiro«, »die Abwehr einer möglichen Invasion deutscher Truppen im Gebiet von Joao Pessoa und Natal«.

Das brasilianische Oberkommando war so fest von der Existenz deutscher Invasionspläne überzeugt, daß es sogar noch in den Jahren 1943 und 1944 das Heer auf 65 000 Mann verstärkte. Der Kriegsschauplatz »Norte-Nordeste« verlor seine Wichtigkeit erst, als die Alliierten das Afrikakorps von Rommel vernichteten und die Planungen für eine Rückeroberung Frankreichs begannen.

Plante Hitler eine Eroberung Brasiliens? War sie technisch überhaupt durchführbar? Hat sie vielleicht sogar stattgefunden?

Nach dem Kriegstagebuch des Obersts José Maria Mendes war das brasilianische Militär von einem Invasionsplan der Deutschen Wehrmacht überzeugt. Nur so sind für ihn die starken Heeresverbände entlang der Nordküste erklärbar. Eine ähnliche Auffassung vertrat auch der brasilianische Außenminister Oswaldo Aranha in einer Unterredung mit dem nordamerikanischen Botschafter Jefferson Caffery im Jahre 1941: »Wir sind davon überzeugt, daß die Deutsche Wehrmacht versuchen wird, Lateinamerika zu besetzen. Schon aus strategischen Gründen muß eine Invasion in Brasilien beginnen.«

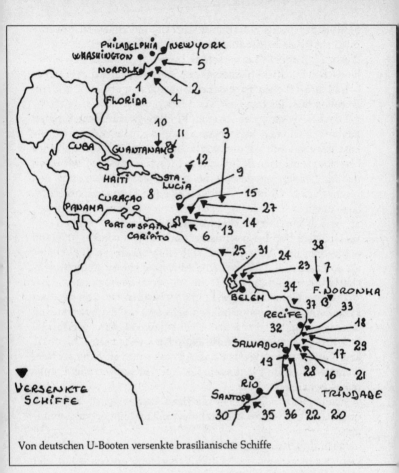

Von deutschen U-Booten versenkte brasilianische Schiffe

Deutsche Militärhistoriker vertreten eine ganz andere Ansicht. In ihren übereinstimmenden Beurteilungen der Strategien des Dritten Reiches halten sie Invasionspläne allenfalls für Wunschträume Rosenbergs, technisch nicht durchführbar und niemals ernsthaft geplant. Diese Auffassung steht jedoch in einem krassen Widerspruch zu einem Geheimtelegramm des

Staatssekretärs Weizsäcker an die Feldmark, die Codebezeichnung für die Südamerikaabteilung des Auswärtigen Amtes. In diesem Telegramm berichtet Weizsäcker dem Botschafter Ritter über die internen Auseinandersetzungen zwischen der Wehrmacht und dem Auswärtigen Amt im Zusammenhang mit Aktionen gegen das brasilianische Festland. Der Hinweis auf das »Festland« bestätigt andere Informationen, nach denen Hitler geplant hatte, früher oder später seine Macht auf Lateinamerika auszudehnen. Nach den Gesprächsprotokollen der Konferenz von München am 29. 9. 1938 machte Chamberlain dem »Führer« den Vorschlag, deutsche Siedler nach Amazonien zu schicken.

## 2000 DEUTSCHE SOLDATEN IN AKAKOR

Die historischen Fakten reichen nicht aus, um eine Landung deutscher Truppen in Brasilien eindeutig nachzuweisen. Um so aufschlußreicher sind Zeugnisse im Zusammenhang mit dem mystischen Weltbild des »Führers«. Sie reichen bis in das Jahr 1920 zurück, als der Gelegenheitsmaler dem Dichter Dietrich Eckart begegnete. Drei Jahre lang beeinflußte er mit seinen Theorien von der Herkunft der Germanen aus dem geheimnisvollen Thule, von übersinnlichen Wesen einer untergegangenen Zivilisation und von der baldigen Entstehung einer Superrasse im Herzen von Deutschland den kommenden »Führer des Großdeutschen Reiches«. Im Oktober 1923 erklärte Eckart kurz vor seinem Tod: »Folgt Hitler. Er wird tanzen. Aber die Musik wurde von mir geschrieben. Wir haben ihm die Möglichkeit gegeben, sich mit IHNEN in Verbindung zu setzen. Bedauert mich nicht. Ich habe die Geschichte mehr beeinflußt als jeder andere Deutsche.«

Die Musik des Meisters Eckart ließ nicht lange auf sich warten. Innerhalb weniger Jahre verwandelte sich die von ihm gegründete religiöse Gesellschaft »Thule« zu einem mächtigen Geheimbund. In seinem Kielwasser entstanden die Gruppen »Edelweiß«, die »Waffen-SS« und der Bund »Ahnenerbe«. Die von Eckart gesäten magischen Lehren führten zu einem Schreckensstaat, der eine fast perfekte totalitäre Ordnung mit der mystischen Theorie einer arischen Herrenrasse verband.

Wahrscheinlich hat das Dritte Reich für okkulte Wissenschaften mehr Geld aufgewendet als die USA für den Bau der ersten Atombombe. Die Aktivitäten nationalsozialistischer Geheimbünde reichten von der Lokalisierung des Ursprungs der arischen Rasse bis zu ausgedehnten Expeditionen in die entferntesten Teile der Welt. Als die deutschen Truppen Neapel aufgeben mußten, befahl Himmler, den Grabstein des letzten Hohenstauffenkaisers nach Deutschland zu bringen. Die Organisation »Thule« beschäftigte sich mit dem okkulten Sinn der gotischen Türme und stellte zahlreiche Kontakte zu tibetanischen Mönchen her. Als die Russen in Berlin einmarschierten, fanden sie Hunderte von namenlosen Tibetanern, die an der Seite deutscher Soldaten gefallen waren.

Die Aktionen deutscher Geheimbünde in Südamerika waren nicht weniger zahlreich und aufwendig. Schon im Jahre 1938 erforschte ein Kriegsschiff den Unterlauf des Amazonas. Seine Besatzung nahm geographische Vermessungen vor und stellte Kontakt zu der deutschen Kolonie in Manaus her. Sie machte die ersten historischen Filmaufnahmen von Amazonien, die sich bis heute in einem Archiv in Ost-Berlin befinden. Nach dem vorliegenden fotografischen Material ging das Interesse der Forschungsgruppe weit über die Sammlung allgemeiner Daten hinaus.

Eine andere Aktion, die in den Archiven der brasilianischen Luftwaffe dokumentiert ist, war die Fahrt des Schiffes »SS Carlino« im Juni 1943 von Maceio nach Belém. Über den Auftrag des wagemutigen deutschen Frachters lassen sich nur Vermutungen anstellen.

Die brasilianische Luftwaffe glaubte an einen Waffentransport für im Untergrund operierende deutsche Agenten und griff das Schiff erfolglos an. Aber diese Erklärung scheint nachträglich wenig überzeugend. Im Gebiet von Maceio gab es weder eine deutsche Kolonie noch militärische Einrichtungen der brasilianischen Streitkräfte.

So gibt es zahlreiche Hinweise auf Geheimaktionen des Dritten Reiches in Brasilien. Augenzeugen wollen die Landung deutscher U-Boote vor der Küste von Rio de Janeiro beobachtet haben. Ein Reporter der brasilianischen Zeitschrift »Realidade«

entdeckte sogar eine deutsche Kolonie im Matto Grosso, die ausschließlich von ehemaligen SS-Mitgliedern bewohnt sei.

Nach der Chronik von Akakor kamen in der Zeit zwischen 1940 und 1945 2000 deutsche Soldaten in die Hauptstadt der Ugha Mongulala. Ausgangspunkt des Geheimunternehmens war Marseille. Mitglieder der Soldaten waren unter anderem A. Jung aus Rastatt, H. Haag aus Mannheim, A. Schwager aus Stuttgart und K. Liebermann aus Roth. Mit der letzten Gruppe kamen auch Frauen und Kinder. Eingeleitet hatte die Kontakte eine deutsche Ordensschwester der Missionsstation Santa Barbara.

Eine Nachforschung der in der Chronik von Akakor enthaltenen Angaben ergibt, daß die vier genannten Soldaten 1945 für tot erklärt wurden. Die erwähnte Missionsstation Santa Barbara ist nach Auskunft der bischöflichen Diözese von Amazonien im Jahre 1936 von wilden Indianerstämmen angegriffen und zerstört worden. Zahlreiche Menschen kamen ums Leben, darunter auch mehrere deutsche Ordensschwestern.

Verglichen mit den technischen Vorbereitungen, die eine Landung von 2000 deutschen Soldaten gefordert hätte, sind die Fakten ungenügend. Aber die Aktionen deutscher Geheimkommandos während des Zweiten Weltkriegs sind allenfalls nachprüfbar, wenn sie von der »Abwehr« organisiert wurden. Akten über Aktivitäten der Auswärtigen Abteilung der NSDAP und der Geheimbünde, wie das »Ahnenerbe«, wurden verbrannt oder erst gar nicht angelegt. Technisch wäre eine Landung von 2000 deutschen Soldaten durchaus möglich gewesen. Der Hang Hitlers zu den okkulten Wissenschaften muß einen Kontakt mit einem »Auserwählten Volk« geradezu herausgefordert haben. Der Hitlerbiograph Rauschning charakterisiert den »Führer des Großdeutschen Reiches« so: »Die politischen Aktionen und Pläne Hitlers lassen sich nur begreifen, wenn man seine tieferen Gedanken kennt und seine Überzeugung miterlebt hat, nach der der Mensch in einer magischen Beziehung zum Universum steht.«

Nach den Legenden und Mythen der lateinamerikanischen Urvölker begann die Geschichte des Menschen mit der Erschaffung der Welt durch Götter. Aus ihrem Wirken gingen die Erde und das Firmament, danach die Pflanzen und die Tiere hervor. Die Erschaffung des Menschen war die schwierigste Aufgabe. Die Götter, so berichtet der Popol Vuh der Quiche-Maya, machten zuerst einen Menschen aus Staub, dann Figuren aus Holz und schließlich einen Menschen aus dem Teig von Maismehl. Für die Mixteken von Anahuac entstieg der Mensch einem Baum. Nach der Chronik von Akakor verpflanzten die Altväter die Menschen von Gestirn zu Gestirn und auch auf die Erde.

Das Ende der Welt ist in den schriftlichen und mündlichen Überlieferungen der altamerikanischen Völker ähnlich gleichlautend beschrieben. Für die Völker Mittelamerikas ist der Kosmos, den wir kennen, bereits der fünfte seit dem Bestehen der Welt: die Sonne der Erde oder der Nacht, die Sonne der Luft, die Sonne des Feuerregens und die Sonne des Wassers; die fünfte Sonne, die Sonne der vier Bewegungen, wird ihrerseits untergehen, wenn die Ungeheuer der Dämmerung vom Grund des Westens aufsteigen, aufgestachelt von Tezcatlopoca, dem bösen Gott, der den Erdball in seinem Schlund zermalmt. Dann wird die menschliche Art ausgelöcht. Aber eine sechste Sonne wird geboren, eine neue Welt, in der die Menschen durch Planeten, das heißt Götter, ersetzt werden. Der Indianerstamm der Tupi erwartet eine gewaltige Sintflut, die alles vernichtet. Nach der Chronik von Akakor kehren die Götter zurück, nachdem eine dritte Katastrophe die »Weißen Barbaren« bestraft hat.

Wenn man den Mythen und Sagen der Urvölker Amerikas vertraut, sind die Zukunftsaussichten der Menschheit also gering. Die Welt verläuft in zyklischen Bahnen, die jeweils mit einer Katastrophe enden. Nach den Priestern der Ugha Mongulala fehlen nur noch wenige Monde, nämlich die Zeit bis zum Jahr 1981. In der Zeitrechnung der Mayas geht der nächste »long Count« im Jahr 2011 zu Ende.

Welches sind die realen Zukunftsaussichten der Menschheit in den nächsten fünfzig Jahren? Die Forschungsergebnisse des

»Club of Rome« zeichnen ein pessimistisches Bild. Die Nahrungsmittelproduktion kommt der Bevölkerungsexplosion nicht nach. Die angesammelten Atomwaffen reichen aus, um die Menschheit dreißigmal zu vernichten und die Atmosphäre für Jahrhunderte zu verseuchen. Nach falschen Grundsätzen denkend und handelnd, hat unsere Zivilisation während der letzten vierzig Jahre das Kapital des Planeten Erde sinnlos vergeudet. Viele Tierarten wurden aus Gewinnsucht ausgerottet. Zahlreiche Pflanzenarten sind verschwunden, die Bodenschätze nahezu erschöpft, die Atmosphäre ist mit Giften gesättigt. Die Menschen leben mit »zwei Herzen«, in tausend Abhängigkeiten verstrickt. Diese Scheidung der Geister ist überall zu beobachten. Staatsführer, die sich für Realisten halten, glauben, daß militärische Machtentfaltung den Frieden und die Zukunft ihrer Völker sichert. Industrielle rechnen immer noch mit Menschenmaterial, Produktionsausstoß und Absatzgebieten. Wissenschaftler handeln nach persönlichem Eigennutz. »Wenn es der Menschheit nicht gelingt«, so lautet die düstere Prognose des »Club of Rome«, »die heutige zerrissene Welt zu einem lebensfähigen Weltsystem zu entwickeln, dann sind alle über die nächsten fünfzig Jahre hinausreichenden Zukunftsprojekte nur von akademischem Interesse.«

Die Chronik von Akakor weiß nichts von einer Rettung der Menschen. In einem Kreis, der sich im Jahre 1981 schließt, endet die Geschichte dieser Welt mit der »dritten Großen Katastrophe«. Dann bricht ein neues Zeitalter an, in dem Menschen, Tiere und Pflanzen friedlich zusammen leben nach den Gesetzen der Natur, dem Vermächtnis der Altväter.

| Zeittafel | Zeitrechnung der Ugha Mongulala | Unsere Zeitrechnung |
|---|---|---|
| | um 3000 vor der »Stunde Null« | um 13 000 v. Chr. |
| | 0, »Stunde Null« | 10 481 v. Chr. |
| | 13 | 10 468 v. Chr. |
| | 13–7315 | 10 468 v. Chr. bis 3166 v. Chr. |
| | 4130 | 6351 v. Chr. |
| | 7315 | 3166 v. Chr. |
| | 7315 | 3166 v. Chr. |
| | 7315–7615 | 3166 v. Chr. bis 2866 v. Chr. |
| | 7951 | 2470 v. Chr. |
| | 11 051 | 570 n. Chr. |
| | 11 051–12 012 | 570–1531 |
| | 12 013 | 1532 |
| | 12 412 | 1936 |
| | 12 422 | 1941 |
| | 12 444 | 1963 |
| | 12 449 | 1968 |
| | 12 462 | 1981 |

## Geschehen im Stamm der Ugha Mongulala

Ankunft der Götter und Auswahl der Stämme

Aufbruch der Götter

Die erste Große Katastrophe

Die Blutjahre

Zerstörung Akakors durch Entartete Stämme, Rückzug nach Unterakakor

Rückkehr der Götter

Akahim

Herrschaft Lhasas, Erbauung von Machu Picchu und Ofir, Reich des Samon

Viracocha, Entstehung des Stamms der Inka

Ankunft der Goten

Das tausendjährige Friedensreich

Ankunft der Spanier in Peru

Überfall auf die Missionsstation Santa Maria, Reinha

Ankunft der ersten deutschen Soldaten

Kämpfe bei Maldonado

Tatunca Nara in Manaus, Ausrufung zum Fürsten der Ugha Mongulala

Die dritte Große Katastrophe

# Die in der Chronik von Akakor erwähnten Stämme und ihre vermutliche Bezeichnung in der weißen Zivilisation

### Stämme in der Umgebung von Akakor

Der Stamm der Auf Dem Wasser Lebt . . . . . Amautas
Der Stamm der Schlangenesser . . . . . . . . Nambikwara
Der Stamm der Umherziehenden . . . . . . . . Haischa
Der Stamm der Unrat-Verzehrer . . . . . . . . Kampa
Der Stamm der Dämonen-Schrecken . . . . . . Matikinka
Der Stamm der Bösen Geister . . . . . . . . . Apurina

### Stämme in den Wäldern am »Großen Fluß«

Der Stamm der Schwarzen Herzen . . . . . . . Toyeiro
Der Stamm der Großen Stimme . . . . . . . . Aruak
Der Stamm der Ruhm Der Wächst . . . . . . . Lukkuni
Der Stamm Wo Der Regen Fällt . . . . . . . Yaminaua
Der Stamm der In den Bäumen Lebt . . . . . . unbekannt
Der Stamm der Tapir-Töter . . . . . . . . . . Kaxinawa
Der Stamm der Zerrgesichter . . . . . . . . . Arasairis

# Packende Kulturgeschichte

Nigel Davies
**Die Azteken**
Meister der Staatskunst –
Schöpfer hoher Kultur
436 Seiten, 21 Seiten
Abbildungen, 8 Karten,
gebunden

Gerhard Herm
**Die Kelten**
Das Volk, das aus dem
Dunkel kam
440 Seiten, 16 Seiten
Bildteil, Karten,
gebunden

**Die Phönizier**
Das Purpurreich
der Antike
416 Seiten, 13 Abbil-
dungen, gebunden

Thomas Jeier
**Die Eskimos**
Geschichte und Schicksal
der Jäger im hohen Norden
280 Seiten, 8 Seiten
Abbildungen, 6 Karten,
gebunden

Hermann Schreiber
**Die Chinesen**
Reich der Mitte
im Morgenrot
400 Seiten, 42 Abbildun-
gen, davon 25 in Farbe,
gebunden

**Die Hunnen**
Attila probt den Welt-
untergang
352 Seiten, 28 Abbildun-
gen, davon 8 in Farbe,
gebunden

Hans Dieter Stöver
**Die Römer**
Taktiker der Macht
464 Seiten, 19 Abbildun-
gen, 19 Karten, gebunden

Miloslav Stingl
**Die Inkas**
Ahnen der »Sonnensöhne«
368 Seiten, 8 Seiten
Abbildungen in Farbe,
8 Seiten Schwarz-Weiß-
Abbildungen, 40 Zeich-
nungen, gebunden

Carl W. Weber
**Die Spartaner**
Enthüllung einer Legende
448 Seiten, 16 Seiten
Bildteil, gebunden

ECON
Verlag
Postfach 9229
4000 Düsseldorf

# Sachbuch-Bestseller als Heyne-Taschenbücher

Joe Hembus
**Western-Lexikon**
7048 / DM 12,80

Michael Carter
**Tut-ench-Amun**
7049 / DM 5,80

Dieter Zimmerling
**Die Hanse**
7051 / DM 8,80

Rudolf Pörtner
**Alte Kulturen
ans Licht gebracht**
7052 / DM 12,80

Hermann Schreiber
**Die Hunnen**
7053 / DM 8,80

Martin Ebon
**Erfahrungen mit dem
Leben nach dem Tod**
7054 / DM 5,80

Adi-Kent
Thomas Jeffrey
**Die Wahrheit über
das Bermuda-Dreieck**
7055 / DM 4,80

Paris Flammonde
**Ufos – Es gibt
sie wirklich**
7056 / DM 5,80

E. L. Abel
**Die geheimnisvollen
Kräfte des Mondes**
7058 / DM 4,80

Günter Paul
**Unsere Nachbarn
im Weltall**
7059 / DM 6,80

Hans D. Disselhoff
**Das Imperium
der Inka**
7060 / DM 9,80

Walter und Mary Jo
Uphoff
**Neuland der Psyche**
7061 / DM 7,80

Jacques Maquet und
Herbert Ganslmayer
**Die Afrikaner**
7062 / DM 8,80

Adrian Berry
**Die große Vision**
7063 / DM 7,80

Christian Jacq
**Echnaton und
Nofretete**
7064 / DM 6,80

Thor Heyerdahl
**Zwischen den
Kontinenten**
7065 / DM 7,80

Thomas Jeier
**Country Music**
7066 / DM 5,80

Julius Hackethal
**Nachoperation**
7067 / DM 5,80

Robert K. G. Temple
**Das Sirius-Rätsel**
7068 / DM 9,80

Helmut Heiber
**Goebbels Reden**
2 Bände
7071 / DM 15,60

Jörg + Ulla Nimmergut
**Westwind
weht durch China**
7072 / DM 6,80

Martin Ebon
**Atlantis –
Neue Beweise**
7073 / DM 5,80

Hans Scheugl
**Sexualität und
Neurose im Film**
7074 / DM 9,80

Silbermann/Unzicker
**Geschichte
des Schachs**
7075 / DM 7,80

Luis E. Navia
**Unsere Wiege
steht im Kosmos**
7076 / DM 6,80

E. E. Vardiman
**Nomaden**
7077 / DM 9,80

Gerda Hagenau
**Verkünder
und Verführer**
7078 / DM 7,80

# Sachbuch-Bestseller als Heyne-Taschenbücher

Thomas Jeier
**Die letzten Söhne
Manitous**
7079 / DM 6,80

Ernst F. Jung
**Sie bezwangen Rom**
7081 / DM 8,80

Erich von Däniken
**Beweise**
7082 / DM 7,80

Jürgen vom Scheidt
**Singles**
7083 / DM 4,80

Wolfgang Leonhard
**Die Revolution
entläßt ihre Kinder**
7090 / DM 9,80

Jürgen Wölfer
**Handbuch des Jazz**
7091 / DM 6,80

Julius Hackethal
**Sprechstunde**
7093 / DM 5,80

Carl W. Weber
**Die Spartaner**
7094 / DM 9,80

Luis E. Navia
**Abenteuer
Universum**
7095 / DM 7,80

Herbert Gottschalk
**Lexikon
der Mythologie**
7096 / DM 14,80

Gerhard Konzelmann
**Die großen Kalifen**
7097 / DM 8,80

Ernst Herrmann
**Am Himmel das Kreuz
des Südens**
7098 / DM 7,80

M. Christopher
**Geister, Götter,
Gabelbieger**
7099 / DM 7,80

Thomas Jeier
**Die Eskimos**
7100 / DM 7,80

Julius Hackethal
**Keine Angst
vor Krebs**
7101 / DM 5,80

Ch. Ping / D. Bloodworth
**Das chinesische
Machtspiel**
7102 / DM 7,80

Erich von Däniken
**Im Kreuzverhör**
7103 / DM 6,80

A. E. Johann
**Wo ich die Erde
am schönsten fand**
7104 / DM 8,80

Dee Brown
**Im Westen ging
die Sonne auf**
7105 / DM 9,80

Werner Ekschmitt
**Das Gedächtnis
der Völker**
7106 / DM 10,80

Rolf Palm
**Die Sarazenen**
7107 / DM 9,80

Jürgen Wölfer
**Die
Rock- u. Popmusik**
7108 / DM 6,80

Max Niehaus
**Ballett-Faszination**
7109 / DM 8,80

Wilhelm v. Schramm
**Der Geheimdienst in
Europa 1937–1945**
7110 / DM 8,80

**HEYNE
SACHBUCH**

**Wilhelm Heyne Verlag
München**

**HEYNE BÜCHER**

# Jeden Monat mehr als vierzig neue Heyne Taschenbücher.

Allgemeine Reihe
mit großen Romanen
und Erzählungen
berühmter Autoren

Heyne Sachbuch
Der große Liebesroman

Heyne Jugend-
Taschenbücher

Das besondere Bilderbuch
Heyne Ex Libris
Heyne Sammlerbibliothek

Das besondere
Taschenbuch

Heyne Lyrik
Heyne Biographien
Heyne Geschichte
Archaeologia Mundi
Enzyklopädie der Weltkunst
Heyne Filmbibliothek
Heyne Discothek
Heyne Ratgeber
Heyne Kochbücher
Heyne kompaktwissen
Heyne Krimi
Romantic Thriller
Heyne Western

Heyne Science Fiction
und Fantasy

**Ausführlich informiert Sie das Gesamtverzeichnis
der Heyne-Taschenbücher.
Bitte mit diesem Coupon oder mit Postkarte anfordern.**

Senden Sie mir bitte kostenlos das neue Gesamtverzeichnis

Name

Straße

PLZ/Ort

**An den Wilhelm Heyne Verlag
Postfach 20 12 04 · 8000 München 2**